인류학자들,
동남아를
말하다

인류학자들, 동남아를 말하다

호혜성, 공공성, 공동체의 인류학

오명석·홍석준·채수홍·강윤희
이상국·서보경·정법모·김형준
지음

머리말

2019년 동남아를 방문한 한국인이 1,000만 명을 넘었다고 추산된다. 반복 방문을 무시하면 이는 우리 나라 인구의 20퍼센트 정도가 한 해에 한 번 꼴로 동남아 국가를 찾아갔음을 시사한다. 2018년 일본을 방문한 한국인 규모가 750여만 명, 중국 방문자가 400여만 명, 미국 방문자가 200여만 명임을 고려해보면 한국인이 가장 자주 방문하는 해외 지역으로 동남아가 자리 잡았음을 알 수 있다. 동남아 방문 통계에서 나타나는 또 다른 특징은 급격한 증가 추세이다. 2014년 450여만 명이었던 방문자 수는 2015년 580만 명, 2016년 640만 명, 2017년에는 780만 명, 2019년에는 890만 명으로 늘었다. 매년 거의 100만 명씩 증가하는 추이로, 관련 통계를 확인하지 않고 기억에만 의존하여 말할 경우 완전히 잘못된 정보를 전달하게 될 우를 범할 정도이다.

동남아가 가장 활발하게 교류하는 이웃으로 자리매김함에 따라 동남아와 관련된 정보 역시 급격히 증가하는 양상을 보였다. 단적인 예로 동남아 도시의 맛집을 네이버에서 검색하면 개인이 작성한 맛집 소개글 정도가 아니라 일목요연하게 정리된 맛집 리스트를 발견할 수 있다. 태국 방콕의 맛집을 최근 검색해 보았더니 "장소별 리뷰 작성 수, 클릭 횟수, 최근 관심도 등을 기반으로 집계된 순위"에 따라 "쏨분 시푸드"가 1위, "얌 쌥" 음식점이 21위, "뱀부 바"가 99위를 차지하고 있음을 접할 수 있었다. 이러한 리스트의 존재는 동남아와 관련된 정보를 필요로 하는 풍부한 수요자와 충분한 정보 공급자가 우리 사회에 존재하고 있음을 의미한다. 이렇게 축적된 정보 덕에 우리는 인도네시아 발리를 방문하기도 전에 남부 바닷가의 "붐부 발리" 음식점이 다른 한국인이 맛집으로 꼽은 곳임을 알 수 있다.

동남아로 떠나는 한국인과 동남아 관련 정보가 급증했지만, 그것이 동남아 사회와 사람에 관한 관심으로 이어졌는지의 여부는 불확실하며, 그러지 못했다는 인상이 강하다. 무엇보다 동남아와 관련되어 유통되는 정보 대다수가 여행객의 필요에 부응하는 편향성을 보이기 때문이다. 여행객의 필요에 의해 재단될지라도 동남아 관련 여행 정보가 갖는 "낙수 효과"를 부정할 수는 없을 것이다. 그럼에도, 여행객으로서의 관심이 동남아 사회와 사람에 대한 호기심과 이해로 이어졌음을 보여주는 자료를 찾기는 쉽지 않다. 우리는 동남아의 휴양지, 맛집, 호텔, 마사지숍에 대한 정보를 간절히 원하지만, 그곳에서 일하며 살아가는 사람에 대해서는 지극히 제한적인 관심만을 보인다.

동남아를 바라보는 주도적 시각이 여행자의 것으로 제한된 데에는 활성화되지 못한 동남아 관련 연구와 교육이 핵심적 역할을 했다. 대학을 다니거나 사회에서 활동하면서 우리에게는 동남아 관련 교육이나 연구에 노출될 기회가 거의 주어지지 않는다. 따라서 동남아와의 접촉을 그곳 사회와 사람에 관한 관심으로 확장하기에는 많은 한계가 존재한다.

이와 함께 고려해야 할 문제는 동남아 사회와 사람에 대한 자료의 양극화이다. 우리 주변에서 접할 수 있는 동남아 관련 자료는 여행기로 대표되는 개인적 경험에 기초한 것과 학술논문으로 대표되는 전문적 연구 결과로 양분되는 경향을 보인다. 이로 인해 동남아 사회와 사람에 대한 즉각적이고 기초적인 관심을 중장기적이고 심화된 수준으로 전환하는 데 어려움을 갖게 된다.

동남아 관련 여행기와 전문화된 연구물 사이의 간극을 메울 필요가 있다는 인식이 이 책을 기획하게 된 주요 동인이었다. 동남아를 연구하는 문화인류학자로 구성된 필자들은 자신들의 연구 경험이 학계를 넘어서 더 넓은 범위의 독자에게 전달될 수 있기를 희망했다. 동남아 방문객의 폭발적 확대 양상이 동남아 사회와 사람에 관한 관심으로 확장될 때 우리와 동남아 사이의 진정한 교류가 진행될 수 있으며, 이러한 전환이 시급히 요구된다는 점에 필자들은 공감했다.

여행기와 연구논문 사이의 간극을 줄일 방법으로 필자들은 "이야기 형식"의 글을 선택했다. 동남아의 한 지역에서 장기간 살아가며 연구했던 경험과 자신의 학문적 결과를 이야기하듯 전달하는 방식이 여행기에 익숙한 독자에게 더욱 쉽게 다가갈 수 있으리라 생각했기 때문이다.

하지만 서로 다른 성향과 경험을 지닌 필자들이기에 각자의 이야기 방식에서는 차이가 나타났다. 상이한 연구 대상과 분야 역시 이야기 방식의 차이를 가져왔다. 뿐만 아니라 필자들이 이야기하는 관점 역시 천차만별이다. 인도네시아 수마뜨라섬 리아우Riau의 시골 마을 주민들의 삶을 중심으로 이야기한 경우도 있는 반면, 동남아 전체를 아우르며 그 공통점과 차이점에 대해 고민한 내용 역시 포함되어 있다.

이러한 통일성의 부재는 일상적인 말하기 방식과 유사성을 갖는다. 우리는 이야기를 할 때 논문을 쓰듯 체계적이고 일관된 방식으로 내용을 전달하지 않는다. 서로 관련되지 않는 주제를 이어 말하기도 하고 가벼운 소재와 무거운 소재를 뒤섞어가며 말하기도 한다. 두서없어 보이는 이야기를 들으며 우리는 순간적으로 마음을 휘어잡는 내용을 접하기도 하며 이야기와는 관계없는 다른 내용을 상상하기도 한다.

다양한 스타일, 내용, 관점이 혼재되어 있는 이 책에서 역설적으로 어떤 독자라도 자신의 취향과 관심에 부합하는 내용을 찾을 수 있으리라 기대한다. 이렇게 찾은 흥밋거리는 동남아 사회와 사람에 관한 관심을 이끌어내고 확장하는 기폭제로 작용할 수 있을 것이며, 이를 통해 동남아와의 일시적 접촉이 장기적인 관심과 교류로 이어질 기반을 다질 수 있을 것이다.

* * *

한국 학자의 동남아 연구가 본격화된 시기는 1980년대 후반이다. 이때를 기점으로 장기간에 걸쳐 동남아에서 연구하고 현지밀착형 조사를 통해 얻은 자료를 바탕으로 박사학위 논문을 작성한 학자들이 출현했다. 이들은 이후 동남아 지역연구의 첫 세대를 구성하며 국내 동남아 연구의 활성화를 주도했다. 1990년대에 접어들어 동남아학회가 결성되었고 동남아를 전문으로 하는 학술지가 발행되었다. 이러한 노력이 이어짐에 따라 동남아를 연구하는 인문학자, 사회과학자가 꾸준히 증가하는 추세를 보였다. 동남아 국가 대다수를 전문적으로 연구하는 학자층이 형성되었고 동남아를 연구하는 분과학문 역시 다원화되었다.

동남아 지역연구의 첫 세대를 주도한 학자는 정치학자였다. 비교정치 전통은 동남아에 대한 이들의 연구를 뒷받침할 수 있었다. 정치학자에 이어 동남아 연구를 견인한 집단은 문화인류학자였다. 동남아 국가 대다수에서 장기간의 현지조사를 경험한 연구자가 출현했고, 경제, 종족, 종교와 같은 전통적인 연구 분야뿐만 아니라 관광, 보건, 개발과 같은 새로운 분야로 연구 관심이 확대되었다. 문화인류학자의 적극적이고 활발한 참여로 인해 문화인류학이 "정치학과 함께 동남아 지역연구의 양대 축"을 형성할 수 있었고, 향후 동남아 연구의 도약이 문화인류학자에 의해 주도되리라는 전망을 제시할 수 있었다.[1]

타문화 연구를 학문적 전통으로 삼는 문화인류학자에게 있어 동남아 관련 연구는 어찌 보면 자연스러운 활동이라 할 수 있다. 서구 학계를 보아도 동남아는 문화인류학자의 주된 연구 현장으로 자리 잡아서, 에드먼드 리치, 마거릿 미드, 데릭 프리먼 등의 고전적 연구가 진행된 곳이었으며, 클리퍼드 기어츠와 레나토 로살도는 인도네시아와 필리핀

---

1 전제성. 2019. "한국에서 동남아학계의 형성과 발전". 안청시·전제성 엮음. 『한국의 동남아시아 연구: 연사, 현황 및 분석』. 서울: 서울대학교출판문화원.

에서 각기 연구를 진행하며 인류학적 상상력을 자극했다.

쉽게 고려할 수 있는 연구 대상이었음에도 동남아가 한국 문화인류학자의 관심 지역으로 편입된 시기는 1980년대 후반에 들어서였다. 동남아에 대한 본격적인 조사를 선도한 학자는 오명석이었다. 동남아에 관해 관심을 가졌던 그는 당시 관련 연구가 활발하게 이루어지던 호주 모나시Monash대학으로 유학했고, 인도네시아 전문가인 조엘 칸Joel Kahn의 지도로 인도네시아와 관련된 연구를 진행했다. 하지만 그의 계획은 인도네시아 연구비자를 취득하지 못함으로써 실현될 수 없었다. 이에 굴하지 않은 그는 연구지를 말레이시아로 전환했고, 말레이반도 남부 조호르Johor에서 고무를 경작하는 소규모 농민을 대상으로 한국인에 의한 동남아에서의 첫 현지조사를 결행했다.

현지조사를 마친 후 관련 자료를 정리하며 학위논문을 작성하고 있던 오명석 선생을 호주 멜버른에서 만났을 때였다. 조호르 농촌에서의 조사 경험에 관해 이야기하던 그가 갑자기 한 뭉텅이의 자료를 가져왔다. A4용지 절반 크기의 카드에는 조사지 소농에 대한 자료가 빼곡하게 기록되어 있었다. 하나의 카드에 한 명의 자료가 정리되어 있었기에 그가 가져온 전체 자료는 상당히 두툼했다. 곧이어 그는 카드에 쓰인 기록을 지적하며 몇몇 소농에 대한 설명을 세세하게 늘어놓았다.

고무나무가 어떻게 생겼는지, 심지어 말레이시아가 어떤 곳인지도 잘 모르던 내게 있어 소농에 대한 설명 자체는 그리 흥미롭지 않았다. 하지만 인도네시아에서의 조사를 준비하고 있던 내게 그의 열정적인 태도는 부러움과 함께 현지조사에 대한 기대, 설렘, 열정을 심어주었다. 그가 보여준 자료는 현지조사를 수행한 문화인류학자가 아니고서는 가질 수 없는 것으로서 현지에서의 조사를 통해 얻게 될 나만의 자료에 대한 욕망을 불러일으켰다. 개별 소농에 대한 세세한 기록을 보면서 현지조사 과정에서 어떤 자료를 어느 수준까지 수집해야 하는가를 실감할 수 있었고 조사 계획에도 구체성을 더할 수 있었다. 짧은 만남이었지만 현지조사를 마친 연구자와의 만남은 동남아에서의 조사를 실감해볼 수 있는 황금 같은 기회를 제공했다.

한국으로 돌아온 후 오명석 선생은 동남아에 관한 문화인류학적 연구와 교육에서 선구자적인 역할을 행했다. 시간이 흐름에 따라 동남아에 대한 그의 학문적 관심 역시 조금씩 확장되어서, 농촌 사회뿐만 아니라 아닷adat이라 불리는 말레이 토착법, 말레이 중산층과 화인 사회, 말레이 종족 문제 등을 연구 대상에 포함했다. 이슬람에 대한 그의 관심은 말레이시아를 넘어 동남아 일반으로 확대되었고, 신비주의적 이슬람인 수피즘, 이슬람식 소비와 경제, 이슬람식 모더니티에 관한 연구로 나아갔다.

문화인류학을 연구하는 선배 학자로서, 동남아의 사회문화를 연구하는 동료 학자로서, 동남아의 제 현상을 가르치고 지도하는 스승으로서 그는 동남아에 관심을 가진 문화인류학자와 학도에게 학문적 열정과 치열함을 나누어주고 긍정적인 기운을 불어넣어 주었다. 이 책의 필자들 역시 그의 영향을 받으며 동남아시아를 연구했고, 그의 노력은 이 책을 공동집필하는 원동력으로 작용했다.

* * *

이 책은 여덟 명의 인류학자가 자신들의 동남아 연구 경험을 이야기 형식으로 풀어쓴 여덟 편의 글로 구성되어 있다. 이야기 형식이기에 각자의 글에서는 뚜렷한 공통점이 나타나지 않는다. 각각의 필자가 자신의 취향, 관점, 내용에 맞도록 이야기를 풀어내고 있기 때문이다. 이러한 다양성은 상이한 성향을 지닌 독자들이 자신들만의 흥밋거리를 찾아내는 데 있어 장점으로 작용할 수 있으리라 기대된다.

첫번째 이야기를 들려주는 홍석준은 동남아에 대한 오랜 연구 경험을 바탕으로 동남아 사회문화를 두텁게 쓰고 깊이 읽을 것을 제안한다. 그는 동남아 사회문화에서 나타나는 다양성과 통일성을 이야기하면서 다종족이라는 말레이시아 사회의 특징을 어떻게 읽어내야 할지 유용한 시각을 제시한다.

홍석준의 글이 동남아 일반을 대상으로 쓰인 것이라면, 이후에 제시된 글은 필자들의 개인적 연구 경험에 보다 천작하는 모습을 보인다. 증여와 호혜성, 산업화와 노동, 언어, 건강, 변경, 개발, 종교가 각 글의 중심을 구성하며, 필자들은 이 문제에 대한 자신들의 관심과 연구 결과를 각자의 스타일에 맞추어 서술하고 있다. 주요 서술 대상 역시 동남아의 여러 국가를 포괄해서 말레이시아, 인도네시아, 필리핀, 베트남, 태국의 여러 지역이 이야기 소재로 이용된다. 이상국의 글은 변경이라는 탈국가화된 공간을 대상으로 설정함으로써 개별 국가의 경계를 넘어선 분석을 제시한다.

동남아 사회문화를 깊이 읽고자 하는 학생과 지역전문가, 그리고 일반 독자에게 있어 이 책이 동남아에 관한 보다 지속적인 관심을 끌어낼 수 있는 자산이 될 수 있기를 기대한다. 이러한 기대가 실현된다면 우리의 가장 가까운 이웃으로 거듭나고 있는 동남아에 관한 이해를 확장하고, 두 지역 간의 만남이 진정한 의미에서의 교류로 나아가는 데 일조할 수 있을 것이다. 이 글의 출판을 재정적으로 지원해준 서울대학교 비교문화연구소에 감사를 표한다. 또한 이 책을 공들여 만들어 준 도서출판 눌민 정성원 대표에게도 고마움을 전한다.

필진을 대표하여

김형준

차례

3장 베트남의 산업화와 노동자의 저항

채수홍

4장 인도네시아의 언어 이야기

말레이어와 자바어를 중심으로

강윤희

5장 "변경에서 꽃이 피다"

틈새에서 바라보는 동남아 이상국

6장 공공의 건강을 다시 생각하기

동남아시아와 지역 보건의 새로운 가능성들 서보경

하노이
라오스
미얀마
양곤
비엔티안
태국
방콕
캄보디아
베트남
프놈펜
호치민
말레이시아
쿠알라룸푸르
말레이시아
싱가포르
인도네시아
수마뜨라
인도네시아
자까르따
자바

동남아시아 전도

마닐라
필리핀
민다나오
술루 제도
술라웨시
말루꾸 제도
동티모르

1장

문화인류학자의 동남아 사회문화 이야기

동남아 문화 두텁게
쓰고 깊이 읽기

홍석준

1. 왜 동남아인가?

90년대 초반 말레이시아 북동부 지역의 한 마을에서 현지조사 fieldwork를 수행할 때, 이혼한 경력이 있는 중년여성들을 인터뷰할 기회가 종종 있었다. 그들은 대체로 자신이 이혼녀라는 사실을 부끄럽거나 창피하게 생각하질 않았다. 오히려 스스로 이혼녀라는 사실을 당당하게 밝히는 경우도 있었다. 그들에게 이혼은 나쁜 것도 좋은 것도 아닌 "사람이 살다 보면 겪을 수 있는 일" 정도로 간주되었다.

이혼 경력을 지닌 40대 말레이 여성 미나는 "왜 이혼하게 되었나요?"라는 내 질문에 "남편이 싫어져서"라고 간단히 대답했다. "이혼했다고 놀리거나 비난하는 사람들은 없나요?"라고 재차 물었을 때, 그녀는 "아니요. 오히려 싫은 남편과 억지로 계속 살고 있다면 그게 이상하거나 문제가 있는 것이라고 생각하지, 이혼했다는 사실만으로 비난을 당하거나 놀림감이 되지는 않아요. 누군가 이혼했다면 그럴 만한 사정이 있었겠지 하면서 대수롭지 않게 여기고 넘어가지요."라고 대답하면서 이런 질문을 하는 나를 이상하다는 듯이 쳐다보았다. 그러면서 "한국에서는 어떻죠?"라고 반문했다. 나는 느닷없는 그녀의 질문에 그만 말문이 막혀 대화를 더 이어가지 못했다.

최근 한국 사회가 겪고 있는 매우 놀랄 만한 변화 중 하나는 이혼율이 급증하고 있다는 것이다. 하지만 이혼한 사람들에 대한 사회의 시선은 예전이나 지금이나 크게 달라지지 않았을 뿐 아니라 여전히 곱지 않다. 이혼한 여성을 바라보는 시선은 더욱 따갑다. 그래서 그들은 스스로 이혼 사실을 숨기고 싶어 하거나 뭔가 떳떳하지 못하다고 생각하는 경향이 있다. 한국 사회에서는 언제쯤에나 그들을 담담하게 받아들일 수 있을까. 이혼한 사람을 비정상으로 간주하는 한국 사회의 분위기를 느낄 때마다 미나의 반문이 마음 한구석을 아프게 찌른다는 느낌이 드는 것은 유독 내가 과민한 탓일까.

위 사례는 내가 1990년대 초반에 말레이시아 끌란딴Kelantan 지역에서 현지조사를 수행할 당시에 겪은 실제 사례이다. 말레이인의 결혼과 이혼, 젠더, 가족 관련 문화적 특징과 의미에 대한 비판적 성찰을 통해 말레이 사회문화와 한국의 사회문화에 대한 비교문화적 관점을 획득하고 양자 간 공통점과 차이점을 살펴볼 수 있음을 예시하는 좋은 사례라 할 수 있다.

이 글은 문화인류학자가 들려주는 동남아 사회문화 이야기로, "동남아 문화 두텁게 쓰고 깊이 읽기"라는 부제를 달고 있다. 동남아 사회문화에 대한 나의 현지조사 경험과 동남아의 문화와 종족과 민족 문제, 근대성, 역사 등의 이해를 위한 인식론적 성찰과 과제가 이 글에 담겨 있다. 또한 동남아시아가 현재와 같은 성격을 갖게 된 데 있어서 중요한 변수들은 무엇이었으며, 언뜻 볼 때 유사한 역사적 배경을 가진 나라들이 매우 다른 발전 양상을 보이는 이유는 무엇이었는지를 살펴볼 것이다.

이 지역에서의 사건들과 발전 과정을 다루는 데 있어서 그 지역적 다양성에 매우 놀라게 될 것이다. 대표적인 예로, 동남아시아의 종교적 다양성을 들 수 있다. 이슬람은 도서부 지역에서 강하며, 상좌불교는 태국의 국교이며, 캄보디아에서도 국교가 되었다. 동남아시아의 어느 지역에서는 필리핀처럼 가톨릭이 강하나, 다른 지역에서는 원시적 애니미즘이 그 주민들의 가장 근본적인 신앙이다. 이 지역에는 인도인 이민의 후손들뿐만 아니라 인도네시아의 발리와 롬복Lombok의 토착 주민들이 섬기는 힌두교가 있다.

풍부한 역사적 과거를 지니고 있으며 오늘날 때로는 혼란한 상황을 보여주는 동남아시아는 일시적인 관찰자에게뿐만 아니라 이 지역에 대한 연구를 평생 과제로 삼은 사람들에게도 매우 흥미로운 지역이다. 동남아시아 역사와 사회문화를 안다고 해서 그것이 즉각적으로 이 지역의 미래 발전에 대한 어떤 확실한 지침을 제공하지는 않을 것이다. 그러나 이 지역의 역사와 사회문화를 개관하는 것은 한 나라의 정치가 다른 나라와 왜 그토록 다른지, 이 지역 전체가 왜 그토록 다양한 방식으로 그리고 왜 그토록 오랫동안 외부적 영향을 강하게 받아왔는지를 분명하게 보여줌으로써 현재를 조명해줄 수 있을 것이다(오스본 1999: 28 참조).

2. 동남아의 특성: 다양성과 동질성

오늘날 동남아시아는 베트남, 캄보디아, 라오스, 미얀마, 태국, 말레이시아, 싱가포르, 브루나이, 인도네시아, 동티모르, 필리핀의 11개국을 지칭하는 개념이다. 현재 지극히 자연스러운 지리적 구분으로 받아들여지는 이 개념은 그러나 학문적으로 많은 수정을 거치면서 자리를 잡았을 뿐 아니라 현실적으로 식민지배라는 경험을 통해 구체화한 것이라고 할 수 있다.

이러한 점은 동남아시아라는 명칭을 통해서 예시될 수 있다. 동남아라는 지리적 단위가 통용된 결정적 계기는 1943년 태평양전쟁 시 일본군과의 전쟁을 위해 "동남아시아 사령부South-East Asian Command"가 설치되면서부터였다. 동남아시아인 자신들이 동남아라는 지역 정체성을 가지고 있었다기보다 서양인들의 현실적·전술적 필요에서 만들어진 개념이라는 점에서 동남아시아라는 개념은 식민지 시대의 정치적, 군사적 유산이라고 할 수 있다(조흥국 1997: 293~297).

위도로는 남북으로 35도 이상, 경도는 좌우로 50도에 걸쳐 펼쳐져 있는 광범위한 동남아시아 지역은 엄청나게 다양한 지리적 특징을 갖고 있다. 만약 그 주민들이 전통적으로 해안, 강변, 호수 주변 등 저지대에 밀집되어 있었다고 말한다면, 이것은 동남아시아 지리와 정착 유형의 일부만 말하는 것이다.

따라서 동남아시아 지역이 무성하고 풍요로운 성장의 지대라는

그림 1 현대화된 동남아시아 도시

그림 2 전통이 유지되는 동남아시아의 농촌

개념에는 재고의 여지가 있다. 이러한 개념은 인구 압력과 같은 요인이 작용하지 않고 땅이 비옥하며 경작이 가능한 경우에만 해당한다. 비행기에서 내려다보면 서말레이시아의 밀림은 도로와 마을들에 의해 중단되지 않고 지평선까지 뻗어 있다. 여기에 풍부한 원목이 있지만, 늘어나는 인구에 충분할 만큼 농업적 팽창이 쉽게 이루어지리라고 보긴 어렵다. 동남아시아는 미얀마의 건조지대로부터 이리안자야(서뉴기니)의 눈 덮인 산까지 그리고 베트남 북서부의 초목 구릉지대에서부터 필리핀 군도의 가파른 계단식 논에 이르기까지 지리적으로 농업적으로 대조를 이루는 복합적 세계이다.

동남아시아에서 가장 눈에 띄는 대조적인 면 중 하나는 도시와 농촌의 격차이다. 대도시의 빠른 팽창은 변화와 발전의 전망이 보이지 않던 농촌을 등지고 사람들이 도시로 몰려든 결과다(오스본 1999: 24). 부와 빈곤, 개발과 미개발, 그리고 그 밖의 많은 사회적 대조들은 동남아시아에서 현저하게 나타나고 있다.

이러한 대조적 모습과 함께 동남아 국가의 유사성 역시 강조되어야 한다. 이는 이 지역의 국가들을 개별적으로 보는 것과 동시에 전체적으로 파악해야 하는 이유이다. 동남아에서는 핵가족이 중시되며, 상대적으로 여성의 적극적인 사회경제적 활동 참여가 이루어진다. 동남아의 음식과 주거에서도 생선소스 사용, 고상가옥(주상가옥 柱上家屋), 수상가옥 등과 같은 유사성이 나타나기도 한다. 역사적으로 보았을 때, 태국을 제외한 다른 동남아시아 국가들은 다양한 시기에 걸쳐 서구 열강의 식민통치를 경험한 바 있다.

문화적 다양성과 종족적 복합성, 그리고 정치(문화)적 특수성 때문에 동남아시아를 하나의 공통된 지역 단위로 묶어내는 일은 결코 쉬운 일이 아니지만, 그렇다고 해서 동남아시아 지역에서 문화적 공통성과 역사적 경험의 상관성을 발견하기가 엄청 어렵거나 불가능한 일은 아니다(조흥국 1997). 이러한 특수성과 공통성, 다양성과 통일성의 형성 배경을 먼저 동남아 역사를 통해 탐색해보기로 한다.

3. 역사 속의 동남아, 동남아 속의 역사: 외부와의 상호작용

현재의 동남아의 모습은 동남아시아 고유의 특성과 외부로부터의 영향이 상호작용을 한 결과이다. 외부와의 상호작용의 기록은 기원전·후에 걸쳐 찾아볼 수 있을 정도로 오랜 역사를 가진다. 동남아와 인도, 중국, 아랍, 서구와의 상호작용은 특정 시기에 시작되어 특정 시기에 끝이 나는 성격이 아니었다. 상호작용이 처음 시작된 후 현재까지 지속되는 양상을 보여서, 인도의 영향을 받았던 동남아에 중국의 영향이, 인도, 중국의 영향을 받았던 동남아에 아랍의 영향이 새로 추가되어 기존의 것과 공존하는 모습을 보였다.

동남아 전통시대에 가장 깊은 영향을 준 것은 인도 문화로, 이와 관련해 인도화Indianization라는 개념이 사용되었다. 인도 문화는 동남아시아 사회의 일상에 스며들어 있는데, 동남아시아 언어의 주요 개념 중 상당수는 산스크리트어의 영향을 받았고, 전통시대의 고전문학 작품의 대부분은 인도의 대서사시 라마야나Ramayana나 마하바라타Mahabharata 등으로부터 영감을 받은 것이다. 인도 문화의 유입은 기원전부터 시작되었는데, 일차적으로 상인들과 브라만, 불교 승려, 예술가 등을 포함한 이주민들에 의해 수행되었을 것으로 추측된다. 힌두교와 불교는 포용적이고 범凡지역적 성격 때문에 동남아시아의 정치·사회적 상황에 쉽게 흡수되었고, 브라만과 불교 승려들은 궁정에 고용되어 동남아시아 군주들의 세계관 형성에 이바지했다. 그들은 토착 왕조를 위해 이념적·의식적 이론을 제공했고, 그를 통해서 권력을 정당화하는 데 기여했다.

인도와의 문화적 접촉에서는 동남아인들도 활발한 활동을 했다. 무엇보다 인도화 과정은 일방적인 문화의 전달이라기보다 동남아인들이 능동적으로 받아들인 측면이 있었고, 어떤 지역이든지 그곳의 특수한 정치적·사회적 조건들에 맞게 적응해갔다. "두번째의 인도화"라고 설명되는 이 과정은 수정되고 변화된 인도 문화들이 동남아 정치 중심지에서 다른 곳으로 퍼져갔음을 의미한다.

중국으로부터의 직접적인 영향이 가장 가시적으로 나타난 곳은 베트남이다. 10세기에 걸친 중국과의 상호작용 속에서 베트남 사회는 중국 문화의 전반적 요소들의 영향을 받았고, 다양한 계층의 화인華人들이 베트남으로 들어와 토착화하면서 더욱 중국 문화의 영향이 강화되었다. 일상생활에서 농업생산기술, 정치제도에 이르기까지 중국의 영향은 매우 넓은 범위에 걸친 것이었다. 특히 유교는 베트남 정치철학으로 받아들여져서 베트남 관료 사회의 지배이념이 되었고, 한자, 한문이 베트남 정부의 공식어가 된 적도 있었다.

한편 중국과의 관계는 무역과 정치에서 중요한 의미를 가졌다. 중국과의 무역 자체가 많은 이익을 낳기도 했지만, 중국과의 무역 혹은 조공 관계의 체결은 온전한 국가체제를 수립하지 못한 동남아시아 지배자들에게 있어 자신의 위상을 확고히 하는 문제와 관련된 것이었다. 일례로 스리위자야 왕국이나 말라카 왕국도 중국과의 관계를 최대한 이용하여 성장했다고 하겠다.

중국이 동남아시아 사회에 끼친 또 하나의 주요한 영향은 화인 이민자들의 활동에 의한 것이었다. 일찍부터 동남아시아 사회에 존재를 드러내기 시작한 화인들은 독특한 정체성을 유지하면서 정치적·경제적으로 중요한 역할을 수행해왔고, 중국 문화의 전파에도 많은 기여를 했다.

13세기에 대륙부 동남아와 도서부 동남아는 모두 급격한 변화를 맞이했다. 대륙부 동남아의 경우, 크메르의 약화와 수코타이 왕국의 성립, 미얀마(옛 버마) 버강 왕조의 몰락 등이 있었고, 14세기 중엽에는 아유타야 왕국이 새롭게 등장했다. 도서부 동남아의 경우 대승불교 왕국인 스리위자야 왕국이 점차 약화되면서, 13세기 말부터 힌두교 세력인 마자빠힛 왕국이 일어났다. 그러나 15세기부터 이슬람 세력이 확산되면서, 마자빠힛 왕국도 쇠퇴하기 시작했다.

이슬람이 언제부터 동남아로 유입됐는지는 불분명하지만, 늦어도 13세기 말부터 이슬람이 유입된 것으로 추정된다. 초기 이슬람

그림 3 식민 시대의 영향을 보여주는 말라카

그림 4 말라카 차이나타운 전경

전파는 아랍과 인도의 무슬림 상인들, 특히 구자라트Gujarat 지역 출신의 인도 무슬림 상인들이 결정적 역할을 했던 것으로 보인다. 이런 인도 배경의 동남아 이슬람은 이전의 토착 신앙들과 결합되어 종교혼합주의적인 성격을 띠게 되어 근본주의 또는 원리주의와는 다른 특징과 의미를 지니게 되었다. 14, 15세기에 이슬람이 점차 대중적인 종교운동으로 확산되면서 말레이 세계Malay world, Nusantara의 이슬람화Islamization, Islamisasi가 점차 확대되어, 15세기 말까지는 말루꾸와 필리핀의 군도 지역까지 이슬람화의 대상이 되었다.

동남아에 유럽의 세력이 본격적으로 들어오기 시작한 때는 16세기 포르투갈이 진출하면서부터라고 볼 수 있다. 포르투갈인들은 페르시아만에서 말라카 해협the Straits of Malacca을 통해 몰루카Molucca 제도諸島까지의 항로를 발견하고 이곳에 그들의 요새를 구축하는 일이 무슬림에 대한 십자군 운동의 일환이고 아시아에서 이슬람의 확산을 막는 것이 신으로부터 그들에게 주어진 임무라고 믿었다. 이러한 포르투갈인들은 이전 무슬림들이 하던 동서무역을 그들이 관장하고 심지어는 유럽 세력 중에서도 자신들이 독점하려고 했다. 포르투갈인들은 말라카를 점령하고 동서 간의 향료무역을 독점했고, 태국의 아유타야 왕조나 마카오를 거점으로 중국과 교역하여 이익을 챙겼다.

16세기, 스페인도 향료제도에 관심을 가졌고, 이를 개척하기 위해 태평양을 지나 동남아에 이르게 된다. 스페인은 멕시코와 필리핀을 연계하여 통치하면서 무역을 관장했다. 그러나 유럽에서 동남아시아 향료제도까지 짧은 거리의 항로를 점하고 있는 포르투갈은 굳이 남미와 연관된 무역을 추진할 필요성을 못 느꼈다. 사라고사Zaragoza 조약을 통해 포르투갈은 남미에서 브라질 이외의 지역에 대한 스페인의 영향력을 인정하고 스페인은 동남아시아에서 필리핀을 제외하고 포르투갈의 동남아시아 무역 독점권을 인정했다. 포르투갈 문화 중 동남아시아에 미친 영향이 주로 여성의 의상, 민속춤, 음악 등에서 나타났는데 이는 당시 포르투갈인들이 동남아시아에 와서 동남아시아 여성들과 결혼하여 생활하면서 전해진 것으로 보인다.

17세기 초에 이르러 포르투갈인들의 세력은 점차 약화되었고, 이 지역에서의 서구 세력으로 네덜란드가 부상했다. 향료의 주요 소비국으로 포르투갈을 통해 비싸게 사는 것보다 조금이라도 더 싼 가격에 향료를 얻기 위해 노력한 네덜란드가 포르투갈이 쇠퇴하자 이에 대한 대체 세력으로 등장한 것이다. 영국도 포르투갈인들과 스페인 세력에 대항하여 네덜란드와 함께 동남아시아 지역에 등장했다. 게다가 영국은 스페인과의 전쟁에서 승리함으로써 해양 세력으로 세력 팽창의 새로운 전기를 맞이하게 되었다. 네덜란드인들은 도서 동남아에 동인도회사를 설립하고 동남아 지역에서 활발한 무역 활동을 한 반면, 영국의 경우 17세기에는 동남아 진출까지는 역부족이라고 느끼고 인도 무역에 더 관심을 가졌다.

그러나 여러 가지 상황 변화, 즉 나폴레옹의 네덜란드 점령, 영국에게 페낭Penang 할양, 영국령 인도에로의 버마인들의 침입이라는 상황 변화로 인해 점차 동남아 지역에서도 영국의 세력이 강해지기 시작했다. 나폴레옹의 침공으로 네덜란드는 일시적으로 영국이 동인도회사를 관리할 것을 부탁, 영국이 이 지역 관리를 도맡게 되었다.

1811년에서 1816년까지 영국이 자바, 수마뜨라, 말라야Malaya를 관리하다가 네덜란드가 다시 돌아오자 평화적으로 이들에게 돌려주었다. 이때 래플스Raffles가 총독으로 있었는데, 그는 1819년 싱가포르를 개척했고, 끄다Kedah 왕국의 술탄이 태국으로부터 위협을 느끼고 영국에게 도와줄 것을 요청하자 그 대가로 페낭을 선사받았다. 이리하여 영국은 해협정착지를 형성하고 거점무역을 발전시켰다. 1824년 영화조약을 통해 동남아시아 해양 지역에서 각각의 영향권의 경계를 정했다. 유럽인들의 동남아시아 진출은 18세기 말엽부터 19세기 초반에 이르는 기간에 더욱 활발하게 나타났으며, 이는 도서부 동남아뿐만 아니라 대륙부 동남아에까지 이르게 되었다.

19세기 초에 이르자 동남아시아에서 영국의 영향력과 이익이 증대되었다. 산업혁명의 성공으로 영국은 값싼 원료 공급지와 넓은 시장이 필요해지는데 동남아시아 지역이 그 역할을 해주었다. 영국의 지배는 점차 제국주의적 성향을 띤 식민지배 형식으로 바뀌어 나가기 시작했다. 영국은 버마 점령과 함께 서구에 개방적인 태국에도 강한 영향력을 갖게 되었다. 이에 프랑스는 인도차이나반도에 진출하여 베트남과 관계를 맺어 선교사 파견 등의 활동을 했다. 베트남이 초기와 달리 점차 프랑스와 스페인의 선교 활동을 탄압하자 프랑스는 이를 빌미로 군사를 이끌고 와서 응징을 위한 전쟁을 감행했다. 이어 베트남을 세 부분으로 나누어 코친차이나는 프랑스의 직접통치, 그리고 안남, 통킹만 지역은 보호령으로 만들었다. 이와 같이, 19세기 말 동남아 지역에서는 네덜란드, 프랑스, 영국이 통제권을 행사하게 되었다.

앞에서도 언급한 바와 같이, 유럽에서의 산업혁명으로 유럽 국가들은 원료의 공급지와 시장을 식민지 경영을 통해 해결하려고 동남아시아 지역에 진출했다. 영국은 해협식민지(싱가포르, 말라카, 페낭)를 중심으로, 그리고 프랑스는 인도차이나 지역을 점령하여 식민지 경영을 하게 된다. 버마의 경우는 영국의 식민통치 가운데 있긴 하지만 이는 영국령 인도의 일부로 인식되었다.

이렇게 동남아 지역, 특히 대륙부 동남아는 영국과 프랑스의 통치로 양분되고 태국만이 완충지대로 남게 된다. 영국의 버마 통치는 인도인의 유입을 통해 이루어진다. 말라야 지역의 통치에서 영국은 이 지역 술탄들의 기득권을 존중하고 다만 영국인 고문관을 채용하여 활동하게 했고, 이후에 이 지역을 말라야연방으로 통합했다. 프랑스는 인도차이나반도에서 코친차이나 지역을 직접통치하고 안남, 통킹만, 캄보디아, 라오스 지역은 보호령으로 통치했다. 태국은 유럽인을 관리로 채용하는 등 자발적인 개방과 서구화 정책으로 식민지배를 면할 수 있게 되었다.

동남아에서 민족주의는 유럽인들의 식민지배를 위한 침략 이전부터 중요한 문제였다. 버마, 베트남, 타이, 말라카는 영토를 둘러싸

그림 5 미얀마 인레호수에서 외발낚시를 하는 어부

고 서로 충돌했을 뿐 아니라, 자신의 세력권 내의 소수민족들의 민족주의와 갈등을 빚고 있었다. 유립인들이 여기에 문제를 더했다. 그들은 버마에서 소수민족 문제를 심화시키고, 베트남을 세 개 지역으로 나누고, 말라카는 네덜란드, 영국, 타이 지배하에 갈라지게 만들었다. 화인과 인도인의 유입, 유럽인들의 문화적 차이 역시 민족주의 문제를 복잡하게 만들었다.

동남아시아인들의 독립을 인정해야 할 20세기 중반에 접어들어서도 서구 국가는 옛 다양성을 강화하고 새로운 다양성을 만들어냈다. 영국은 소수민족의 자치정부를 후원하고, 이들이 버마에 의해 통치되는 연방이 되기를 제안했다. 프랑스와 미국은 베트남이 공산권과 비공산권으로 갈라지게 만들었다. 말레이시아 반도와 북부 보르네오는 반대로 처음으로 "말라야연방"으로 통합되었다.

일본의 패망 이후 동남아 국가들은 차례로 독립국가로서의 지위를 획득하게 되었다. 하지만 식민주의가 남긴 영향력은 이 과정에서도 작동하며, 신생 동남아 국가의 정치 체계에 심대한 영향을 남겼다. 이를 보여줄 좋은 예가 동남아 국가의 공식 명칭이다. "미얀마 연방 공화국", "베트남 사회주의 공화국", "라오 인민민주주의 공화국", "말레이시아 연방 입헌군주국", "인도네시아 공화국", "브루나이 다루살람", "필리핀 공화국" 등에서 보이는 것과 같은 동남아시아 공식 국명의 다양성에서 식민지배가 동남아의 현대 정치에 미친 영향을 찾아볼 수 있다.

그림 6 인도네시아 발리 꾸따 해변

4. 동남아의 문화적 동질성

제2차 세계대전의 종식과 함께 역사학자, 인류학자, 정치학자, 언어학자 등에 의해 동남아시아 지역 내에서 발견되는 유사성이 강조되었다. 이 과정을 통해 동남아가 "소인도Little India" 또는 "소중국Little China"이 아니라는 인식이 형성되었다. 물론 이 두 세력이 동남아에 미친 영향은 결코 무시할 수 없지만, 동남아가 문화적으로 독자적인 단위로 간주되어야 한다는 인식은 분명히 정립되어 있었다. 다시 말해서 과거에는 동남아가 중국과 인도 등 외부 세계의 문화적 영향을 많이 받은 지역이라는 인식이 상대적으로 더 강했다면, 이제는 이 지역의 내재적 문화전통에 더 많은 관심을 가져야 한다는 인식이 강화되었다.

동남아의 예술, 종교, 정치이론 등의 발전에 인도나 중국의 영향이 중요한 역할을 했다는 점을 인정하면서도 동남아 각국에서 이러한 외부의 사상을 토착적 필요와 가치에 알맞도록 적응시킨 모습을 쉽게 찾을 수 있다. 인도의 미술과 건축양식이 동남아 예술의 발전에 중요한 역할을 한 것은 사실이다. 그러나 태국에서 만들어진 불상들의 강렬한 이미지가 인도의 그것과는 매우 다른 것처럼 버강과 앙코르 그리고 자바의 사원들은 각기 자신들의 독특한 특성을 반영하고 있다. 중국의 문화적 전통을 강하게 받은 베트남의 경우에 있어서도 궁정 밖에서 이루어졌던 강한 비중국적 생활양식은 그들만의 독특함을 보여준다.

그림 7 동남아시아 수상시장 상인들

동남아 사회들 전역에 동질성이 존재하는 것은 아니지만 광범위한 지역에 걸쳐 퍼져 있는 어떤 유사성은 놀랄 만한 것이다. 인도에서 결합가족이 중시되는 데 반하여, 동남아 대부분 지역에서는 핵가족 혹은 개별 가족이 중시된다. 여성들의 역할이 중시된 것은 동남아시아 사회의 큰 특징이라 할 수 있다. 집 안에서의 지위는 물론 경제활동에 있어서도 동남아의 여성들이 남성 못지않게, 혹은 남성들보다 적극적으로 참여했던 기록이 중국 측 사료에도 나타나 있다.

음식과 주거에 있어서도 유사한 모습을 찾을 수 있는데, 베트남의 느억맘nước mắm이나 라오스의 남 파nam pa, 캄보디아의 쁘라혹pra hoc, 미얀마의 응아삐ngapi, 태국의 남쁠라nam-pla, 말레이시아의 블라짠belacan과 부두budu, 인도네시아의 께짭 이깐kecap ikan과 뜨라시terasi, 필리핀의 바고옹bagoong과 파티스patis 등의 생선소스(생선액젓 또는 젓갈)는 동남아의 고온다습한 기후에 적합한 것으로 볼 수 있으며, 그 맛이 국가나 지역에 따라 차이가 나기도 하지만 유사하기도 하다. 동남아 대부분 지역에서 보이는 주상가옥은 비가 많이 오고 무더운 기후에 적합할 뿐 아니라 하천의 범람이나 야생동물의 피해를 막기에 적합한 구조로서 동남아적인 특성을 보여준다.

동남아 사람들의 사회관계에서도 증여와 호혜성의 원리가 강조되는 공통점을 찾을 수 있다. 필리핀의 "우땅 나 로옵utang na loob", 인도네시아 자바의 "고똥 로용gotong-royong", 말레이시아의 "똘롱-므놀롱tolong-menolong", 불교의 틀 안에서 이뤄지는 태국의 공덕 쌓기(탐

그림 8 동남아 주상가옥(베트남과 인도네시아의 전통 가옥)

분), 말레이시아와 인도네시아의 이슬람식 사다카sadaqa 등은 증여와 호혜성이 일상적 사회관계 맺기에 동원되며, 도덕적 평가의 잣대로 활용되고 있음을 드러낸다.

종교적인 면을 볼 때, 불교나 이슬람 등의 저층에는 샤머니즘과 조상신 숭배 등의 토착적 요소가 깔려 있어서, 태국의 경우 귀신phi에 대한 신앙이 왕실에도 만연했었고, 미얀마에는 정령nat을 숭배하는 신앙이 존재했다. 이슬람 세계의 경우, 이슬람 전통주의를 강조하는 산뜨리santri 같은 집단이 있던 반면에 정령숭배 요소를 강하게 지니고 토착적 관습을 내포한 아방안abangan이 존재했다.

동남아 지역 전체에 관심을 갖게 하는 또 다른 요인은, 많은 경우에 상당한 언어적 통일성이 여러 지역에 걸쳐 식민세력들에 의해 세워진 국경들 넘어 존재했다는 것이다. 베트남어와 크메르어가 서로 그다지 멀지 않은 공통된 언어적 조상을 갖고 있다는 연구 결과가 있다. 타이어가 태국뿐만 아니라 중국 남부, 베트남, 미얀마의 샨Shan주, 라오스, 캄보디아 서부와 북동부 그리고 말레이반도의 최북단 등 여러 지역에서 사용되고 있음을 알 수 있다. 타이어가 이처럼 광범위하게 분포되어 있다는 점은 지도상의 국경선이 종종 인위적인 성격을 갖고 있다는 사실을 환기시킨다. 동남아 내에 타이어를 사용하는 사람들이 이처럼 광범위한 지역에 산재해 있다는 사실은 오늘날 동남아의 많은 국가가 자신들의 영토 내 소수민족들로 인해 얼마나 많은 비통일성의 문제에 직면해 있느냐를 보여주기도 한다.

또한 언어적 통일성을 보여주는 매우 중요한 또 다른 예로 말레이반도와 인도네시아 지역을 포함하여 매우 광범위한 지역에서 사용되고 있는 말레이-인도네시아어를 들 수 있다. 지역마다 상당한 차이를 보이는 방언이 존재하지만, 기본적 언어의 변형들이 오늘날 브루나이, 인도네시아, 말레이시아, 필리핀 남부뿐만 아니라 태국 남부 연안 지역, 캄보디아와 베트남 일부에서도 사용되고 있다.

동남아의 역사와 문화에 대한 연구는 통일성과 다양성이라는 매우 어려운 판단의 문제들을 제기한다. 즉 어느 지역 또는 어떤 시기에 통일성을 강조해야 할 것인가, 아니면 차이점을 강조해야 할 것인가? 그리고 흔히 동남아 역사의 한 특징으로 인식되는 지속성에 얼마만큼 주목해야 할 것인가? 이 문제는 동남아 역사와 문화에 대한 관점 또는 시각을 변화 또는 과거와의 단절과 같은 불연속성이 아니라 지속 또는 과거와의 연계성과 같은 연속성의 측면에서 바라볼 것을 요구한다. 즉 동남아의 전통적인 문화적 유형들이 지속, 연속되어 과거와의 연계성 속에서 유지, 변모하고 있다는 측면에 주목하고자 한다.

오늘날 동남아 지역의 역사와 문화의 공통점과 유사성이 일반적으로 인정되고 있다. 하지만 이와 함께 간과해서는 안 될 또 하나의 중요한 점은 동남아 역사와 문화의 특수성과 차이점 역시 엄연히 존재한다는 것이다. 이러한 사실은 지역과 지역 간, 종족집단과 종족집단 간을 구분할 수 있게 해주며, 여행자들로 하여금 동남아의 한 지역에서 다른 지역으로 옮길 때 느끼는 역사와 문화의 차이

점과 공통점의 공존과 대립, 갈등의 양상들을 직접 경험할 수 있게 해주기도 한다.

5. 다양성과 동질성의 상호작용: 말레이시아의 종족 관계

동남아의 다양성과 동질성을 이해하기 위해 중요한 요소는 종족 또는 종족집단ethnic group(이하 종족)이다. 동남아에는 수많은 종족이 존재하며, 하나의 국가로 좁혀도 수십여, 수백여 종족을 찾을 수 있다. 종족을 정의하기는 쉽지 않다. 하지만 논의의 시발점으로서 일정한 공간을 공유하는 사회집단으로 공통의 역사, 언어, 문화를 지니고 있다고 간주되는 집합체로서 이를 정의하는 것은 가능하다. 이렇게 이해된 종족은 동남아의 다양성을 확대한다. 서로 다른 종족성ethnicity을 가졌다고 인식되는 집단이 하나의 국가에 수십, 수백여 개가 존재할 때, 그 다양성의 폭은 넓어질 수밖에 없기 때문이다.

하지만 종족의 특성을 지시하는 종족성, 그리고 종족의 경계가 항상 절대적인 것은 아니다. 역사적, 사회문화적 상황에 맞추어 종족의 경계가 유동적으로 규정될 수 있고, 개인이나 집단 역시 이해관계에 부합하도록 종족 정체성을 재구성, 재정의하기 때문이다. 이러한 유동성은 종족과 종족성이 집단 간 차이가 아닌 집단 간 동질성을 부각하는 방식으로도 작동할 수 있음을 시사한다.

아래 절에서는 종족성의 형성과 재구성, 종족 간 상호작용의 양상을 말레이시아의 사례를 통해 논의해보고자 한다. 이를 위한 첫 작업으로 말레이시아의 종족에 대해서 알아보도록 한다.

서말레이시아와 동말레이시아로 나누어진 말레이시아에서 서말레이시아의 다수 종족인 말레이인을 비롯하여 화인과 인도인은 지역별·직업별·문화별로 다양하게 혼합되어 있다. 서말레이시아 내륙의 정글에는 이른바 오랑 아슬리orang asli라 불리는 원주민 집단이 있다. 보르네오 북부 지역에 속하는 동말레이시아 지역은 말레이인과 화인은 물론 이반족과 비다유족, 까약족, 까다잔족 등 20여 개가 넘는 종족집단으로 구성되어 있다.

이와 같이, 다양한 종족집단은 고유의 문화적 전통을 보전하면서도 다른 종족집단과의 상호작용 속에서 문화적 융합, 혹은 통합의 과정을 경험한다. 예를 들면 말레이시아의 말레이인은 말레이 군도의 여러 다른 지역으로부터 말레이반도로 이주한 집단을 포함하는 다양한 범주의 종족으로 구성된다. 대표적인 경우가 수마뜨라섬으로부터 이주한 미낭까바우인Minangkabau과 아쩨인Acehenese, 자바섬에서 이주한 자바인Javanese, 마까사르Makasar섬에서 건너온 부기스인Bugis, 보르네오섬에서 이주한 반자르인Banjarese 등이다.

각각의 종족집단은 자신의 언어를 가지고 있으며 가족생활을 존속시키는 사회문화적 관행을 보전하고 있다. 사실 이들은 다른 종족집단과 멀리 떨어진 독립적인 공동체에 거주하고 있기도 하다. 예컨대 미낭까바우인들은 느그리슴빌란Negri Sembilan주와 슬랑고르Selangor주에, 아쩨인들은 끄다주에, 자바인들은 주로 조호르주와 슬랑고르주의 서부해안 지역에, 반자르인과 부기스인들은 조호르주와 빠항Pahang주의 여러 지역에 분포되어 살고 있다. 이러한 이주 집단으로 구성된 말레이인들의 사회적·문화적 생활은 일반적으로 전형적인 말레이인의 생활과 구별된다.

말레이인으로 범주화되는 모든 하위 종족집단에서 나타나는 문화적 차이들은 사회경제적 변화에 의해 새로이 창출되기도 했다. 보다 전통적이며 종교적 성향이 강한 농촌 지역의 말레이인과 근대화 혹은 서구의 생활방식과 규범을 받아들이는 도시화된 말레이인 사이에는 세계관 및 문화에 있어서 차이가 존재한다. 빈농의 다수를 차지하고 있는 말레이인과 전통적인 귀족계급 및 새로운 정치적, 경제적, 행정적 엘리트 집단을 형성한 말레이인 사이에는 엄격한 차이가 있다.

말레이시아 종족의 상황은 말레이시아계 화인들에게도 적용된다. 이들은 자신의 방언을 사용하는 여러 개의 하위 종족으로 나누어지며, 각각은 특정 형태의 경제적 활동과 연루되어 있다. 예컨대 호끼엔Hokkiens, 福建 출신의 화인은 고무 자영업자, 하까Hakka, 客家(광둥어로 하까, 푸통화로는 커지아)는 음식점 경영자나 금은보석상 주인, 하이난섬Hainanese, 海南 출신의 화인은 다방업자와 호텔경영자, 테오우추Teowchus, 朝洲 출신의 화인은 소매와 도매업자가 지배적이다. 그러나 이러한 하위 종족 안에서 역시 계급에 따른 분화가 이루어졌다.

여기서 강조되어야 할 사실은 각각의 종족 내에 내적인 분화가 있다는 점이다. 따라서 종족들을 견고하고 응집력이 강한 사회문화적 실체를 나타내는 동질적인 블록bloc으로 이해해서는 안 된다. 다만 이러한 내부적인 분화에도 불구하고 공통의 종족 정체성을 강화하는 강력한 감정이 존재한다는 사실은 중요한 의미를 지닌다.

예를 들어 말레이시아에 정착한 종족들로서 상이한 계급적 기반을 지닌 미낭까바우인, 아쩨인, 자바인, 반자레스인, 부기스인들은 각각의 다양성에도 불구하고 스스로를 말레이인과 동일시하고 공통의 종교적 신앙과 관행을 통해 스스로를 말레이인과 결합시킨다. 법적인 자원에서나 다른 종족과의 비교를 통해서 보면 이들은 엄연한 말레이인이다. 스스로를 말레이인과 구분하는 화인의 경우도 마찬가지이다. 하위 종족적 분화와 계급적 차이에도 불구하고 화인들은 대부분 스스로를 다른 종족과 문화적으로 구분되는 화인으로 간주하는 경향이 강한 편이다.

말레이인과 화인이 서로 다른 종족이라는 사실이 당연시되고 있지만, 각 종족 내에는 종족 간 관계와 유사한 "종족 내 관계intra-ethnic relations"가 존재한다. 게다가 종족 간 장벽을 가로지르는 접촉과 상호작용 역시 존재한다. 따라서 집단 간 종족 관계와 집단 내 관계가 말레이시아 같은 "다종족 사회multiethnic society"의 구조와 조직을 어느 정도로, 어떻게 변화시키는가를 분석하는 것은 매우 흥미로운 작업이 될 것이다.

6. 종족 간 조화와 갈등

동남아 지역의 화인의 종족성에 대한 연구는 문화 접변acculturation의 과정에서 종족 간 조화와 갈등의 성격, 각 종족 간의 문화적 동질성과 이질성을 밝혀주는 단서를 제공한다. 동남아의 화인은 고유하면서도 독자적인 문화적 환경 속에서 다양하고 복합적인 역사적 경험을 겪으면서 다양한 경로와 과정을 통해 성장, 발전해왔다.

일반적으로 내륙부 동남아로 이주한 화인들은 자기 출신 지역인 중국 본토의 문화적 전통을 유지하여 원주민과의 문화적 융합을 성공적으로 수행했다고 평가되는 반면, 도서부 동남아의 화인들은 상이한 환경에 적응하는 다양한 메커니즘을 통해 자신의 문화적 정체성을 실현해왔다고 평가된다(Tan 1984). 주로 19세기 말엽에서 20세기 초에 중국에서 말레이시아로 이주한 화인들은 자신의 고유한 문화적 전통을 유지하고 중국 출신의 이주자로서 중국인과의 문화적 동질성과 유사성을 보전하기 위한 다양한 활동을 전개했지만, 인도네시아의 화인들은 현지의 환경에 적절하게 적응하면서 다수 종족 간의 갈등을 최소화하는 방식으로 자신의 정체성을 유지해온 것으로 알려져 있다.

그러나 도서부 동남아 지역에서 경제적으로 성공한 화인들의 생활을 유심히 관찰해보면 이들의 생활방식이 중국 본토 또는 대만의 그것과 매우 상이함을 발견하게 된다. 말레이시아의 화인은 19세기 영국의 식민지배 정책의 일환으로 실시된 강제 이주정책에 의해

그림 9 동남아시아 종족의 다양성

말레이시아 땅으로 이주했다. 주로 남중국의 빈곤한 농민과 노동자 출신으로 낯선 환경에 들어온 이들은 우선 다수 종족인 말레이인들과의 접촉이 불가피하게 되었다.

말레이인과의 문화적 접촉을 통해 이들이 원래 가지고 있는 문화적 관습과 전통은 상당한 변모의 과정을 겪었다. 많은 중국인이 말레이 전통 의복인 사롱sarong을 입고, 말레이인과 대화할 때 말레이어를 사용하며, 기름진 중국 음식을 중화하기 위해 고추 양념을 사용하고, 손으로 음식을 먹는 행위 등은 중국인이 말레이 문화에 적응하기 위해 채택한 중요한 문화적 변화의 양상들이다.

말레이시아 내에서도 화인의 문화적 관습과 전통은 상당한 변이를 보인다. 말레이시아에 최초로 이주한 화인들은 주로 지금의 말라카 지역에 정주했다. 이들은 화인으로서의 문화적 정체성을 강조했다. 이러한 경향은 말레이시아 총인구 중에서 화인의 비중이 상대적으로 높은 북부의 페낭과 남부의 조호르, 그리고 각 주의 중심도시에서 현저하게 나타났다.

그러나 화인의 비중이 상대적으로 적은 동북부의 끌란딴과 뜨렝가누 그리고 전형적인 농촌 지역에서는 화인이 다른 종족집단과 혼합되어 문화적으로 적절히 적응하고 있는 양상을 볼 수 있다. 특히 끌란딴의 화인들은 대부분 그 지역에서 태어난 화인과 말레이인의 혼혈인Peranakan Cina이기 때문에 말레이어도 유창하게 구사할 수 있고, 또 태국인과의 문화접촉으로 태국어도 능숙했다(Tan 1984: 190~195). 이렇듯 끌란딴의 화인은 중국의 문화유산을 찾아보기 힘

그림 10 말라카의 수상 이슬람 사원

들 정도로 말레이인과 태국인의 문화적 관습에 동화된, 이른바 혼성화된 종족집단으로 인식되었다.

종족집단 간 대립과 갈등은 단순히 경제적 이해관계로부터 기인하지는 않는다. 종족 문제는 종족성의 근원적 성질이 정치적·경제적·사회적 조건의 변화에 의해 극명한 대립으로 전환될 때 비로소 구체화된다. "종족집단 간 갈등의 근본적인 속성은 무엇이며, 그것은 왜, 그리고 어떻게 하나의 사회현실이 되는가"라는 문제는 종족집단 간의 경제적 이해관계의 대립이나 문화적 차이만을 지적하는 것으로는 제대로 파악할 수 없다.

우리는 그 예를 이른바 "인종폭동"이라 불리는 말레이시아의 종족 분규에서 찾을 수 있다. 1969년에 발생한 인종폭동은 독립 후 말레이시아 사회에서 종족과 민족 문제의 분수령이 된 사건이다. 이 사건은 말레이인과 화인의 종족 간 이해관계가 첨예하게 충돌했던 상황에서 발생했다.

말레이시아에서 말레이인과 화인 간의 인종폭동으로 표출된 이러한 종족갈등ethnic conflict은 1969년 5월 13일 총선을 기점으로 폭동의 형태로 폭발했다. 이전에는 잠재적 형태로만 존재하던 불만이 이처럼 격렬하게 폭동으로 발전한 것은 각 종족집단의 현실적 이해관계가 첨예하게 충돌했기 때문이었다.

이러한 갈등의 양상이 바로 다종족 사회를 특징짓는 역사적 과정과 다양한 종족집단, 특히 말레이시아에서 말레이인과 중국인 사이의 구조적 관계의 성격을 표출시킨 사회적 과정인 것이다. 따라

그림 11 말라카 수상 크루즈를 통해 본 주민들의 일상적인 주거 공간 모습

서 말레이시아의 종족 문제를 이해하기 위해선 이러한 종족 간 갈등의 성격과 그것이 구체적 현실로 표출되는 사회적 조건을 고려해야 한다.

7. 누가 말레이인인가?: 종족성 연구와 문화적 경계

앞 절에서는 종족집단과 종족성의 특징을 말레이시아의 사례를 통해 간단히 살펴보았다. 우리가 쉽게 거론하는 말레이인 혹은 화인이라는 개념이 내포한 복합적 의미, 그리고 사회문화적 현실 속에서 종족적 관계를 이해할 필요성을 논의했다. 하지만 종족성을 검토하기 위해 고려되어야 할 측면은 이보다 더 다차원적이고 복합적이다.

아래 절에서는 종족성 연구에서 고려되어야 할 추가적인 문제가 무엇인지 알아볼 것이다. 이를 위해 먼저 현대의 사회과학적 용어로서 "종족적"이라는 표현이 가진 의미를 검토해볼 것이다. 이를 통해 동남아 문화를 두텁게 읽고 쓰기 위한 시각을 얻어낼 수 있을 것이다.

논의의 시발점은 이 표현이 두 가지 독립적 현상을 언급할 때 사용된다는 점이다. 즉, 하나는 인간 사이의 차이를 나타내는 다소 객관적인 지표이고, 다른 하나는 이러한 지표에 대한 사회적 인식이다.

종족성이라는 표현이 내포한 두 가지 현상은 그것이 문화에 기반하고 있지만 그 문화의 변별성에 대한 자의식도 포함하고 있음을 지적한다. 다시 말하면 문화적 차이와 그 문화적 차이에 대한 집단의 정체화 작업이 서로 일치할 때 비로소 종족적 정체화가 이루어졌다고 말할 수 있는 것이다. 공동체 의식이 없이는 종족 간 변별성을 나타낼 수 있는 것처럼 보이는 일련의 상징이나 가치들은 다른 잠재적인 종족성의 징표와 통합되어버린다. 이 경우에 이러한 상징과 가치는 아무런 실질적인 사회적 의미를 갖지 못한다. 하나의 종족집단은 그 종족이 지녀온 모든 문화적 차원이나 문화적 표식을 포괄할 수 없으며, 이러한 종족 본연의 정체의식을 원상태로 존속시킬 수 없다(Smith 1981: 66).

이와 같이 종족성은 종족집단의 의식의 차원, 혹은 주관성의 차원에 존재하기도 하지만, 다른 한편으로는 인간의 다양성에 현존하는 객관적인 특징에 기초하기도 한다. 종족성의 현존하는 특징들은 문화적인 것이다. 말레이시아와 인도네시아를 비롯한 도서부 동남아시아에서 이러한 특징들은 때로는 인종적·종족적·문화적으로, 때로는 이 세 가지 범주가 혼합된 형태로 존재한다.

따라서 한 사회가 종족적으로 다양하다고 말하는 것은 그 사회가 사회적으로 인식된 상이한 문화집단 혹은 종족집단으로 구성되어 있다고 말하는 것과 동일하다. 그러나 이것은 동어반복의 오류를 범하기 쉽다. 따라서 이러한 주장의 근거를 평가하는 일은 종족이라는 범주를 통해 종족집단 간의 문화적 특징을 구별하는 작업이 그 자체로 적합한 일인가를 평가하는 작업이며, 그것은 종족성

개념에 대한 인식이 관찰자와 관찰 대상 모두의 입장에서 진실로 현존하는 종족적 혹은 문화적 다양성을 반영하고 있는지의 여부를 가늠하는 일이다.

말레이시아를 사례로 들어보자. 말레이시아 사회는 다양한 문화집단 혹은 종족집단으로 구성되어 있는가? 즉 말레이인과 중국인, 인도인, 그리고 오랑 아슬리라 불리는 원주민들은 실제로 다른 문화를 가지고 있는가? 실제로 각 종족집단의 문화적 배경이 다르다면 이러한 문화적 차이는 실제적인 생활에서 어떻게 반영되어 나타나는가?

결론적으로 말하면 기존의 말레이시아의 종족성에 관한 논의들은 대부분 인종, 혹은 종족에 기초하고 있다기보다는 문화에 기초하고 있다. 그러나 전통적인 문화개념으로 말레이시아 사회, 특히 말레이시아의 종족 문제를 인식하려는 태도에는 두 가지 주요한 난점이 있다. 첫째, 현대 사회에서 순전히 자의적인 방식을 제외하고는 각 종족집단의 분절적인 문화를 규정하는 것은 거의 불가능하다. 다시 말해서 상이한 인종, 혹은 종족의 경계를 규정할 수 없는 것처럼 상이한 문화의 경계도 규정할 수 없다. 둘째, 어떤 특정 집단의 생활방식을 이해하기 위해 고안된 개념은 항상 개념을 고안한 사람의 사회적 위치를 반영하는 법이다.

이런 의미에서 문화의 개념도 인종의 개념과 마찬가지로 논리적인 오류에 빠지고 말았다. 관찰 가능한 생리적 특징에 기초하여 분절적이고 불변한 인간집단을 규정하는 것이 불가능한 것처럼, 개별 문화를 단일한 문화적 특징에 의거하여 규정하는 것도 불가능하다. 인종과 마찬가지로 문화도 하나의 사회적 구성물이다.

도서부 동남아 사회에는 엄밀한 의미에서 객관적으로 규정될 수 있는 말레이시아 문화, 인도네시아 문화, 필리핀 문화, 중국 문화, 인도 문화, 그리고 오랑 아슬리 문화는 존재하지 않는다고 말할 수 있다. 각 종족집단의 문화는 특정의 권력집단, 혹은 권력관계를 사회적·상징적 이미지로 전환시킨 종족 담론ethnic discourse의 일부라 할 수 있다(Kahn 1992: 161~163).

그렇다면 말레이인은 누구인가? 말레이 문화가 존재하지 않는다면 말레이인도 존재하지 않는가? 이 질문에 대한 대답을 찾기 위한 다양한 시도가 행해졌다(Husin Ali 1981; Nagata 1974). 서말레이시아에서 정치적 지배집단으로 간주되는 말레이인은 인구 면에서 다수를 점하고 있는 종족집단이다. 이러한 통계가 말레이인의 성격을 규정하는 데 유의미하다는 것은 명백한 사실이다. 그러나 생물학적으로 규정된 불연속적이고 불변의 개념적 범주를 규정할 수 있는 일련의 생리적·유전적·발생학적 근거가 없다는 점에서 특정 종족집단으로서의 말레이인은 존재하지 않는다. "중국인다움Chineseness"이나 "인도인다움Indianness"의 경우와 마찬가지로 "말레이인다움Malayness"의 개념적 범주 내에는 다른 문화적 유형과 중첩되는 유전형질의 연속성이 존재해야만 한다. 인구통계에서 추출된 종족집단 간의 절대적인 경계는 생물학적으로 매우 자의적인 것이다.

그렇다면 언어·의복·세계관·가옥구조·공예기술·종교 등과 같은 문화적 요소의 차이는 한 종족집단을 다른 종족집단과 구별하는 불연속적이고 변별적인 범주로 나눌 수 있는가? 이론상으로는 이러한 문화적 요소의 변별성이 특정 종족집단의 성격을 규정하는 데 활용될 수 있다. 그러나 사실상 종족 범주들이 객관적인 문화적 차이에 기초한다는 견해는, 인종 범주가 생물학적으로 규정된 특징으로부터 나타난다는 주장과 별반 다를 바 없다. "말레이인" 혹은 "말레이 문화"라는 사회적 범주는 말레이 말을 사용하는 언어학적 범주와 일치하지 않는다.

한 예로, 만약 문화적 범주와 언어적 범주가 일치한다면 모국어로 말레이어가 아닌 다른 언어, 예컨대 자바어 혹은 영어를 사용하는 말레이시아인을 말레이인의 범주에서 배제하고, 인도네시아어를 구사하는 말레이시아인, 예컨대 자바에서 이주한 자바계 말레이인이나 수마뜨라에서 이주하여 정착한 미낭까바우계 말레이인 등을 말레이인에 포함해야 한다. 또한 대다수 말레이시아 사람들이 화인으로 분류하는 화인 중에는 말레이어를 말레이인처럼 유창하게 구사할 줄 아는 사람들이 존재한다는 사실에 주목할 필요가 있다. 이것은 종족 범주와 언어 범주가 일치하지 않는다는 사실을 잘 보여준다(Kahn 1992: 164~165).

말레이인의 종교에 관해서도 유사한 질문을 제기할 수 있다. 모든 말레이인은 법적으로 무슬림이다. 그러나 실제로 대다수의 인도네시아인도 무슬림이며, 세계 도처에서 무슬림은 종족적으로 매우 다양하게 분포되어 있다. 만약 중국계 말레이시아인이 이슬람으로

그림 12 말라카 쳉훈텡 사원의 화인들

개종한다면, 그는 말레이인에 속하게 되는가? 대다수의 말레이인은 그렇지 않다고 대답할 것이다.

그렇다면 무슬림의 정확한 의미는 무엇인가? 일반적인 종교적 신념의 내용상의 차이는 일상생활의 관습상의 차이와 객관적으로 동일하기 때문에 모든 말레이시아인은 제각기 다른 종교를 믿고 있다고 볼 수 있다. 이런 의미에서 말레이시아에서 무슬림, 기독교 신자, 힌두교 신자, 불교 신자, 정령숭배자에 대한 정의는 다소 자의적일 수밖에 없다.

따라서 문화적 경계에 대한 자의성이나 상대성의 문제가 발생할 수 있다. 일반적으로 말레이인은 습관적으로 말레이어를 사용하고 말레이 관습을 받아들이며 이슬람을 믿는 사람들을 통칭하지만(Provencher 1975: 111), 그들이 정체성을 부여하는 방식이나 기준은 상황에 따라 매우 다르게 나타난다.

각 종족을 명백하게 구분할 수 있는 문화적 경계는 존재하지 않는다. 하나의 특정 문화라는 관념은 이데올로기적 구성물에 불과하다. 그것은 엘리트 집단에 의해 창출된 허위의식일 뿐이다. 따라서 말레이시아 사회가 분절적인 상이한 종족으로 이루어져 있다는 주장은, 그것이 종족, 혹은 문화라는 용어로 표현되었는지와 관계없이 모든 인간집단은 근본적인 특징을 공유한다는 명제로부터 예외일 수 없다.

그러나 우리가 종족과 마찬가지로 문화가 사회적 구성물이라는 사실을 인정하게 되면, 현대 사회에서 문화가 구성되는 과정에 관

그림 13 말라카 깜풍 클링 이슬람 사원

그림 14 말라카 힌두 사원

한 중요한 질문을 제기할 수 있다. 즉, 문화는 현대 사회에서 어떻게 형성, 혹은 구성되고 있는가라는 질문과 현대 사회에서 문화는 왜 그러한 방식으로 규정되고 있는가라는 질문이 그것이다. 이러한 질문에 대한 대답은 문화가 구성되고 있는 사회적 상황과 문화가 파편화되고 있는 현상에 대한 이해와 평가를 통해 얻을 수 있다.

8. 말레이인다움은 무엇인가?: 종족성 연구와 헤게모니

1980년대 이후 도서부 동남아 사회에서는 전통문화의 이미지를 정치·경제·사회의 근대화와 연관하여 이해하려는 움직임이 급속도로 일어났다. 당시에 어떠한 정치·경제·사회적 상황에서 문화의 이미지 대체 작업이 진행되었으며, 그것은 경제개발과 민족통합을 목표로 하는 근대화에 어떤 영향을 미쳤는가? 왜 일부의 다수 종족은 스스로 독립적인 종족집단에 속하기를 원하며, 이러한 정체성은 사회경제적 조건하에서 어떠한 의미를 갖는가? 일반적으로 왜 도서부 동남아 사회는 종족적·문화적 다양성이라는 이미지에서 벗어나지 못하고 있는가?

동남아 사회에 대한 기존의 인문학적·사회과학적 저작과 문헌들은 위에 제시한 질문에 대해 적절한 대답을 하지 못하고 있다. 우선, 이러한 질문은 종족성의 문제와 연계되어 있다. 권력과 경제적 자원의 경쟁에 있어서 종족의 순수성으로 결속된 종족권種族圈,

ethnic bloc은 문화중개인cultural broker으로서 행동하는 엘리트 지배계급의 구성원들에게는 실질적인 이익을 제공하는 자원이 되지만 종족 내 지도자를 추종하는 대중의 의도와 전략이 종합된 결과물은 아니다.

대체로 추종자들은 대부분 자기 종족의 지도자와의 관계 속에서 공정한 경쟁을 통해 동등한 권력이나 부를 획득하거나 분배받을 수 있는 것이 아니다. 만약 종족권 내의 어떤 구성원들이 정치적 권력과 경제적 부를 소유하지 못하고 오히려 빼앗기고 있다는 것이 사실이라면, 종족성이 개인의 이득을 극대화하기 위한 전략이라는 설명은 부적절한 설명 방식이 된다. 종족성을 개인의 전략으로 보는 이러한 입장은 종족성 자체에 내재된 헤게모니적 속성에 대한 부연 설명을 요한다.

그 대표적인 예로, 말레이시아에서 계급적 헤게모니의 차원에서 "말레이인다움"을 재구성하고 재해석하려는 일련의 시도는 그 해석이나 설명에 있어 많은 이론의 여지를 남겨두고 있다. 헤게모니 집단들이 자신의 문화에 대한 전망이나 해석에 특권을 부여하는 전략적 행동의 특성을 이해하는 것이 어려운 것은 아니다. 문제는 계급적 이해관계를 대변하고 실천하는 종족 내 정치지도자나 엘리트 집단이 필연적으로 나타날 수밖에 없다 하더라도 왜 그런 위치나 지위에 있는 특정의 사람만이 전통적인 말레이 문화에 적절한 해석과 전망을 제시해야 하는지에 대한 대답이 제대로 이루어지지 않는다는 데 있다. 그러한 과정이나 배경이 가능하게 된 합당하고 적

정한 이유와 근거가 빈약하거나 미흡한 경우가 허다하다.

말레이인에 대한 기존의 부정적 이미지를 식민통치의 결과로 보는 견해들(Aziz 1958; Lim 1984; Zawawi 1983)에 대해서 그것은 말레이인의 선천적인 특성이기 때문에 이러한 선천성에 기인한 말레이인의 전통은 바람직한 현상이 아니며 오히려 사라져야 좋을 대상이라고 천명하는 일부 정치지도자(Mahathir 1970)나 학자(Khoo 1992)에게 전통적인 말레이 문화에는 다양한 계급적 이해관계가 얽혀 있다는 제안과 설명은 별로 설득력이 없다. 오히려 말레이 전통의 이미지는 권력집단이 말레이 대중을 우매화하기 위해 냉소적인 의미로 만든 가상적 이미지라는 주장이 더 적절하다고 말할 수 있다. 그러나 이 경우에도 말레이 대중이 왜 그러한 사실을 믿기를 꺼리는가에 정확한 해답을 제공하지는 못한다.

말레이인의 문화적 가치가 헤게모니 집단에 도전하려는 대중의 이해관계를 반영하고 있다는 주장도 수긍하기 어렵다. 말레이 문화라는 개념이 다른 종족의 문화에 대응하는 대립적 개념이 아닌 것처럼 배타적인 농민계급이나 노동자계급의 창출을 뜻하는 개념도 아니다. 이러한 말레이 문화를 구성하는 핵심적인 이미지의 생산과 전파, 그리고 소비는 주로 "중간계급"이라는 유연한 용어로 지칭할 수 있는 집단의 활동과 관련된다.

이 말은 말레이 문화에 대한 현재의 논의들이 계급과 전혀 관계가 없다는 말이 아니다. 그것은 말레이 문화에 대한 모든 논의는 더 정교화되어야 하고, 말레이 문화를 둘러싼 종족 간 정치적·경제적 갈등과 대립이 계급적 이해관계에 따라 말레이 문화의 동질적이고 동일한 이미지가 복합적이고 경쟁적인 방식으로 사용될 수 있다는 점을 염두에 둬야 하며, 이와 더불어 특정의 몇몇 계급의 이해관계만으로는 설명할 수 없는 다양하고 복합적인 종족적 이해관계가 엄존한다는 사실 자체를 인정할 필요가 있다는 것이다. 한마디로 현재의 말레이시아 사회는 계급만으로는 설명할 수 없는 종족화된 현상들ethnicized phenomena이 복합적이고 다양한 방식으로 얽혀 있다고 할 수 있다.

따라서 개인적인 전략으로 표현되든지 계급적인 이해관계로 표현되든지 간에 종족성에 대한 설명은 궁극적으로 종족적 잉여물, 즉 지도자의 전략이나 계급적 이해관계만으로 환원되지 않는 개인들의 연대의식과 그것들을 집단적 응집력으로 결집하는 사회운동과의 연계를 설명하는 "진보적 근원주의"의 설명 방식을 고려해야만 한다. 그리고 위에서 언급한 "전략적" 접근 방식과 "계급적" 접근 방식으로는 핵심적인 행위자가 사용하는 문화적 상징성을 설명하지 못할 뿐만 아니라 그러한 상징성의 의미를 깨닫게 하지도 못한다. 문화, 혹은 종족 정체성의 확인은 문화적 상징에 대한 믿음을 가진 사람들이 은폐하고 있는 진정한 의도와 상징의 역할을 이해함으로써만 제대로 이루어질 수 있다.

그렇다면 결국 근원주의 이론에서 상정한 다양한 변수에 초점을 맞추어야만 하는가? 그러나 이 작업도 불만스러운 점들을 갖고 있기는 마찬가지이다.

첫째, 현재 도서부 동남아에 속하는 각 지역에서 확인되는 문화적 특수성을 근원적인 연대의 지속력으로 설명하려는 시도는, 종족 간 상호작용이 "전통의 발명"이 반복되는 과정을 수반하면서 다양하고 복합적으로 일어나고 있는 현실을 설명할 수 없다. 종족성을 근원적인 요소에 귀착해 설명하려는 것은 종족성을 과거에 국한하는 것이다. 아무리 강력한 힘을 지닌 전통이라 할지라도 정적인 상태로만 존재할 수는 없으며, 근대성의 점진적인 파급에 의해 서서히 침몰해갈 수밖에 없다. 근원주의에 입각한 이론이 실제로 적절한 설명을 제공할 수 없는 부분은, 근대화의 진전에 따른 종족적 정체화와 종족 간 혹은 종족 내 갈등의 영향력이 명백히 증가하고 있는 현실 때문이다.

둘째, 종족성을 근원주의로 설명할 수 없는 이유는 말레이다움이라는 이미지를 구성하는 어떤 개념들은 현존하고 있지만, 그것은 근원주의의 이론에서 가정하고 있는 것과 같이 종족 간 경계 밖에 존재하는 말레이 문화에 대한 단순한 반영은 아니기 때문이다.

이것은 종족에 의한 설명으로는 해답을 구할 수 없는 핵심적인 문제이다. 그것은 종족에 의한 설명이 안고 있는 본질적인 어려움에 해당된다. 종족에 의한 설명은 객관적인 문화적 차이에 대한 주관성의 전유로 인식된 종족성과, 그것으로부터 상이한 설명으로 진전되는 과정을 구분한다. 문제는 문화적 차이 그 자체가 종족적 담론으로 구성되고 있다는 점을 간과한 채 하나의 객관적인 현상이라고 가정하는 데 있다.

우리는 명백히 다른 직업을 가진 개인들이 참여하는 사회운동과 그 개인들을 서로 연결하는 상징화 작업 간의 관계를 이러한 방식으로 이론화하려는 데 의문을 제기해야만 한다. 종족과 관련된 운동은 종종 비계급적 운동으로 평가되기도 한다. 왜냐하면, 종족 구성원의 자격요건을 정하는 기준이 계급분석을 행하고자 하는 조사자의 주관에 따라 상당한 정도로 불일치를 나타내기 때문이다.

사실상 종족과 관련된 운동은 보다 순수한 계급 운동을 포함하는 다른 운동과 크게 다르지 않다. 후자는 불가피하게 지식인 운동과 관련이 있다. 그러한 운동이 대부분 계급의식을 담고 있음을 인식한다면, 이러한 계급의식을 결합하고 담론으로 전환시키는 중심세력이 바로 지식인 집단임을 쉽게 알 수 있다. 방법론적으로나 인식론적인 이유로 인해 이들 지식인들은 대개 타인을 위한다기보다는 불가피하게 타인의 이데올로기를 자신의 이데올로기에 종속시키는 비판적·사회학적 분석에 더 세심한 주의를 기울인다.

이 말은 농부나 노동자가 아닌 지식인이기 때문에 타인들이 관여하고 있는 운동에 대해 어떠한 유효한 주장도 할 수 없다는 것을 의미하는 것이 아니다. 여기서 주장하고자 하는 것은, 계급의식이나 종족성에 대한 설명은 이러한 담론에서 우리 자신이 어느 편을 지지하는가에 대해 충분히 설명하지 않는 한 결코 완전하게 이루어질 수 없다는 것이다. 계급분석가나 전략분석가의 설명이 단순한 관찰자의 설명보다 인식론적으로 앞서며, 또 어느 정도 더 객관적일 수 있는 것은 바로 이러한 이유 때문이다.

그림 15 말레이시아 쿠알라룸푸르 국립이슬람사원의
무슬림 여성

현대 도서부 동남아시아에서 나타나고 있는 문화적 변이도 같은 방식으로 인식할 수 있다. "하나의 문화a culture"는 일반적으로 엘리트와 중간계급의 활동에 의해 구성되지만, 인간의 보편적 생활양식으로서의 문화Culture의 구성은 더는 학문 분야의 전문가들에 국한되는 것이 아니라 학문적·비학문적 영역에서 모두 다루어져야 하는 인류학적 비전에 기초한 작업에 속하는 일이다. 전자의 측면에 초점을 맞추어보면 비서구의 지식인들과 정치인, 그리고 출판업자 등은 모두 특정의 문화를 발견·발명하고 구성하는 데 중요한 역할을 수행하고 있다고 볼 수 있다. 그러나 이 과정에는 인류학적 관점을 포함해야만 분석이 가능한 문화적 형태들이 반드시 있게 마련이다. 왜냐하면, 문화란 엘리트 집단이나 지식인에 의해 단순히 조작적으로 구성되는 것이 아니라 일반 대중이 일상적인 생활과 관념 속에서 만들어내고 구성하는 것이기 때문이다.

종족성을 다루는 문제는 단순하지 않다. 기존의 논의는 대체로 종족의 개념에 지나치게 관심을 집중해왔다. 그로 인해 의식적으로나 무의식적으로 종족 자체가 존재한다는 가정하에 논의를 전개하는 과오를 범하고 말았다. 종족이라는 용어 자체가 안고 있는 근원적인 문제에는 소홀했던 것이다.

종족의 개념에 자민족중심주의ethnocentrism의 편견이 깔려 있다는 것은 확실하다. 그러나 종족성에 대한 이해와 관심이 특정 사회집단의 자기의식, 특히 정체성을 인식하는 데 크게 기여했음을 부인할 수는 없다. 특히 근대성의 일반적 의미가 확대되면서 종족성에

그림 16 이슬람 사원에서 핸드폰을 사용하는 무슬림의 모습

관한 여러 논의는 자아와 타자를 구분하는 기준을 제공했다.

여기서 종족성에 관한 논의를 집단 간 상호작용, 혹은 접촉으로 간주한 것은 근대성으로 인해 많은 종족집단이 더는 고립된 공동체로 존재하지 않고 다양한 상호작용 속에서 끊임없는 변화를 경험한다는 것을 전제로 했기 때문이다. 이런 의미에서 도서부 동남아시아의 독특한 역사적 경험과 사회경제적 환경은 도서부 동남아시아의 종족성을 이해하는 데 매우 중요한 요소이다.

9. 맺음말에 대신하여

이상의 논의를 종합해볼 때, 최근에 문화의 독특성과 독자성을 설명하는 개념들은 이전에 이미 존재했던 특정 사회의 문화에 대한 사고의 단순한 반영이 아니라 일종의 사회적 구성물이다. 반면에 종족성에 대한 기존의 접근 방식들은 종족집단의 문화를 종족 정체성에 대한 분명한 표지標識로 간주하고, 현실의 다양한 변동의 역동성과는 관계없는 고정화된 전통의 이미지를 강조함으로써 종족 정체성의 다양성이 곧 문화적 다양성으로부터 기인한다는 허위의식을 갖도록 유도했다. 또한 종족집단의 구성원들은 자신만의 고유한 문화가 실제로 존재하지 않을 수도 있다는 사실을 인식하지 못하는 수동적 존재로 묘사되곤 했다. 이러한 결론은 계급이나 개인적 전략의 관점이 아니고서는 특정 사회의 종족성이나 문화의 특성을 설명할 수 없다는 교조적이고 선언적인 가정에서 나온 지극히 당연한 결과이다.

물론 문제를 확인하는 일과 문제를 해결하는 일은 별개이다. 여기서는 특정 종족집단의 주관성을 고려하지 않고, 다른 종족집단과의 상호작용의 세계를 객관적으로 이해할 수 있다고 주장하는 기존의 지적 전통은 어떠한 해결책도 제시할 수 없다는 점을 지적하고자 한다.

종족집단의 주관성 혹은 주관적 의식을 간과한 객관적 절차는 항상 방법론적인 한계를 갖고 있다. 현재 특정 종족집단의 구성원들은 대부분 그들이 처한 지리적 위치와 사회경제적 조건과 관계없이 종족성에 관한 인문학적, 사회과학적 논의들에 대한 비판적 검토를 통해 자문화에 대한 이해를 보다 더 발전시킬 수 있다. 이것이 바로 근대성이 우리에게 제공한 사회현실과 인식의 발전이라고 할 수 있다. 이를 통해서 오리엔탈리즘의 폐해를 비판적으로 성찰할 수 있으며, 지식인이나 엘리트 집단의 담론으로 나타날 수 있는 또 다른 형태의 대항적 오리엔탈리즘의 함정으로부터 벗어날 수 있을 것이다.

종족성을 다루는 사회과학자 혹은 인문학자들은 자신이 이용할 수 있는 문화적 재료를 분석함으로써, 특정의 종족성 혹은 문화를 창출 혹은 발전시킬 수 있다. 결국 문화적 관점을 구성하는 사회이론 그 자체는 정확히 종족집단 간 상호작용, 즉 종족집단 간의 대화라는 맥락에서 출현한다. 마찬가지로 현대의 특정 종족집단의 문화는 다른 종족집단과의 접촉과 근대성과의 조우라는 맥락에서 지속적으로 구성 또는 재구성되는 것이다.

예를 들면 현대 말레이시아 혹은 인도네시아 문화의 구성 혹은 재구성의 과정은 기본적으로 근대성과의 창조적인 대화를 반영하고 있다. 여기서 제시하고자 하는 것은 동남아시아의 종족성에 관한 특정의 텍스트를 선택하여 분석을 시도한다고 할 때, 그것은 동남아 문화를 총체적으로 구성하는 전형적인 모델을 구성하고자 하는 것이 아니라는 점이다. 단지 동남아, 특히 도서부 동남아 문화를 구성하는 하나의 텍스트가 어떻게 도서부 동남아 문화에 대한 현재의 논의의 변별성과 독창성, 그리고 민족문화와 동남아 문화권과의 관련성에 대해 우리의 관심을 끌고 있는가를 보여주고자 할 뿐이다.

모든 문화론자의 담론 형태는 정치적이고 윤리적인 근거에 의해서만 구분될 수 있을 뿐 모두 동일한 가치를 지니는 것은 아니다. 만약 우리가 현대 도서부 동남아의 문화를 설명하기 위해 근대성에 대한 문화론적 비평을 보여주는 하나의 텍스트를 선택한다면, 그것은 사실상 서로 다른 두 영역, 즉 학문 분야와 비학문 분야 모두에 의미가 있는 텍스트여야 한다. 특히 종족성과 관련된 텍스트는 양 영역에서 각각 다른 의미를 지니고 있기 때문에, 학문 영역에 그 논의를 국한해서는 일면적일 수밖에 없다.

이런 의미에서, 타자성otherness을 문화적으로 구성하는 일은 항상 선택적인 것이라고 말할 수 있다. 우리는 도서부 동남아 사회가 고립된 문화들로 구성되어 있는 것처럼 묘사할 수 없고, 또 그렇게 해서도 안 된다. 때로는 문화적 변이, 혹은 다양성의 개념을 포함한 서술이나 분석을 권장할 필요가 있다. 예컨대 문화적으로 특수한 자기 자신의 이데올로기에 지배당한 사람들이 보편적인 진리를 표방하는 것을 비판할 목적으로 문화적 다양성의 개념을 사용하는 것은 바람직하다(Kessler 1992: 155). 이러한 의미에서 문화적 다양성이라는 개념은 특정의 문화적 전통의 산물인 민족국가의 정체성에 관한 확신을 교정할 수 있는 가치 있는 요소가 된다. 이런 의미에서 민족국가나 민족주의는 "상상된 공동체"라고 할 수 있지 않을까?(앤더슨 2018).

맺음말에 대신하자면, 종족성에 관한 논의에서 문화를 강조하는 입장은 보편주의의 가능성에 도전한다는 의미에서가 아니라 민족주의를 비롯하여 보편주의를 가장한 허구적 이데올로기에 대해 경고를 담고 있다는 점에서 매우 중요한 가치를 지닌다. 그리고 이러한 문화론은 문화를 불변하고 고립적인 공동체로 간주할 때에만 보편주의의 이상을 꿈꿀 수 있을 뿐이다. 그러나 모든 문화는 항상 다른 문화와의 상호작용 속에서 항상 변하기 마련이다. 이런 의미에서, 문화만을 강조하는 문화론자가 보편주의의 가능성에 도전하는 일은 사실상 실현하기 어려운 허망한 꿈에 불과한 것일 수 있다는 점을 명심할 필요가 있다.

밀턴 오스본. 1999. 조흥국 옮김.『한 권에 담은 동남아시아 역사』. 서울: 오름.

박사명 외. 2000.『동남아시아의 화인사회』. 서울: 전통과현대.

베네딕트 앤더슨. 2018. 서지원 옮김.『상상된 공동체: 민족주의의 기원과 보급에 대한 고찰』. 서울: 도서출판길.

앤서니 D. 스미스. 2018. 이재석 옮김.『민족의 인종적 기원』. 서울: 그린비.

오명석. 2000. "말레이시아 화인사회: 다종족국가 내에서의 공존과 갈등". 박사명 외.『동남아시아의 화인사회』. pp. 186~309.

조흥국. 1997. "동남아의 사회와 문화에 대한 이해". 김민정 외.『동남아의 사회와 문화』. pp. 293~325.

홍석준. 2001. "현대 말레이시아 이슬람부흥운동의 문화적 의미".『동남아시아연구』 11: 1~27.

Anderson, B. 1983. *Imagined Communities: Reflections on the Origin and Spread of Nationalism*. London: Thetford Press Limited.

Aziz, U. 1958. "Land Disintegration and Land Polocy in Malaya". *The Malayan Economic Review* 3(1): 22~29.

Barth, F. 1969. *Ethnic Groups and Boundaries: The Social Organization of Cultural Difference*. London: Allen and Unwin.

Cham, B, N. 1975. "Class and Communal Conflict in Malaysia". *Journal of Contemporary Asia* 5(4): 446~61.

Che Man, W. K. 1990. *Muslim Separatism: The Moores of Southern Philippines and the Malays of Southern Thailand*.

Chong, Terence. 2008. *Modernization Trends in Southeast Asia*. Southeast Asia Background Series No. 9. Singapore: Institute of Southeast Asian Studies.

Cohen, A. P. 1985. *The Symbolic Construction of Community*. Tavistock Publications: London and New York.

Coon, C. 1958. *Caravan: the Story of the Middle East* (reviesd edition). New York: Harper and Row.

Freedman, M. 1960. "The Growth of Plural Society in Malaya". *Pacific Affairs* 33: 158~168.

Furnivall, J. S. 1948. *Colonial Policy and Practice*. London.

Geertz, Clifford. 1960. *The Religion of Java*. The Free Press.

______. 1963. "The Integrative Revolution". Geertz, C.(ed.), *Old Societies and New States*. New York: Free Press. pp. 105~57.

Giddens, A. 1990. *The Consquences of Modernity*. Stanford University Press.

Hing Ai Yun. 1984. "Capitalist Development, Class and Race". S. Husin Ali (ed.), *Ethnicity, Class and Development: Malaysia*. Kuala Lumpur. Persatuan Sains Sosial Malaysia. pp. 296~328.

Hobsbawm, E. 1983. "Introduction: Inventing Traditions". Hobsbawm, E. & Ranger, T.(eds.), *The Invention of Tradition*. Cambridge University Press. pp. 1~14.

Hua Wu Yin. 1983. *Class and Communalism in Malaysia*. London: Zed Books.

Husin Ali, S. 1981. *The Malays: Their Problems and Future*. Kuala Lumpur: Heinemann.

Husin Ali, S. (ed.). 1984. *Ethnicity, Class and Development: Malaysia*. Kuala Lumpur: Persatuan Sains Sosial Malaysia.

Jesudason. 1989. *Ethnicity and Economy: The State, Chinese Business, and Multinationals in Malaysia*. Oxford University Press.

Jomo Kwane Sundaram. 1988. *A Question of Class: Capital, the State and Uneven Development in Malaysia*. New York: Monthly Review Press.

Kahn, Joel S. 1992. "Class, Ethnicity and Diversity: Some Remarks on Malay Culture in Malaysia". Kahn, Joel S. & Francis Loh Kok Wah (eds.), *Fragmented Vision: Culture and Politics in Contemporary Malaysia*. ASAA Southeast Asia Publications Series NO. 22, pp. 158~178.

Kassim Ahmad. 1968. "Communalism and National Unity". *Instisari* 3(2).

Kessler, C. S. 1992. "Archaism and Modernity: Contemporary Malay Political Culture." Kahn, Joel S. & Francis Loh Kok Wah (eds.), *Fragmented Vision: Culture and Politics in Contemporary Malaysia*. ASAA Southeast Asia Publications Series NO. 22, pp. 158~178.

Khoo Kay Kim. 1991. *Malay Society: Transformation and Democratisation*. Pelanduk Publications(M) Sdn Bhd.

Lim Teck Ghee. 1984. "British Colonial Administration and the Ethnic Division of Labour in Malaya". *Kajian Malaysia* 2(2): 28~66.

Mahathir Mohamed. 1970. *The Malay Dilemma*. Singapore: Donald Moore Press.

Nagata, J. 1974. "What is a Malay? Situational Selection of Ethnic Identity in a Plural Society". *American Ethnologists* 1(2): 331~50.

Nagata, J. 1975. *Pluralism in Malaysia: Myth and Reality*. Leiden: Ej. Brill.

Nagata, J. 1979. *Malaysian Mosaic*. Vancouver: University of British Columbia Press.

Provencher, R. 1975. *Mainland Southeast Asia: An Anthropological Perspective*. California: Goodyear Publishing Company, Inv. Pacific Palisades.

Shibutani, T. & Kwan, K. M. 1965. *Ethnic Stratification: A Comparative Approach*. London.

Shils, E. 1981. *Tradition*. The University of Chicago Press.

Smith, A. 1981. *The Ethnic Revival*. New York: Cambridge University Press.

Tan Chee Beng. 1984. "Acculturation, Assimilation and Integration: The Case of the Chinese". Husin Ali, S. (ed.), *Ethnicity, Class and Development Malaysia*. pp. 189~211.

Zawawi Ibrahim, Wan. 1983. "Theories on Race Relations: A Critical Review". Paper Presented in the *Modernization and National-Cultural Identity* conference, Persatuan Sains Sosial Malaysia. 10-12 January 1983.

인터넷 자료

http://kin.naver.com/qna/detail.nhn?d1id=9&dirId=9020106&docId=213053313&qb=7J2464+E64Sk7Iuc7JWE7J2YIOyduOq1rA==&enc=utf8§ion=kin&rank=1&search_sort=0&spq=0&pid=SX/rLloRR2KsscjgL40sssssssw-060667&sid=btTXJxNaBJjgv2g/F5oAng%3D%3D

http://blog.naver.com/bestcfp/220409209181

2장

동남아의 증여와 호혜성

오명석

1. 들어가며

필자가 1980년대 말에 말레이시아 농촌 마을에서 박사논문을 위한 현지조사를 할 때 경험한 일이다. 마을의 작업장을 내 숙소로 정하고 책상, 침대, 주방 용구들을 새로 마련했는데, 내 방을 구경하러 온 마을 청년 중 몇 명이 내가 마을을 떠날 때 이 물건들을 자신에게 팔라고 요청했다. 이 요청을 받은 나는 놀랍기도 하고 불쾌한 느낌도 들었다. 이제 막 마을에 들어왔는데 곧 떠날 사람처럼 대하는 것이 불편했고, 너무 실리를 밝히는 것 같은 태도도 마음에 안 들었다. 1년 정도 마을에 머물려고 생각하고 있었고 마을 사람들과 라뽀를 맺어야 한다고 마음먹고 있던 나에게는 예기치 못했던 돌발적인 상황이었다. 요구를 받아들여 이들과 친밀한 관계를 맺는 기회로 삼아야 하지 않을까 하는 생각도 들고, 소문이 나면 다른 사람들로부터 계속되는 요구에 시달리게 되지 않을까 하는 불안한 마음도 동시에 들어, 망설이다가 나중에 생각해보겠다고 대충 얼버무리는 대답을 했다. 당시에 나는 이들의 요구를 어떻게 이해해야 할지 판단이 서지 않았다. 이 글은 어찌 보면 이 의문에 대한 뒤늦은 답변이다.

마을에 머무는 동안 동네 사람들이 여는 끈두리kenduri에 10여 차례 참석하였다. 끈두리는 집안에 경조사가 있을 때 친척과 이웃을 초대해서 여는 잔치 같은 것이다. 끈두리는 이슬람 기도와 음식을 함께 먹는 시간으로 채워지는데, 무슬림이 아닌 필자를 아무 거리낌 없이 초대하고 환대하는 것이 의외로 느껴졌다. 한편 이 모임들에 초대받았다는 것은 나를 이웃처럼 인정하는 것으로 여겨져서 기쁘기도 했다. 집에서 결혼식 잔치를 열 경우에는 친척과 마을 사람들이 모여서 남자들은 뜰에서 밥을 짓고 채소를 손질하고 설거지를 하며 여성들은 집 안에서 요리를 하는데, 내가 이 일을 돕겠다고 나서면 당연히 그래야 하는 것처럼 자연스럽게 받아들였다. 결혼식 잔치가 끝나고 돌아갈 때에는 다른 사람들이 하는 것과 마찬가지로 집주인과 악수를 하면서 약간의 부조금을 은밀하게 전달했다. 마을을 떠나게 되었을 때 그동안 끈두리에 초대받았던 것을 생각하면서, 그 답례로 마을 사람들을 초대해서 간단한 잔치를 열었다. 종교적 기도는 생략했으니 끈두리라고는 할 수 없었지만. 돌이켜 보면 마을에 머무는 동안 특별히 의식하지 않은 채 마을 사람들 사이의 호혜적 선물교환의 네트워크에 들어가 있었던 것이다. 하지만 이를 나의 박사논문 연구주제로는 전혀 생각하고 있지 않았다.

선물교환에 대한 나의 관심은 경제인류학에 대한 이론적 연구를 하는 과정에서 촉발되었다. 마르셀 모스Marcel Mauss의 『증여론』을 읽은 것이 계기가 되었으며, 인류학에서 이에 대한 논의가 활발하게 전개된 것을 새롭게 발견하고 학문적 흥미를 느껴서 증여에 대한 이론적 논문을 쓰기에 이르렀다(오명석 2010). 인류학에서 증여와 호혜성에 대한 논의는 주로 멜라네시아, 북미 인디언, 호주 원주민의 사례를 중심으로 전개되었고 이를 통해 이론화되었다. 이러한 연구 덕분에 남태평양의 쿨라kula 교환, 북미 인디언의 포틀래치potlatch, 마

그림 1 말레이 농촌 마을에서의 끈두리

그림 2 말레이 농촌 마을에서의 결혼식 회식

오리족의 하우hau와 같은 관행과 관념이 널리 알려지게 되었다. 동남아 사회에서도 증여와 호혜성은 매우 잘 발전된 사회적 관행이자 도덕규범이지만, 증여에 대한 인류학의 이론적 논의에서는 크게 관심을 받지 못했다. 이 글은 동남아의 선물교환에 대한 민족지 연구들을 검토해서 그 성격을 체계적으로 정리하고, 증여에 대한 인류학의 이론적 지평을 확장하는 데 일조하고자 하는 목표를 갖고 있다. 이러한 이론적 목적뿐 아니라, 증여와 호혜성에 대한 이해가 현대 동남아 사회를 파악하는 데 중요한 통로가 될 수 있다는 점을 부각하려는 의도도 담고 있다.

이 글은 크게 세 부분으로 구성되어 있다. 먼저 증여와 호혜성과 연관된 동남아의 토착적 개념을 분석하고자 한다. 이와 관련해 동남아에서 가장 잘 알려진 용어는 필리핀의 "우땅 나 로옵"과 인도네시아의 "고똥 로용"이다. 이들 용어의 의미에 대한 분석은 동남아인들이 증여와 호혜성을 인식하는 사고의 틀을 이해하는 데 창구 역할을 할 수 있을 것이다. 다음으로, 장례식과 혼인과 같은 의례적 상황에서의 선물교환을 연구한 대표적인 민족지 사례들을 검토하여, 구체적인 사회적 맥락 속에서 증여와 호혜성이 실천되는 양상을 분석할 것이다. 마지막으로, 증여의 관념을 세계 종교와의 연관성 속에서 검토할 것이다. 동남아의 불교 사회와 이슬람 사회에서의 "공덕 쌓기" 행위에 초점을 맞춤으로써, 이러한 행위가 현세와 내세, 인간과 신과의 관계에 대한 종교적 관념을 매개로 한 독특한 방식의 증여로 이해될 수 있음을 밝히고자 한다.

2. 호혜적 의무의 네트워크: "우땅 나 로옵"

"우땅 나 로옵utang na loob"은 필리핀 사회를 이해하는 데 창구 역할을 하는 핵심적 개념이다. 우땅 나 로옵은 필리핀의 전통적 사회관계를 구성하는 조직 원리인 동시에 윤리적 덕목이다. 우땅 나 로옵은 "내면의 빚debt of inside", "감사의 빚debt of gratitude", "의지의 빚debt of will" 등으로 다양하게 번역되어왔다. 우땅utang은 부채를 의미하는데, 상업적 대출에 의해 발생한 부채를 지칭하는 용어이기도 하지만, 우땅 나 로옵에서의 우땅은 증여에 의해 발생한 부채를 지칭한다는 점에서 전자와 구별된다. 로옵loob의 문자 그대로의 번역은 내부inside이다. 로옵은 집과 도자기와 같은 어떤 사물의 내부를 지칭하는 데 사용되지만, 사람에게 적용될 때에는 의지 또는 마음을 가리킨다. 하지만 필리핀의 의미론에서 내부loob와 외부labas는 명확하게 분리되어 대립하는 상태를 지칭하지 않고, 내부에서 외부로, 외부에서 내부로 움직이는 운동을 함축하고 있기 때문에 양자는 서로 섞이는 경향이 있다(Rafael 1988: 125). 로옵은 외부로부터 들어온 것을 함유하는 공간이며 동시에 외부를 향해 나아가는 공간이다. 이런 점에서 우땅 나 로옵에서의 로옵을 의지 또는 마음으로 번역할 때 그것이 의미하는 바는 외부 세계와 분리된 독립적이고 자율적인 의지와는 다르다는 점에 주목할 필요가 있다. 그 차이를 인식하는 것이 우땅 나 로옵의 의미를 필리핀인의 관점에서 이해하는 데 핵심적인 관건이다.

물리적 차원에서의 내부와 외부가 명확하게 분리되지 않고 서로를 지향하는 운동 속에서 섞이듯이, 심리적 차원에서의 내부와 외부도 서구의 주체-객체의 이원론에서처럼 명확하게 분리되지 않고 서로를 지향하는 운동 속에서 섞인다. 이러한 필리핀의 인지적 구조를 반영하기 위해서는 로옵을 "관계적 의지"로 번역할 필요가 있다(Reyes 2015: 154). 단순히 의지라고 번역했을 때에는 주체의 독립적이고 자율적 의지를 상정하는 서구적 의미로 혼동할 수 있기 때문이다. "관계적 의지"는 타자를 지향하는 의지, 또는 타자와의 관계 속에서 성립하는 의지를 의미한다. 그런데 그 타자는 자아와 대립하는 존재로 인식되지 않는다는 점에 다시 주목할 필요가 있다. 타자는 자아에 침투하여 자아를 구성하는 존재이며 또한 자아와 공유된 정체성을 갖는 존재이기도 하다. 깝와kapwa라는 용어가 자아와 타자의 관계에 대한 이러한 인식을 표현하고 있는데, 이 용어가 의미하는 바는 자아와 타자의 통일성이다(Reyes 2015). 깝와는 필리핀 사회의 사람됨personhood을 규정하는 핵심적 개념이다. 마르셀 모스가 서구의 근대적 자아의 개념과 구별되는 "사회적 페르소나" 또는 "관계적 자아"라는 개념을 제시했는데(오명석 2010: 30~33), 깝와는 이 개념과 매우 잘 부합하는 필리핀의 표현 방식이라고 할 수 있다. "관계적 의지"로서의 로옵은 자아와 타자의 통일을 함축하는 깝와라는 관념과의 연관 속에서 그 의미를 이해해야 한다. 서로 분리되고 독립된 자아와 타자 사이에 관계를 맺고자 하는 의지가 아니라, 존재 자체가 상호적으로 규정되는 관계 속에 놓인 자아와 타자 사이에 그 관계를 행위에 의해 실현하고자 하는 의지가 "관계적 의지"가 의미하는 바이다. "우땅 나 로옵"에서 부채의 의미도 자아와 타자 간의 이러한 독특한 관계성 속에서 수행되는 관계적 의지의 발현과의 연관성 속에서 이해될 수 있다. 그런 점에서 우땅 나 로옵에서의 부채 관계는 필리핀의 사회구조를 지칭하는 것에 다름 아니다. 부채를 의미하는 미얀마의 카친어인 흐카[hka]가 카친족의 사회구조를 이해하는 통로가 된다는 리치(2016: 210)의 지적을 필리핀에 적용한다면 우땅 나 로옵이 이에 해당한다.

미국의 인류학자 카웃(Kaut 1961)은 우땅 나 로옵의 성격을 "호혜적 의무의 네트워크"로 규정했다. 우땅 나 로옵의 관계에 있는 사람들 사이에는 어떤 필요가 생길 경우에 서로 간에 도움을 줄 의무, 받을 의무, 되갚을 의무가 있다는 점에서 "호혜적 의무의 네트워크"로 파악한 것이다. 카웃의 분석은 모스의 유명한 『증여론』, 즉 선물교환은 줄 의무, 받을 의무, 되갚을 의무라는 순환적 의무의 고리로 구성된 호혜적 교환이라는 해석이 우땅 나 로옵에 그대로 적용될 수 있음을 주장한 것이다. 하지만 모스의 『증여론』은 집단적으로 소중하게 간주하는 물품인 가치재의 의례적 선물교환에서의 호혜성을 집중적으로 분석한 것에 반하여, 우땅 나 로옵에서는 일상적 필요에 부응하는 화폐, 재화, 서비스의 제공을 통해 도움을 주고받는 호혜성이 부각되고 있다는 점에서 차이가 있다. 예를 들어, 손님이 갑자기 방문했을 때 식사를 대접할 쌀이 부족하거나, 잔치를 여는 데 필요한 식기가 부족할 때 친척이나 이웃으로부터 도움을 받는 것이 일상적으로 발생하는 우땅 나 로옵의 모습이며, 형편이 어려운 집안의 자녀를 입양하거나 이들의 교육비를 대신 내주는 행위, 직장을 구해주거나 심각한 병에 걸렸을 때 병원 입원을 알선해주는 행위는 평생 잊어서는 안 될 중요한 우땅 나 로옵에 해당한다. 이런 점에서 우땅 나 로옵은 상호부조의 성격을 강하게 띠고 있으며, 도움을 주고받는 과정에서 서로 간에 빚을 진 상태에 들어서게 된다. 그런데 우땅 나 로옵에서의 상호부조는 도움이 필요한 사람이 도움을 요청하는 방식으로 수행된다. 도움의 요청이 없는데 도와주기를 자청하고 나서는 행위는 상대편이 곤경에 빠져 있다는 것을 공개적으로 표명하는 것이 되고, 어려움에 처한 사람이 스스로 활용할 만한 우땅 나 로옵의 관계 자원을 갖고 있지 못함을 드러내는 일이 되기 때문이다. 이는 도움을 받는 사람이 수치심을 느끼게 되는 상황이다. 우땅 나 로옵의 관계는 서로 빚을 지고 있는 상태일 뿐 아니라, "도움을 요청할 수 있는 권리"를 서로 간에 인정하는 상태를 의미한다.

우땅 나 로옵의 관계는 도움을 주고받는 어떤 사람과도 성립할 수 있지만, 실제로는 가족이나 친척 관계, 대부모-대자녀 관계, 이웃 관계에 있는 사람들 사이에 주로 이루어진다. 즉, 우땅 나 로옵의 관계가 성립하는 범위를 규정하는 사회적 범주가 존재한다. 깝와라는 관념이 자아와 타자의 통합을 의미한다고 할 때, 우땅 나 로옵에서 우선적으로 고려되는 타자는 완전히 낯선 사람이기보다는 개인과 긴밀한 사회적 관계가 있는 내집단in-group에 속한 타자라고 할 수 있다. 가족의 범위를 넘어서서 내집단을 구성하는 중요한 사회적 범주는 친척 관계이다. 아버지의 친족과 어머니의 친족을 동등하게 포함하는 공계적cognatic 친족과 인척이 이에 해당한다. 하지만 모든 공계적 친족과 인척이 우땅 나 로옵의 관계에 들어서는 것은 아니다. 친척 관계는 우땅 나 로옵이 우선적으로 성립될 수 있는 사회적 범위를 규정하는 범주로 작동하며, 실질적인 우땅 나 로옵의 관계는 개인들 사이에 실제로 도움을 주고받는 행위에 의해 형성된다. 혈연적으로는 가까운 친척에 해당해도 우땅 나 로옵의 관계가 형성되지 않을 수 있으며, 먼 친척에 해당해도 긴밀한 우땅 나 로옵 관계가 형성될 수 있다. 즉, 우땅 나 로옵의 관계는 혈연적 거리를 직접적으로 반영하는 것이 아니며, 개인들 사이의 과거, 현재, 미래의 행위를 통해서 창출, 강화, 소멸의 과정을 겪는다. 이런 점에서 우땅 나 로옵은 개인들 사이에 맺어진 네트워크적 관계의 성격을 갖는다. 우땅 나 로옵의 관계를 "호혜적 의무의 네트워크"로 규정한 카웃의 분석은 이러한 측면을 부각한 것이다.

우땅 나 로옵에서의 호혜적 의무는 수치심을 의미하는 히야hiya의 관념과 짝을 이루어 작동한다. 도움을 준 사람이 도움을 받았던 사람에게 나중에 도움을 요청했는데 이를 들어주지 못했을 때 도움을 받았던 사람이 느끼는 감정이 히야이다. 또한 친척 관계에 있는 누군가가 도움을 주겠다고 나섰는데 그것이 거부되면 도움을 제안했던 사람은 히야를 느끼게 된다. 상대방이 자신과의 친척 관계를 인정하지 않는다고 느끼기 때문이다. 우땅 나 로옵에서 요구되는 호혜적 의무를 수행하지 못했을 때, 그리고 우땅 나 로옵의 관계에서 배제되었을 때 느끼는 부정적 감정을 히야라고 할 수 있다. 왜냐하면, 그러한 상태에 놓이는 것은 사회적으로 조롱과 비난을 받게 되기 때문이다. 우땅 나 로옵의 호혜적 의무를 수행하지 않는 사람은 "빚졌음을 모르는walang utang na loob", 또는 "수치심이 없는walang hiya" 사람이라고 불리며, 이는 가장 심각한 모욕적 언사로 간주된다. 우땅 나 로옵의 관계에서 도움을 주고받는 행위가 의무로 여겨지기 때문에 그것을 수행하지 못할 때 수치심을 느끼게 되고, 역으로 수치심이라는 감정은 의무를 수행하게 만드는 사회적 제재와 강제력으로 작동한다. 베네딕트(2019)가 일본 문화의 성격을 은혜와 보은의 관계로 설명하면서 명예와 수치심이 그러한 관계를 작동시키는 정서적 기질이라고 제시했는데, 우땅 나 로옵의 관계는 이와 매우 유사한 방식으로 실현된다고 할 수 있다.

우땅 나 로옵에서 호혜적 의무와 수치심이 작동하는 방식을 구체적 맥락 속에서 이해할 필요가 있다. 맥락적 이해가 결여되면 호혜적 의무와 수치심은 조화로운 사회관계를 창출하는 규범적 모델로만 인식되어 현실과 괴리되기 때문이다. 규범적으로는 실제적인 필요와 능력에 부응하여 도움을 주고받는 방식으로 호혜적 의무가 수행되어야 하지만, 현실에서는 자신의 실질적 필요를 넘어서는 과다한 도움을 요청하거나, 자신이 보유한 여유분을 실제보다 작게 얘기함으로써 충분히 돕지 못하는 구실을 만들기도 한다. 필요와 능력의 수준을 객관적으로 확증하기는 어려우며 상호 주관적 평가가 불가피하게 개입하게 되는데, 이 지점에서 전략적 계산이 동원된다. 그 결과는 상호 합의할 수 있는 원만한 수준에 이를 수도 있지만, 당사자들 간에 기대의 불일치로 인한 갈등과 반목을 야기할 수도 있다. 규범의 준수와 위배는 객관적 기준에 의해 명확하게 규정되지 않으며, 우땅 나 로옵이 실현되는 구체적 맥락 속에서 서로 다른 위치를 점한 당사자들의 주관적 인식에 의해 평가된다.

우땅 나 로옵의 관계는 상대적으로 평등한 사람들 사이뿐 아니라, 경제적으로 또는 정치적으로 불평등한 위치에 있는 사람들 사이에서도 형성될 수 있다. 필리핀 사회에서 후자의 관계는 흔히 후원자-수혜자patron-client 관계로 설명되어왔다. 전통적인 지주-소작인 관계가 이에 해당하는데, 지주는 소작인이 혼인, 질병, 흉작 등의 어려움에 봉착했을 때 도움을 주고 그 반대급부로 소작인은 지주의 집안일을 돕고 충성을 표명한다. 후원자-수혜자 관계는 아시아의 전통적 농촌 사회와 유럽의 봉건제 사회를 설명하는 데 유용한 개념적 모델로 활용되어왔는데, 필리핀 사회의 경우에는 후원자-수혜자 관계가 우땅 나 로옵이라는 관념과 결합되어 나타난다는 점에서 독특한 측면이 드러난다. 지주와 소작인은 서로 간에 빚을 진 상태에 있으며, 도움을 주고받을 호혜적 의무를 수행해야 하며 그렇지 못하면 비난을 받게 되는 수치스러운 일이 된다. 우땅 나 로옵의 관계에 놓여 있기 때문에, 소작인은 지주에게, 지주는 소작인에게 도움을 요청할 권리를 가지며, 이들은 각각 이러한 요청에 응할 의무를 지닌다. 하지만 지주와 소작인 사이의 불평등한 지위는 지주에게 유리한 방향으로 권리와 의무가 쏠리게 될 경향성을 내포하고 있다. 즉, 지주는 우땅 나 로옵의 관념을 소작인에 대한 지배를 합리화하거나 강화하는 이데올로기로 활용할 수 있다. 동시에 우땅 나 로옵의 관념이 그 반대 방향으로 활용될 수도 있다. 소작인은 지주에게 도움을 요청할 권리를 가지고 있다고 인식하며, 그러한 요청이 무시되었을 때에는 지주는 당연한 의무를 수행하지 않는 인색하고 수치스러운 사람으로 비난을 받는다. 그런 점에서 우땅 나 로옵의 관념은 양날의 칼과 같다고 할 수 있다. 스콧(2004)은 동남아 농촌 사회의 후원자-수혜자 관계에서 "생계윤리subsistence ethic"가 이들 사이의 행위를 평가하는 도덕적 규범으로 작용하며, 지주 또는 국가가 농민의 기본적 생계를 보장해주어야 할 의무를 수행하지 못했을 때 농민들이 도덕적 분노를 느끼며 그 분노가 때로는 농민반란으로 표출된다고 주장했는데, 필리핀의 지주-소작인 사이의 우땅 나 로옵의 관념은 생계윤리가 지배와 저항의 이데올로기로 동시에 활용될 수 있었던 것과 매우 유사한 방식으로 작동한다고 할 수 있다.

현대 필리핀 사회에서 우땅 나 로옵의 관념은 지방의 유력 정치인들이 대중을 동원하는 전략으로 활용되고 있다. 정치인들이 지방 주민들에게 개인적인 혜택을 제공함으로써 우땅 나 로옵의 관계를 창출하고 선거 때에 그 빚을 투표로 갚도록 하는 것이다. 도움을 받은 사람이 후원자가 아닌 다른 사람에게 표를 주는 것은 "빚졌음을 모르는" 수치스러운 행위로 여기고, 또한 그를 지지함으로써 계속적으로 도움을 받을 것을 기대하는 심리를 활용하는 것이다. 정치 영역에서 뿐만 아니라 사업, 직장, 교육에서도 개인의 능력이 아니라 우땅 나 로옵의 관계가 특혜를 얻는 수단이 되고 있다. 특히 공적 영역에서 우땅 나 로옵 관계의 활용은 필리핀 사회에 만연한 부정과 부패의 중요한 원인으로 지적된다. 전통적 사회관계를 구성하는 조직 원리이며 사회윤리의 덕목으로 간주되던 우땅 나 로옵은 현대 필리핀 사회에서 극복해야 할 과거의 유산으로 비판받거나, 적절한 규제를 통해 새로운 방식으로 구현되어야 할 문화자원이라고 긍정적으로 평가되기도 한다(Sheldon 2017). 우땅 나 로옵의 이러한 애매하고 모호한 위치는 현대 필리핀 사회의 구조적 변화와 맞물려 있다.

3. 상호부조와 공동체적 협동: "고똥 로용"

"고똥 로용gotong royong"은 인도네시아 농촌 사회의 전통적 가치규범인 동시에 현대 인도네시아 국가문화를 구성하는 핵심적 요소로 간주되는 위상을 차지하고 있다. 고똥 로용이라는 용어는 "여러 사람이 무엇을 함께 운반하다"를 의미하는 자바어 응고똥ngotong에 뿌리를 두고 있으며 여기에 운율을 가미하는 로용royong이 합성되어 만들어진 것으로 추측된다. 고똥 로용은 비교적 최근에 만들어진 신조어로서, 일본점령기(1942년~1945년)에 공식적으로 사용되기 시작했으며 제2차 세계대전 직후의 독립 시기에 유력 정치지도자들이 그들의 연설에 이 용어를 적극 활용함으로써 널리 알려지게 되었다. 고똥 로용이 인도네시아의 전통 가치를 표현한다고 현재 인식되고 있지만, 정작 이 용어가 사용된 것은 얼마 되지 않았기 때문에 홉스봄이 제시한 "발명된 전통"에 해당하는 사례로 평가될 수도 있다.

현대 인도네시아의 정치 담론에서 고똥 로용이 차지하는 위상은 수까르노가 자신의 국가이념을 펼치는 과정에서 이 용어에 부여한 의미와 매우 긴밀한 연관을 갖고 있다. 수까르노는 신생 인도네시아의 국가이념으로 빤짜실라Pancasila[1]를 제시하면서, 이 다섯 가지 원칙은 사회적 민족주의, 사회민주주의, 유일신 신앙의 세 원칙Tri Sila으로 줄일 수 있고, 이는 다시 인도네시아 토착어인 고똥 로용의 원리로 통합될 수 있다고 주장했다. 신생 인도네시아가 지향하는 국가의 모습은 한마디로 "고똥 로용 국가Gotong Royong State"라는 구호 속에 압축적으로 표현되었다(Bowen 1986: 551). 수까르노에 의해 고똥 로용의 의미는 대립을 극복한 통합, 즉 종족, 언어, 종교, 계층의 차이를 넘어선 "다양성 속의 통합Unity in Diversity"이라는 인도네시아 국가이념을 지칭하게 되었고, 이러한 국가적 목표를 달성하기 위해 모두 함께 노력하는 자세를 고똥 로용의 정신에서 찾고자 했다.

수까르노에 의해 고똥 로용의 의미가 국가 담론의 차원에서 새롭

1 빤짜실라는 다섯 가지 원칙을 의미하는 산스크리트어인데, 국가통합, 인본주의, 민주주의, 사회정의, 유일신 신앙의 내용으로 구성되어 있다.

게 구성되었다고 할 수 있는데, 이 용어의 기원으로 간주되는 농촌의 전통 가치규범의 차원에서 그 의미를 살펴보면 정부의 공식 담론이 부각하고 있는 고똥 로용 의미의 일관성은 의문시되며, 보다 복잡한 층위의 원리들이 구체적인 맥락에 따라 실천되는 양상이 발견된다. 인도네시아 인류학자인 꾼짜라닝랏(Koentjaraningrat 1961)은 1950년대 말에 중부 자바에 위치한 농촌에서의 현지조사를 통해 고똥 로용의 형태들을 연구했는데, 마을 주민들은 구체적인 활동에 따라 다양한 용어들을 사용하고 있음을 보고했다. 꾼짜라닝랏이 관찰한 고똥 로용의 형태들은 크게 네 개의 범주로 분류할 수 있다. 1) 논과 밭에서의 씨뿌리기, 괭이질, 김매기와 같이 일시적으로 많은 노동력이 필요한 농사일과 관련된 활동들, 2) 지붕 수리, 집짓기, 우물 파기와 같이 가옥의 보수와 관리와 관련된 활동들, 3) 할례, 혼인, 장례와 같은 통과의례와 관련된 활동들, 4) 관개를 위한 댐의 건설과 보수, 수로 청소, 마을 도로 청소와 보수, 다리 보수와 같이 마을 기반시설의 관리와 관련된 활동들. 이를 다시 개별 농가의 필요와 관련된 활동(1~3 범주)과 마을 전체를 위한 활동(4 범주)으로 나눌 수 있다.

이들 활동들은 일의 착수를 주도한 주체, 주체와 참여 인원들 사이의 사회적 관계, 참여가 이루어지는 방식, 답례 또는 보상의 방식에 있어서 차이가 존재한다. 각 활동들에 어느 정도 중첩되긴 하지만 서로 다른 용어가 사용되는 것은 이러한 차이를 부분적으로 반영하고 있다. 1~3의 범주에 해당하는 활동들은 도움을 필요로 하는 개별 가구가 일을 착수하는 주체가 되어 자신과 긴밀한 관계에 있는 친척이나 이웃을 동원하는 방식이고, 4의 범주에 해당하는 활동은 마을 회의 또는 마을 및 지방의 관료가 일을 착수하는 주체가 되어 마을 주민 전체를 동원하는 방식이다. 1~3의 범주에 해당하는 활동의 경우에 일의 종류에 따라 동원되는 사람의 사회적 관계에 차이가 존재하는데, 통과의례와 관련된 활동의 경우에는 공계적 범주의 친척, 즉 아버지의 친족과 어머니의 친족, 그리고 인척 관계에 있는 사람들의 참여가 두드러지며,[2] 가옥의 관리와 보수에 관련된 활동의 경우에는 이웃 관계에 있는 사람들의 참여가 두드러지며, 농사일과 관련된 활동의 경우에는 해당 토지에 인접해 있는 논 또는 밭을 소유한 농가의 참여가 두드러진다. 하지만 친척 관계, 이웃 관계, 소유 토지의 공간적 분포가 서로 중첩되기도 하며, 활동에 따라 동원되는 사회적 관계도 배타적으로 작동하는 것은 아니기 때문에 위의 설명은 단지 경향성을 지적하는 것으로 이해할 필요가 있다.

개별 가구의 필요와 관련된 활동들은 해당 가구가 특정한 친척이나 이웃에게 도움을 요청하는 방식으로 이루어진다. 도움을 요청받은 사람은 이에 응해야 하는 의무감을 느끼며, 나중에 자신에게 유사한 필요가 생겼을 때 도움을 요청했던 사람이 도와줄 것으

---

2 끈짜라닝랏이 조사한 마을에서 공계 친척으로 인지되는 범주는 대체로 육촌 이내의 가까운 친척으로 한정되어 있다. 그 이상의 혈연적 거리에 있는 친척이나 가까운 지역에 거주하지 않는 친척은 이들의 일상적 삶에서 잊힌 존재가 된다.

로 기대한다. 즉, 이들 간에는 도움을 주고받는 호혜적 의무가 성립한다. 이러한 호혜적인 상호작용에서 도움을 필요로 하는 사람이 먼저 도움을 요청하는 방식으로 이루어져야 한다는 관행이 특징적인데, 이런 측면을 반영한 표현이 삼바딴sambatan(도움을 요청함)이다. 가옥의 보수와 관리, 통과의례에서의 상호부조적인 활동은 삼바딴이라는 용어로 불린다. 농사일의 경우에도 도움을 필요로 하는 농가의 요청에 의해 작업단이 형성되는데, 이 경우에는 작업단에 참여한 사람들의 농사일을 돌아가면서 도와주어야 할 활동의 내용이 명확하게 계산된다는 점에서 답례의 불확실성이 내포된 가옥의 보수나 통과의례에서의 상호부조 활동과는 차이가 있다. 농사일에서의 품앗이 활동을 그로조간grojogan이라는 별도의 명칭으로 부르는 것을 이런 측면에서 이해할 수 있다. 농사 품앗이 활동을 함께하는 작업단은 일시적으로 조직되는 것을 넘어서서 상당 기간 동안 지속되어 특정한 그로조간 집단을 형성하기도 한다. 통과의례 중에서 장례식과 관련된 상호부조 활동은 뜨뚤룽 라얏tetelung layat이라는 별도의 명칭으로 불리는데, 장례식에서의 도움은 망자 집안의 초대나 요청이 없이도 친척과 마을 사람들이 당연히 참여해야 할 의무로 간주되기 때문이다.

친척 또는 이웃과의 상호부조 활동이 주로 삼바딴의 방식에 의해 이루어진다는 점은 필리핀의 우땅 나 로옵이나 말레이시아의 똘롱-므놀롱(서로 돕기)이 이루어지는 방식과 정확히 부합한다. 우땅 나 로옵이라는 표현에서는 빚을 지고 있다는 점이 강조되고, 삼바딴이라는 표현에서는 도움을 요청한다는 점이 강조되고 있지만 원리적 측면이나 실현 방식에서는 매우 유사하다고 할 수 있다. 말레이시아에서 가족, 친척, 이웃 간에 서로 도움을 주고받는 행위를 똘롱-므놀롱이라는 토착 말레이어로 표현하는데, 여기에서도 도움을 필요로 하는 사람의 요청에 의해 그러한 활동이 이루어진다. 만약 가족, 친척, 이웃 관계에 있음에도 불구하고, 도움을 주는 사람이 자신의 행위를 이슬람적 아랍 용어인 사다카로 표현하면 도움을 받는 사람은 모욕감을 느낀다(Nagata 1976: 404). 사다카는 부유한 사람이 가난한 사람을 일방적으로 돕는 자선을 의미하기 때문에 가족, 친척, 이웃 사이에서 기대되는 호혜성의 규범과 위배되며, 도움을 주는 사람이 상대편에 대해 우월한 지위를 과시하려는 의도가 담겨 있는 것으로 받아들여진다. 삼바딴, 우땅 나 로옵, 똘롱-므놀롱에서 공통적으로 드러나는 특징은 "도움을 요청하는 행위"가 선물교환을 촉발시키는 계기로 인정된다는 점이다. 이 지점에서 "주는 행위"를 호혜적 선물교환의 출발점으로 간주한 모스의 분석틀로는 잘 포착되지 못하는 측면이 드러난다.

마을 기반시설의 보수와 관리와 관련된 활동은 마을 회의에서 결정되거나 정부의 지시에 의해 이루어지고, 마을 구성원 전체가 의무적으로 참여하게 된다는 점에서 개별 농가의 필요와 관련된 활동이 친척과 이웃 사이의 상호부조적 네트워크를 통해 실현되는 방식과 뚜렷한 차이를 보인다. 꾼짜라닝랏이 조사한 마을에서는 이러한 활동을 끄르자 박띠kerja bakti라는 명칭으로 부름으로써 삼바

그림 3 자바 마을의 집짓기에 동원된 고똥 로용

딴 활동과는 명확하게 구분하고 있다. 끄르자 박띠는 봉사를 의미하는 용어로, 이 용어가 사용되는 맥락을 고려하면 마을 공동체를 위한 봉사 활동을 뜻한다고 할 수 있다. 인도네시아 정부가 고똥 로용의 의미를 무엇보다 공동체적 협동으로 규정한 것은 인도네시아 농촌 사회에 존재하는 이러한 관행과 가치규범을 선별적으로 강조한 것이다.

꾼짜라닝랏이 제시한 고똥 로용의 형태들은 개별 농가들 사이의 네트워크적인 상호부조와 마을을 단위로 한 공동체적 협동이라는 상이한 원리를 포함하고 있다. 꾼짜라닝랏(1967)이 나중에 인정했듯이 그가 조사한 마을 주민들은 고똥 로용이라는 신조어를 생경한 용어로 여기고 자신들의 활동을 지칭하는 표현으로는 일상적으로 사용하지 않았다. 즉, 연구자인 꾼짜라닝랏이 이러한 상이한 원리들을 포괄하는 상위 개념으로 고똥 로용을 상정한 것이다. 하지만 1960년대 중엽 이후 수하르또의 신질서New Order 시기에 인도네시아 정부가 적극적으로 추진한 농촌개발정책에서 고똥 로용은 농민들을 동원하는 이념으로 광범위하게 활용되었다(Bowen 1986: 552~555). 한국의 새마을운동과 유사한 인쁘레스 데사Inpres Desa라는 마을발전 프로그램에서 정부가 각 농촌 마을에 일정 수준의 재정 지원을 하고 마을 주민이 무상 노동을 제공하는 방식을 취했는데, 마을 주민의 무상 노동 제공은 농촌 사회의 전통적인 고똥 로용 정신을 실천하는 것으로 정당화되었다. 즉, 마을 공동체의 이익을 위해 마을 주민들이 봉사하는 공동체적 협동 관행을 고똥 로용이라고 규정하고 정부가 주도하는 마을 프로젝트에 주민을 동원하는 기제로 활용한 것이다. 수까르노가 고똥 로용의 의미를 국가 통합이라는 거시적 담론의 차원에서 활용했다면, 수하르또의 신질서 시기에는 정부가 주도하는 농촌개발정책과 맞물려 보다 미시적이고 실용적인 차원에서 활용되었다고 할 수 있다.

정부의 농촌개발정책에서 고똥 로용의 의미는 새롭게 구성되었는데, 농촌 주민의 자발적인 공동체적 협동의 정신이 강조되었다. 하지만 농촌 주민들이 역사적 경험을 통해 인지하고 있는 공동체적 협동의 의미와 정부가 부각시키고 있는 의미 사이에는 일정한 괴리가 존재한다. 마을의 공동체적 협동의 관행에는 마을 회의에서 주체적으로 결정하여 추진하는 사업뿐 아니라 지방행정 체계를 통해 마을에 부과되는 사업이 포함된다. 끄르자 박띠라는 표현은 후자에 해당하는 공동체적 협동에 주로 사용되어왔다. 마을 외부의 권력에 의해 요구되어온 이러한 활동은 자바의 전통 왕국 체제에서도 존재했으며,[3] 네덜란드의 식민지배 시기에는 식민정부가 요구하는 각종 사업에 마을 주민의 노동이 동원되는 부역corvee labor의 형태로 존재해왔다. 이러한 역사적 맥락에서 사용된 끄르자 박띠라는 표현에는 마을 외부 권력의 강제적 요구에 대해 공동체적으로 대

---

3 자바의 전통 왕국 시기에 토지소유제도는 마을의 공유지를 마을 주민들에게 분배하여 일시적 점유권을 인정하는 방식이었으며, 이 방식에 의해 토지를 점유하는 사람을 시켑sikep 또는 고골gogol이라고 불러서 무토지 농민과는 구별했다. 이에 대한 대가로 이들은 마을에 부과되는 외부의 요구에 대해 공동체적 협동을 수행하는 의무를 지녔다. 현재는 이러한 공유제적 토지소유제도가 붕괴되었기 때문에 마을 주민 전체가 그러한 의무를 수행해야 하는 것으로 인식되고 있다.

응한다는 의미가 담겨 있다. 따라서 권위주의적인 수하르또 정부의 농촌개발정책을 마을 주민들은 기존의 국가-마을 관계의 새로운 변형으로 간주할 여지가 있으며, 정부는 고똥 로용의 자발적 정신을 강조했지만 농촌 주민들은 이를 부역의 새로운 변형으로 인식할 여지가 있다.

현대 인도네시아에서 고똥 로용은 다중적이고 경합적인 의미의 장에 위치한 개념으로 이해할 필요가 있다. 고똥 로용은 신조어이며 정부가 새롭게 만들어낸 개념적 구성물이기 때문에 그러한 성격이 더욱 두드러진다. 고똥 로용의 의미에는 인도네시아 농촌 사회에 존재하는 상호부조와 공동체적 협동이라는 상이한 원리들이 혼재되어 사용되기도 한다. 또한 고똥 로용을 공동체적 협동이라는 의미로 좁게 규정할 경우에도, 자발성과 강제성이라는 상충된 원리가 혼재하면서 정부와 농촌 사회 사이에 해석을 둘러싼 경합이 벌어지는 상징 투쟁의 장으로 존재한다. 공동체적 협동이 단지 마을 주민들 사이의 관계에서만 형성되는 것이 아니라 마을 외부와의 관계에서 그 형태와 내용이 결정되기 때문이다. 그런 점에서 고똥 로용의 의미는 이념형적 개념의 차원이 아니라, 맥락적이고 실천적인 차원에서 파악할 필요가 있다.

4. 의례적 선물교환: 호혜성과 명예경쟁

의례적 선물교환은 사회적으로 중요하게 생각하는 특별한 사건이 발생했을 경우에 행해지는 선물교환을 의미한다. 결혼식이나 장례식과 같은 통과의례에서 행해지는 증여가 의례적 선물교환의 전형적 사례라고 할 수 있다. 의례적 선물교환에서 상징적 가치가 높은 가치재의 교환이 두드러지게 나타나며, 선물교환이 수행되는 절차와 행위, 언어 사용에서 규범적 형식성이 요구된다는 점에서 일상적 선물교환의 방식과 차이를 보인다. 하지만 의례적 선물교환에서도 호혜성과 부채의 원리가 작동하고 있다는 점에서는 앞에서 살펴본 우땅 나 로옵이나 고똥 로용의 경우와 동일하다. 이 절에서는 인도네시아 숨바Sumba섬의 결혼식, 술라웨시섬의 토라자Toraja족의 장례식, 수마뜨라 니아스Nias섬의 연회에 대한 민족지를 활용해서 의례적 선물교환이 특정한 사회적 맥락에서 실천되는 양상을 구체적으로 살펴보고자 한다.

첫번째 사례는 동인도네시아에 속하는 숨바섬의 혼수 교환에 대한 것이다(Keane 1994). 숨바섬의 친족제도는 부계제인데, 혼인과 관련해서 독특한 규칙이 존재한다. 부계 친족집단들 사이에 혼인 관계를 맺을 때, 한 집단은 다른 집단에 대해 항상 "부인을 주는 집단yera"이거나 "부인을 받는 집단ngabawini" 중에 하나의 위치를 점해야 한다는 것이다. 즉, 두 집단 사이에 여성이 혼인을 통해 쌍방향으로 이동할 수 없으며, 한 방향으로만 움직일 수 있다.[4] 레비스트로

스가 호주 원주민의 혼인제도에서 발견한 "일반적 호혜성generalized reciprocity"의 원리와 동일한 방식이라고 할 수 있다. "부인을 받는 집단"의 신랑 가족과 "부인을 주는 집단"의 신부 가족 사이에 협상을 통해 서로 혼수를 주고받는데, 신랑 집안은 물소, 말, 창이나 칼과 같은 무기, 금속 장식물 등을 신부 집안에 증여하며, 신부 집안은 돼지, 옷, 상아팔찌와 구슬 등을 신랑 집안에 증여한다. 이와 같이 "부인을 받는 집단"과 "부인을 주는 집단"이 혼수로 제공하는 가치재는 명확하게 구별되어 있다. 이들 가치재에는 각각 남성 재화와 여성 재화라는 식으로 구분된 성별 범주가 적용된다. 즉, 신랑 측은 남성 재화를, 신부 측은 여성 재화를 혼수로 상대편에게 증여하는 방식이다. 이들이 물소, 말, 무기를 남성 재화로, 돼지와 옷을 여성 재화로 간주하는 이유를 기호학적으로 설명하면 지시적indexical 연관성에 기인한다. 물소와 말의 사육, 무기의 사용은 남성 활동과 연관되며, 돼지 사육과 옷의 제작은 여성 활동과 연관된다는 점에서 이들 재화의 사회적 성별은 지시적 기호의 성격을 갖는다. 이들 인척간의 선물교환은 단지 결혼식이라는 특정한 시기에 국한되는 것이 아니고, 혼인 후에도 지속적으로 유지된다. 그런 이유로, 인척 관계는 혼수에 사용되는 재화를 통해 표현되기도 하는데, "부인을 받는 집단"은 물소, 말, 무기의 공급처로, "부인을 주는 집단"은 돼지

---

4 이러한 혼인 규칙이 인도네시아의 여러 지역에서 나타나고 있지만, 이는 부계 또는 모계와 같은 친족제도에서만 가능한 것이기 때문에 공계 친족제도가 더 일반적인 인도네시아 전체를 고려할 때 예외적인 경우라고 할 수 있다. 미얀마 카친족의 인척 사이의 마유-다마mayu-dama 관계도 "부인을 주는 집단"과 "부인을 받는 집단"이 명백하게 구분되어 있는 혼인 규칙에 기반하고 있다(리치 2016: 204~205).

와 옷의 공급처로 서로 간에 지칭한다.

신랑 가족과 신부 가족 사이의 의례적 선물교환은 의례적 언어의 사용을 통해 수행되어야 한다. 이들의 의례적 언어는 전통적인 이행시의 관행적 표현으로 구성되어 있는데, 혼수의 협상이나 증여 행위는 이러한 의례적 언어의 사용을 통해 적절하게 표현되어야 한다. 만약 의례적 언어가 생략되거나 부적절하게 사용되었을 경우에는 혼수의 협상이 깨지거나, 혼수 증여의 실효성이 의문시되는 상황이 발생한다. 이들은 재화가 수반되지 않는 말만의 약속이나, 적절한 의례적 언어가 수반되지 않는 재화의 양도만으로는 혼인이라는 영적이고 사회적인 관계가 성립되지 않는 것으로 간주한다. 적절한 의례적 언어가 수반되지 않는 재화의 양도는 혼수 교환이 아니라 매매 거래를 연상시키는 것으로 여겨진다. 제물이 수반되지 않는 말만의 기도로는 조상을 설득할 수 없다고 여기듯이, 혼수가 수반되지 않는 말만의 약속은 인척을 설득할 수 없다고 간주한다. 즉, 이들에게 말과 사물은 서로 분리되지 않고 단단하게 결합되었을 때 의사소통의 강력한 기제로 작동하는 것이다. 혼인과 같이 의례적 선물교환이 필요할 때, 가치재와 의례적 언어가 적절하게 결합됨으로써 그 교환은 우호적이고 지속적인 사회적 관계를 창출할 수 있다. 동시에 이러한 규범적 형식성의 요구는 "선물의 위험"을 초래하는 주요한 원인이 되기도 한다. 혼수의 적절성, 의례적 언어 사용의 적절성에 대한 평가가 상충될 위험이 상존하며, 이에 대한 합의나 동의가 이루어지지 않을 경우에는 인척 관계가 깨지거나 갈등이 촉발되기 때문이다. 혼수라는 물질적 기호, 의례적 언어라는 언어적 기호가 해석을 수반하는 의사소통의 과정에서 빗나가거나 미끄러지는 일이 흔히 발생하기 때문에, "선물의 위험"은 의례적 선물교환에서 당사자들이 항상 주의 깊게 고려하고 때로는 자신에게 유리하게 전략적으로 활용해야 하는 측면이다.

두번째 사례는 인도네시아 술라웨시섬의 중부에 사는 토라자족의 장례식에 대한 것이다(Volkman 1985). 토라자족은 사람이 죽으면 장례를 치를 재화를 충분히 마련할 때까지 몇 달 또는 몇 년간 시체를 집 안에 그대로 모셔둔다. 이 기간 동안에는 망자의 영혼이 "뜨거운 상태"로 집 근처에서 배회하는 것으로 여긴다. "바람을 잡는다"고 불리는 장례식은 망자의 영혼을 "죽은 자의 땅"인 푸야Puya로 보내는 의례적 과정이다. 장례식에서 가장 중요한 희생제물인 물소는 망자의 영혼을 "죽은 자의 땅"으로 안전하게 모셔 가는 운반체이다. 약 10일간 다양한 의례 절차를 거쳐 진행되는 장례식의 마지막 날에 시체는 절벽의 동굴 무덤에 안치되고 망자의 영혼은 죽은 자의 땅으로 이동하며, 가족과 마을은 장례 기간 동안의 금기로부터 풀리고 일상적 삶으로 복원한다.

장례 기간 중 가장 중요한 행사는 시체를 매장하기 전날에 열리는 대규모 연회로 "손님을 맞는 날"이라고 불린다. 이 연회에 참석하는 손님들의 주축은 망자 또는 망자의 가족들이 속해 있는 사로안saroan 집단이다. 사로안 집단들은 물소와 돼지 선물을 가지고 대열을 이루어 차례로 연회장에 입장하며 집단별로 자리를 배정받아

대접을 받는다. 사로안 집단의 구성원은 이상적으로는 특정한 공동 조상의 공계적 후손들로(대체로 자녀, 손주, 증손주의 범위까지) 이루어지지만, 실제로는 이 범위에 속하는 모든 공계적 후손이 참여하는 것은 아니며, 혈연관계가 아니더라도 인척이나 마을 이웃이 필요에 의해 참여하기도 한다. 즉, 사로안 집단은 혈연관계와 지연관계가 혼재하는 복잡한 원리로 구성되는 활동 중심의 조직이며, 개인은 자신의 선택에 의해 마을 내외부에 있는 여러 개의 사로안 집단에 동시에 참여할 수 있다. 사로안 집단은 농사일이나 집을 짓는 일에 서로 도움을 주고받는 협동체로 기능하며, 장례식에서는 가건물을 짓는 작업을 수행하고 물소와 돼지 선물을 제공하는 중요한 역할을 수행한다. "손님을 맞는 날"에는 제물로 바쳐진 고기를 분배받고 함께 먹는 집단의 단위가 된다는 점에서 집단 정체성이 뚜렷이 부각된다. 사로안 집단의 정체성은 장례식과 매우 긴밀하게 연계되어 있는데, 사로안 집단에 속한다는 것은 자신 또는 자신의 부모가 죽었을 때 물소와 돼지를 제공받아 장례를 치를 수 있다는 것을 의미하는 것으로, 조선 시대의 남아선호 관념이 제사를 지낼 후손이 필요하다는 인식에 기반하고 있던 것과 유사한 양상을 보인다.

"손님을 맞는 날"은 기존의 부채가 청산되거나 새로운 부채가 창출되는 시간이다. 사로안 집단이 대열을 이루어 연회장으로 입장하면서 가져오는 물소와 돼지는 장례를 주최하는 가족에게 진 빚을 갚는 것이거나 기부의 방식으로 새로운 빚을 만드는 것이다. 이는 물소와 돼지를 받는 과정에서 일일이 확인되는데, 기존의 빚을 갚는 경우라면 증여자가 "채소를 먹은 돼지"라고 표명하고, 새로운 빚의 경우라면 "아직 채소를 먹지 않은 돼지"라고 표명한다. 전자는 장례를 주최하는 가족이 과거에 증여자의 장례식에 제공했던 돼지의 빚을 갚는다는 것을 의미하고, 후자는 장례식을 주최하는 가족이 미래에 증여자가 장례식을 치르게 될 때 갚아야 할 빚을 의미한다. 과거에는 기억에 의존했지만, 현재는 모든 빚을 문서로 정확하게 기록한다. 증여자와 수령자의 이름, 물소 뿔의 크기와 돼지 허리둘레를 기록으로 남김으로써 부채의 상환이 동등한 가치를 갖는 동물의 호혜적 증여로 성사될 수 있도록 한다.

토라자족의 장례식은 북미 인디언의 포틀래치와 유사하게 사회적 지위와 명성이 걸려 있는 경합의 장이기도 하다. 장례식의 규모, 특히 장례식에서 희생되는 물소와 돼지의 숫자는 장례를 주최하는 가족의 명성을 높이기도 하고 수치심을 야기하기도 한다. 이는 장례식에 참석한 사람들에 의해서 현장에서 확인되며, 장례식에서 희생된 모든 물소의 뿔을 해당 가족의 가옥 전면부에 장식함으로써 지속적으로 확인되기도 한다. 장례식 때 물소 고기의 분배는 참석자의 사회적 지위를 확인하거나 조정하는 미시정치의 기회로 활용된다. 물소 고기의 분배를 담당한 전문가는 고기를 받을 사람의 이름을 개별적으로 호명하여 나누어준다. 이때 그는 고기를 받을 사람의 공식적 지위, 연령, 혈연관계 등을 고려해서 물소 고기의 부위와 크기, 분배받는 순서를 결정한다. 과거 장례식 때 누가 누구로부터 어떤 식으로 고기를 받았는지에 대한 기억을 고려하기도 한다.

그림 4 토라자족 장례식 때 희생제물로 바치는 물소

그림 5 토라자족 가옥의 전면에 부착한 물소 뿔 장식

고기의 분배는 공개적으로 이루어지기 때문에, 고기를 받을 사람의 사회적 지위와 장례식 주최 가족과의 관계가 어떻게 평가받는지를 표명하는 행위가 된다. 따라서 고기의 분배는 존경을 표현하거나, 망신을 주거나, 보복을 가하는 기회가 된다. 이와 같이 토라자족의 장례식은 사회적 유대를 공고히 하는 의례로만 작동하는 것이 아니고, 사회적 지위와 명성이 경합하고, 갈등을 표명하고 증폭시키는 사건으로도 작동한다.

세번째 사례는 수마뜨라에 위치한 니아스섬의 오바사Ovasa 연회에 관한 것이다(Beatty 1992). 오바사 연회는 대부분 혼인이나 장례와 같은 통과의례와 관련해 개최되지만, 이와 무관하게 독자적으로 개최될 수도 있다. 오바사 연회는 토라자족의 장례식과 마찬가지로 사회적 지위와 명성이 경합하는 장이며, 연회에 참석하는 손님들과 맺고 있는 복잡한 부채와 의무의 관계가 처리되는 시간이다. 오바사 연회에서 가장 중요한 재화는 돼지인데, 이 연회에서 소요되는 다량의 돼지는 다음과 같은 방식으로 충당된다. 연회를 주최하는 가족이 예상되는 소요량(예를 들어 300마리)의 3분의 1 정도에 해당하는 돼지를 직접 사육하거나 기존의 돼지 대출을 돌려받는 방식을 통해 스스로 마련하며, 3분의 1 정도는 연회에 참석하는 손님들의 답례나 새로운 증여를 통해서 충당하며, 나머지 필요한 돼지는 가까운 부계친족이나 "부인을 받는 집단"의 위치에 있는 인척으로부터 기증을 받아 충당한다. 오바사 연회의 개최를 기획하는 가족은 직접 사육하는 돼지의 숫자를 크게 늘리기보다는 다른 사람에게 돼지를 대여함으로써 연회를 열 때 되돌려 받는 방식을 취하며, "부인을 받는 집단"의 위치에 있는 인척에게는 평소에 "간청의 선물"(주로 닭, 돼지고기, 주방 용구 등)을 줌으로써 오바사 연회 때 돼지를 기증하도록 압박하며, 다른 사람들의 오바사 연회에 자주 손님으로 참석하여 돼지를 선물함으로써 자신이 오바사 연회를 개최할 때 이들이 답례할 의무를 지도록 한다. 이와 같이 오바사 연회는 부계친족, 인척, 이웃, 인근 마을 사람들 사이에 형성된 부채 관계를 활용하는 방식으로 이루어지며, 돼지는 이러한 부채 관계를 매개하는 핵심적 재화이다. 여기에서도 부채의 상환이나 새로운 증여에 사용되는 돼지의 가치는 허리둘레에 따라 측정되고 계산된다. 니아스섬에서 돼지를 배타적으로 축적하는 사람은 인색하다고 비난받으며, 자신이 소유한 돼지를 끊임없이 부채의 순환 망에 들여놓음으로써 부채의 네트워크를 확장하는 데 성공한 사람이 성대한 오바사 연회를 개최할 수 있으며 이를 통해 사회적 위세와 명성을 얻게 된다.

숨바섬의 혼수, 토라자족의 장례식, 니아스섬의 오바사 연회의 사례는 의례적 선물교환의 성격을 개별 사회의 특정한 사회적 맥락 속에서 이해할 필요가 있음을 시사한다. 그럼에도 불구하고, 이들 사례들은 동남아의 다른 사회에서 행해지는 의례적 선물교환을 연구할 때 참조할 만한 몇 가지 일반적 특성을 보여준다. 가치재의 상징적 의미, 의례적 언어와 증여 행위의 결합, 부채와 호혜성, 사회적 지위와 명성의 경합이라는 측면이 이에 해당한다. 우땅 나 로옵과 고똥 로용에 대한 설명에서 지적했던 부채와 의무의 네트워크, 호혜성과 권력의 관계가 의례적 선물교환이 실천되는 양상에서도 드러나고 있음은 주목할 만한 사실이다.

5. 증여와 종교적 구원: 불교와 이슬람에서의 공덕 쌓기

동남아 상좌불교Theravada Buddhism 국가인 미얀마, 태국, 라오스, 캄보디아에서 승려 또는 절에 시주를 제공하는 것은 공덕을 쌓는 행위 중 가장 중요한 방식으로 여겨진다. 이러한 태도를 이해하기 위해서는 동남아 불교에서 종교적 구원에 대한 관념과 특정한 형태의 증여가 맺고 있는 관계를 파악하는 것이 필요하다. 불교에서 궁극적 구원은 윤회의 세계samsara를 완전히 벗어나 열반nirvana의 경지에 들어서는 것이다. 하지만 이는 소수의 탁월한 승려들만이 추구할 수 있는 특별한 목표로 간주되며, 일반 불교도들은 윤회의 세계에서 보다 나은 위치로 환생하는 것을 종교적 구원의 실질적 목표로 삼는다(Spiro 1970).[5] 윤회의 세계에서 환생은 업보karma의 법칙을 따른다. 업보의 법칙은 과거의 삶, 현재의 삶, 내세의 삶을 행위와 결과 사이의 기계적이고 자동적인 인과관계로 설명한다. 이에 따르

5 천상의 세계에 신deva으로 환생하거나 행복하고 부유한 인간으로 환생하는 것이 이들이 바라는 내세에서의 좋은 삶이다. 죄를 많이 지은 사람은 내세에 지옥에서 고통을 받거나, 떠돌아다니는 유령이 되거나, 동물로 환생한다고 믿는다.

면, 과거 삶에서의 좋은 행위는 현재 삶에서의 좋은 상태를 초래하며, 과거 삶에서의 나쁜 행위는 현재 삶에서의 나쁜 상태를 초래한다. 이 논리는 현재의 삶과 내세의 삶의 관계에서도 마찬가지로 적용된다.

여기에서 주목할 만한 점은, 좋은 행위와 나쁜 행위에 대한 평가가 도덕적 규범보다는 업보의 법칙이라는 잣대를 통해 행해진다는 것이다. 자신의 행위에 따른 업보적 결과를 산스크리트어로 팔라phala라고 하는데, 좋은 업보를 초래하는 것이 좋은 행위(팔리어로 punna, 태국어로 bun, 미얀마어로 kutho)이며, 나쁜 업보를 초래하는 것이 나쁜 행위(팔리어로 papa, 태국어로 bap, 미얀마어로 akutho)라고 평가된다(Keyes 1983: 267). 태국 불교도들이 일상생활에서 매우 중요하게 생각하는 탐분tham bun은 직역하면 "좋은 행위를 행하다"를 뜻하며, 보다 구체적으로는 좋은 업보를 초래하는 행위, 즉 "공덕을 쌓는 행위merit-making"를 의미한다. 상좌불교에서 공덕을 쌓는 행위에는 크게 세 가지 방식이 있다. 첫째, 명상 등을 통해서 지혜를 쌓는 행위, 둘째, 계율sila을 준수하는 행위, 셋째, 승려나 절에 시주를 하는 행위이다. 하지만 명상과 계율의 준수는 주로 승려들이 추구하는 공덕 쌓기의 방식으로 인식되고 있다. 일반 불교도들이 지켜야 할 오계(살생, 음행, 도둑질, 거짓말, 술의 금지)의 준수는 좋은 업보를 가져오는 적극적 행위로 간주되기보다는 나쁜 업보를 피하는 행위로 여겨진다. 따라서 일반 불교도들에게는 승려나 절에 시주를 하는 행위가 공덕 쌓기의 가장 중요한 수단이 된다. 시주 행위의 종류에 따라 그것이 초래하는 공덕의 크기가 다르다는 인식이 태국과 미얀마의 불교도 사이에 공통적으로 나타나고 있다(Tambiah 1970: 147; Spiro 1970: 109). 탐비아가 태국 동북부 지역에서 조사한 결과에 따르면 사원 건물 또는 탑의 건축이나 보수를 할 때 금전적으로 지원하거나 노력 봉사를 하는 것, 아들을 승려 또는 사미승으로 입문시키는 것이 큰 공덕을 쌓는 행위로 인식되며, 절에서 행해지는 계절적 의례나 장례식 때 승려에게 승복이나 일상용품들을 증여하는 것, 매일매일의 승려 음식 봉양은 그보다는 낮은 수준의 공덕을 쌓는 행위로 인식된다. 반면, 친족이나 이웃 사이의 선물교환이나 도움을 주고받는 행위는 공덕 쌓기와는 무관한 것으로 간주되었다.

일반 불교도들이 승려나 절에 시주를 하는 행위는 힌두교에서 브라만에게 행하는 증여를 지칭하는 다나dana의 방식과 많은 공통점을 갖고 있다(Michaels 1997; Brekke 1998). 양자 모두 윤회와 업보의 법칙을 전제한 종교적 구원의 관념과 긴밀하게 연관된 공덕 쌓기로서의 증여라는 성격을 띠고 있다. 또한 시주와 다나는 증여자와 수증자 사이에 호혜적 의무를 수반하는 선물교환의 방식이 아니고, 증여자의 자발적 의지에 의한 일방적 증여의 방식을 취한다. 시주 또는 다나를 받은 승려나 브라만이 증여자에게 물질적 답례를 하는 것은 금지되어 있다. 승려나 브라만의 물질적 답례는 "세상을 포기한 자"인 승려가 세속의 사람들과 사회적 유대를 맺는 행위로, 또는 종교적 봉헌으로서의 다나의 순수한 의도를 훼손하는 행위로 여겨지기 때문이다. 물질적 답례의 금지는 시주와 다나가 종교적 구원을 추구하는 행위라는 성격으로부터 기인한다고 할 수 있다. 승려와 브라만은 증여자가 공덕을 쌓는 과정을 매개하는 역할을 할 뿐인데, 이들이 선물을 받는 행위가 선물을 주는 행위를 업보적 효과가 있는 공덕으로 만들어준다. 즉, 승려와 브라만은 증여자가 공덕을 쌓는 과정에 반드시 필요한 중개자로 참여하는 것이다. 만약 이들이 선물받기를 거부한다면 증여자가 공덕을 쌓을 수 있는 기회를 박탈하는 셈이 된다. 공덕의 효과는 시주 또는 다나를 받는 수증자의 자질에 따라 달라진다고 인식된다. 공덕을 많이 쌓은 수증자에게 시주 또는 다나를 할 때 더 큰 공덕을 쌓을 수 있다고 생각한다. 덕망이 높은 승려에게의 시주를 선호한다거나, 카티나Kathina 의례와 같이 우안거雨安居 기간을 통해 승려들의 경건함이 고양된 시기 직후에 시주 활동이 활발하게 이루어지는 것은 이러한 관념을 반영한다. 승려와 절로 구성된 승가Sangha는 일반 불교도들이 시주를 통해 자신들의 공덕을 쌓는 기회를 제공한다는 점에서 "공덕의 장field of merit"이라고 할 수 있다.

공덕은 마치 "영적 화폐"인 것처럼 계산되거나 축적될 수 있다. 스피로Spiro가 조사한 미얀마의 농촌과 탐비아가 조사한 태국의 농촌에서 마을 주민들은 "공덕 회계장부"를 소유하고, 여기에다 자신이 행한 공덕 쌓기의 내용을 세세하게 기록하고 있었다. 이 장부를 통해 내세에 자신이 어떤 상태로 환생할 것인가를 가늠하기도 하고, 앞으로 공덕을 쌓을 행위를 기획하기도 하는 것이다. 자신이 축적한 공덕과 일상생활에서 불가피하게 저지른 나쁜 행위 사이의 대차대조표적 계산에 의해 내세에서의 환생이 결정된다는 믿음이 공덕 회계장부를 작성하는 배경이 되고 있다.

동남아 불교의 공덕 쌓기에서 두드러지게 나타나는 한 현상은 "공덕의 이전merit transfer" 또는 "공덕의 공유merit sharing"라는 관념이 널리 받아들여지고 있다는 것이다. 자신의 행위에서 초래된 공덕을 다른 사람과 나눌 수 있다는 "공덕의 이전"은 불교의 경전적 교리와는 위배되는 관념이다. 엄격한 업보의 법칙에 의하면, 행위와 이에 따른 내세에서의 결과는 오직 개인이 책임져야 할 영역이며, 다른 사람이 여기에 개입할 여지가 없다. 하지만 일부 소수의 승려만이 "공덕의 이전"이 불교 교리에 어긋난다고 공개적으로 비판할 뿐이며, 다수의 승려와 일반 불교도들은 "공덕의 이전"을 관행적 규범으로 받아들이고 있다(Keyes 1983). 장례식이나 제사 때 망자의 이름으로 승려나 절에 시주함으로써 그 공덕을 망자에게 돌려 더 나은 환생을 돕고자 하는 관행은 일상적으로 행해진다. 특히, 사람이 죽은 후 7일째에 환생하기 때문에 이 장례식 기간에 망자의 이름으로 시주하는 것은 더욱 효과가 있다고 여긴다. 아들이 승려 또는 사미승으로 입문할 때 그 예식의 거행을 부모가 후원하는 것도 "공덕의 이전"이라는 관점에서 설명된다. 아들이 승가에 입문하는 행위에서 초래된 큰 공덕이 그 입문식을 후원한 부모에게 나누어짐으로써 부모의 환생에 긍정적으로 기여한다는 믿음은 널리 퍼져 있으며, 승려들은 자타카Jataka(석가모니의 전생에 대한 이야기)와 같은 대중적 불교 서적을 인용하며 이 점을 반복적으로 강조하고 있다.

불교의 경전적 교리에서 개인의 행위와 내세에서의 보상은 철저하게 개인주의적인 종교적 구원의 관념을 통해 설명되고 있지만, "공덕의 이전" 또는 "공덕의 공유"라는 관념은 공덕을 쌓는 행위가 사회적 유대라는 관계망 속에 진입하고 새롭게 규정되는 가능성을 열어놓는 창구가 된다. 장례식이나 입문식에서 많은 사람을 초대하여 음식을 제공하고 승려와 절에 시주하기 위해서는 친족과 이웃의 도움이 필요한데, 여기에 참여한 이들에게 공덕이 나누어진다. 즉, "공덕의 이전" 또는 "공덕의 공유"라는 관념은 부모와 자식 관계뿐 아니라 친족과 이웃 관계에까지 확장되어 적용된다. 공덕을 쌓는 행사를 주최하는 사람은 이런 방식으로 다른 사람들이 공덕을 얻을 기회를 제공한다는 점에서 사회적 인정이나 명성을 얻게 되며, 재정적 여력이 있으면서도 그러한 행사를 열지 않는 사람은 인색한 사람이라고 비난을 받게 된다. 가난하기 때문에 입문식을 스스로 치를 여력이 없는 사람이라도 아들을 승가에 보내기를 원하면 친족과 이웃이 비용을 부담해 입문식을 마련해주기도 하는데, 이는 단지 그 가족을 돕는다는 의미를 넘어서서 공덕을 서로 나누어 가질 수 있는 기회를 얻는다는 의미도 갖는다.

방콕에서 일자리를 얻은 농촌 출신의 젊은 이주노동자들은 주기적으로 "공덕 쌓기 여행"을 조직해서 고향을 방문하여 절이나 승려에게 시주를 한다(Mills 1997: 51~54). 이들은 조금씩 돈을 모아서 여행비와 시주에 들어가는 비용을 마련하는데, 이들에게 "공덕 쌓기 여행"은 함께 여행한다는 즐거움과 공덕 쌓기 행사에 참여한다는 동기를 동시에 충족해주는 기회가 된다. 이들에게 시주를 하는 행위는 자신의 내세에 보상을 받을 것이라는 기대보다는, 마을에서 살았더라면 자신들의 위치에서 엄두 내지 못했을 역할을 공덕 쌓기 행사에서 수행함으로써 고향 주민들로부터 사회적 인정을 받는다는 자부심에 더 기인한다. 또한 방콕에서 열악한 삶을 영위하는 현실을 감추거나 보상받고자 하는 심리도 작동한다. 젊은 남성과 여성 이주노동자들의 "공덕 쌓기 여행"은 전통적인 농촌 사회에서 남성 가장을 중심으로 행해지던 공덕 쌓기 행위가 현대적 삶의 맥락 속에서 새로운 형태로 변모되어 나타나는 한 양상을 보여준다.

동남아 국가 중에서 무슬림이 인구의 다수를 점하고 있는 인도네시아, 말레이시아, 브루나이에서 행해지는 이슬람적 증여는 불교에서의 시주 행위와 마찬가지로 종교적 구원의 관념과 밀접한 연관을 갖는다. 이슬람에서 종교적 구원이나 신의 은총을 받을 수 있는 가장 중요한 행위는 기도와 자선이다(Singer 2008: 18). 꾸란의 구절에 기도와 자선은 매우 빈번하게 함께 등장하며, 자선을 행하지 않고 기도만 하는 것은 소용없다고까지 명시되어 있다. 그만큼 자선은 이슬람적 신앙의 핵심적 요소이다. 불교와 유사하게 이슬람에서도 신의 은총을 받을 수 있는 증여의 방식으로 규정된 것은 일상적으로 행해지는 호혜적 선물교환이 아니라 아무런 대가나 답례를 바라지 않고 일방적으로 베푸는 자선이다. 하지만 이슬람적 자선에도 호혜성의 측면이 존재하는데, 그 호혜성은 신이라는 제3자를 매개로 해서 이루어진다. 무슬림이 자선을 행하는 가장 중요한 의도는 기도와 마찬가지로 알라를 찬양하는 데 있으며, 이는 신으로부터 받은 선물로서 자신이 축적한 재화의 일부를 자선을 통해 신에게 되갚는 행위임과 동시에 이에 대한 보상으로서 현세와 내세에서의 신의 축복을 기대하는 행위이기도 하다. 자선의 수혜자는 자신이 도움을 받을 수 있었음을 신에게 감사하며, 증여자에게 신의 축복이 내리기를 기도한다. 이와 같이 이슬람적 자선은 증여자-신-수혜자의 삼각 축으로 구성되어 있으며, 인간과 신 사이의 호혜성이 증여자와 수혜자 사이의 일방적 방향의 물질적 증여를 매개한다(Kochuyt 2009: 109~110).

이슬람적 자선에는 크게 두 가지 방식이 있는데, 하나는 의무적 자선에 해당하는 자깟zakat이고, 다른 하나는 자발적 자선에 해당하는 사다카이다. 자깟은 무슬림이 반드시 지켜야 할 5대 의무의 하나로 규정되어 있듯이 이슬람에서 특별하게 강조되는 중요한 신앙 행위이다.[6] 자깟으로 내어야 할 몫과 자깟 기금의 사용처는 이슬람법에 명확하게 규정되어 있다. 자깟은 소득을 가져올 수 있는 재산에 국한해 부여되는데, 가축, 금과 은, 광물, 상품의 경우에는 시장가격의 2.5퍼센트, 농산물의 경우에는 시장가격의 5~10퍼센트의 비율로 계산하여 1년에 한 번 부과된다. 자깟 기금의 사용처는 여덟 개의 범주로 규정되어 있다. 1) 다른 사람에 의존하여 생계를 유

6 모든 무슬림이 반드시 지켜야 할 가장 중요한 5대 의무로 간주되는 것은 신앙고백, 기도, 단식, 순례, 자깟이다. 무슬림의 일상생활에서 이슬람법이 허용한 것halal을 준수하고 금지한 것haram을 회피하는 것 역시 넓은 의미에서 무슬림의 의무라고 할 수 있다.

지할 수밖에 없는 사람(고아, 과부, 노인, 장애인, 병약자 등), 2) 빈곤한 사람, 3) 자깟의 관리인, 4) 이슬람으로 개종하는 사람, 5) 노예 신분에서 해방될 사람, 6) 부채를 갚지 못하여 구속된 사람, 7) 이슬람 선교나 지하드jihad에 나선 사람이나 조직, 8) 여행자(상인, 학생, 순례자)(Maududi 2011: 199~202). 자깟 기금의 사용처에 대한 이러한 규정은 어려운 처지에 놓인 사람에게 공적 관리 제도를 통해 도움을 베푸는 사회복지적 성격을 뚜렷하게 보여준다. 사다카는 자깟과 달리 자발적으로 행하는 자선이지만, 이 역시 어려운 사람을 돕는 시혜적 성격이나 공익적 성격[7]을 갖는다는 점에서 동일한 규범적 가치를 공유하고 있다. 사다카는 금요 예배, 무함마드의 생일, 라마단Ramadan 기간, 순례의 달에 행해지는 희생제id al-ahha, 출산, 할례, 결혼식, 장례식과 같은 특별한 날에 일상적으로 행해지는 자선 행위이다(Singer 2008: 72~90).

꾸란과 이슬람법에 명확하게 규정되어 있는 자깟은 역사적으로 볼 때 무슬림 사회의 현실에서는 제대로 잘 이행되어오지 못했으며, 이는 말레이시아와 인도네시아의 경우에도 마찬가지이다. 말레이시아에서는 1955년부터 자깟 법Zakat Act이 제정되어 이때부터 자깟의 징수와 분배를 "주정부 이슬람 종교위원회State Islamic Religious

---

7 이슬람적 자선의 방식으로 와크프waqf라 불리는 제도가 있는데, 이는 사다카의 특수한 형태라고 할 수 있다. 와크프는 자발적 자선에 해당하는데, 부유한 개인이나 왕족이 토지나 건물을 기부하여 형성된 재산으로 모스크, 종교학교, 병원, 공공 식당 등을 설립하여 공익적 목적을 위해 운영된다(Singer 2008: 90~113). 오토만 제국을 포함한 전통 이슬람 왕국에서 와크프는 공공 영역에서 매우 중요한 한 축을 담당했다.

Council"가 공식적으로 담당하게 되었다. 하지만 초기의 자깟 징수는 논농사 농민에게만 배타적으로 적용되어 가난한 사람들에게 더 큰 부담을 지운다는 불만과 이를 피하기 위한 농민의 일상적 저항을 초래하였으며[8] 그 결과 오랫동안 지지부진한 상태를 면하지 못했다.(Scott 1987). 1990년대 이후 자깟 징수의 대상에 임금과 기업 이윤[9]을 포함시켜 재원을 크게 확대했다(Sloane-White 2017: 138~150). 이는 샤리아에 규정된 자깟 대상의 재산을 넘어서서 현대의 변화된 소득 구조를 반영한 개혁 조치였다. 이와 동시에 주정부 이슬람 종교위원회가 자깟을 전문적으로 관리하는 기업을 위탁 지정하여 자깟 징수의 효율성을 높이고, 자깟으로 지불한 금액을 개인의 경우에는 세금 전액 환불, 기업의 경우에는 세금 공제의 형태로 보상하는 방식을 채택했다. 이를 통해 자깟 징수액은 2000년대 이후 급증하기 시작하여 2017년에는 약 1조 원(30억 링깃)에 달하게 되었다(Maznah Mohamed 2020: 99). 이와 같이, 말레이시아에서 최근 자깟은 새롭게 부활하고 있는데, 자깟의 사용처가 가난한 사람을 위한 지원보다 이슬람 선교라는 명분 속에서 이슬람 학교나 정부와

8 말레이 농민의 일상적 저항의 방식으로는 자깟 징수의 대상이 되는 경작지를 등록하지 않거나, 등록하더라도 경작지의 규모를 줄여서 신고하거나, 실제 수확량의 일부를 감추거나, 불량한 상태의 쌀로 자깟을 지불하거나, 심지어는 겨와 돌멩이를 섞어서 무게를 늘리는 속임수를 쓰는 방식이 있다(Scott 1987: 426~431). 자깟의 규모는 벼 수확량의 10퍼센트로 책정되어 있었는데, 스콧의 현지조사 결과에 의하면 징수되어야 할 양의 약 15퍼센트 정도만이 실제로 거두어졌다.

9 전통적으로 자깟은 무슬림 개인에게만 부과되었다. 말레이시아의 "국가파트와위원회National Fatwa Committee"는 기업을 개인과 같은 범주의 법인으로 규정하고, 무슬림 소유의 기업이나 이슬람 금융기관도 자깟을 내는 것을 의무화하였다(Sloane-White 2017: 138~139). 이러한 방식을 채택한 국가는 말레이시아뿐이며, 다른 무슬림 국가들에서는 여전히 논쟁 중에 있는 사안이다.

연관된 이슬람 단체에 대한 지원에 더 집중되며, 자깟 관리에 과다한 비용이 쓰이고 있다는 문제를 노정하고 있다.[10]

인도네시아에서는 말레이시아와 비교해 훨씬 더 늦은 시점이자 수하르또 대통령이 사임한 직후인 1999년에 자깟에 대한 법률이 제정되었다. 1999년의 자깟 법은 주정부가 관장하는 자깟 기관BAZ: Badan Amil Zakat과 무슬림 단체들이 관장하는 사설 자깟 기관LAZ: Lembaga Amil Zakat을 동시에 인정했다(Salim 2008: 27). 이는 법 제정 이전에 인도네시아에서 자깟이 행해지던 관행을 현실로 받아들이고 이를 바탕으로 자깟 제도를 구축하는 방식이었다고 할 수 있는데, 이는 말레이시아에서 주정부에 의해서만 자깟이 관리되는 것과는 뚜렷한 차이를 보인다. 2000년대 이후 인도네시아의 민주화 과정에서 정부와 민간 차원의 활동에 의해 자깟 경제가 부활하는 현상은 1970~80년대 이후 인도네시아에서 전개된 이슬람 운동의 영향을 직접적으로 받은 것이다. 이슬람 운동에서 자깟은 이슬람적 윤리의 핵심적 덕목인 "공익maslaha"을 실천하는 중요한 제도적 장치로 강조되었다. 즉, 자깟은 단순히 무슬림의 종교적 의무를 넘어서서 사회복지와 사회정의를 실현하는 대안적 수단으로 재해석된 것이다(Kailani & Slama 2020: 73). 또한 자깟은 부유한 무슬림의 의무일 뿐 아니라, 가난한 무슬림의 권리이며 몫이라는 측면이 새롭게 부각되

---

10 2009년의 예를 들면, 쿠알라룸푸르를 포함한 수도권 지역의 자깟 모금액 중에서 36.2퍼센트가 이슬람 선교를 위해, 34.9퍼센트가 가난한 사람의 지원을 위해, 23.1퍼센트가 자깟 관리를 위해 사용되었다(Sloane-White 2017: 154).

었다(Retsikas 2014: 351).

이슬람에서의 자깟과 사다카, 불교에서의 시주는 수증자로부터 답례를 요구하지 않는 일방적 증여의 형태이며 종교적 구원을 위한 공덕 쌓기라는 점에서 공통점을 갖지만, 그것이 수행되는 방식에 있어서는 중요한 차이가 존재한다. 불교에서 공덕 쌓기로서의 증여는 승가(승려와 절)에 대한 시주의 방식으로 행해지는 반면, 이슬람에서 공덕 쌓기로서의 증여는 움마ummah(무슬림 공동체)에 대한 자선의 방식으로 행해진다. 양자 사이의 차이는 증여와 종교적 구원의 관념이 연계되는 과정에서 이를 매개하는 사회적 관계망이 서로 다르게 설정되어 있다는 점에서 두드러지게 나타난다. 불교에서는 승가라는 종교적 조직이, 이슬람에서는 움마라는 무슬림 공동체가, 증여를 종교적 구원을 위한 공덕 쌓기로 만드는 매개적 사회관계망으로 설정되어 있다. 움마는 가족, 친족, 지역 공동체의 경계를 넘어서는 무슬림 공동체로서 이를 대상으로 한 이슬람적 자선은 기독교적 박애가 지향하는 방식과 유사하다(에나프 2018: 424~245).

이러한 차이가 있음에도 불구하고, 동남아 무슬림과 동남아 불교도의 공덕 쌓기 관념에는 상당한 정도의 유사성이 존재한다. 이는 인도네시아와 말레이시아의 무슬림들이 공덕 쌓기를 표현하는 데 빠할라pahala(산스크리트어 phala)라는 힌두·불교적 용어를 일상적으로 사용하고 있다는 점에서 두드러지게 나타난다.[11] 공덕 쌓기에

11 태국 남부 빠따니Pattani 지역에 거주하는 말레이 무슬림들은 인도네시아와 말레이시아 무슬림들이 끈두리 또는 슬라마딴selamatan이라고 부르는 종교적 의례를 태국 불교도의 표현을 따라서 탐분 의례, 즉

해당하는 아랍어 표현[12] 대신 힌두·불교적 용어를 사용하는 것은 이들 사회가 13세기 이후 힌두교·불교 사회에서 이슬람 사회로 점진적으로 개종되어온 역사적 과정을 반영하는 것이기도 하다. 인도네시아와 말레이시아의 무슬림들은 자신들의 종교적 행위(기도, 자선, 단식, 순례)가 빠할라를 생성하고 축적할 수 있다고 생각할 뿐 아니라 그 크기를 예측하고 계산하며, 알라가 자신들이 쌓아온 빠할라와 죄를 동시에 고려해서 내세(천국과 지옥)에서의 삶을 판정한다고 믿는다. 동남아의 불교도가 공덕을 마치 "영적 화폐"처럼 계산하거나 축적할 수 있는 것으로 상상하는 방식과 일맥상통하는데, 최근 인도네시아에서 유명세를 얻은 한 이슬람 설교사(유수프 만수르Yusuf Mansur)는 자신의 소셜미디어를 통해 "사다카의 수학"이라는 개념을 퍼뜨리면서 수백만 명의 추종자를 얻고 이에 기초해 자선 사업을 확장하는 데 성공했다(Kailani & Slama 2020: 72~82). "사다카의 수학"은 자신의 자선 활동이 몇 배의 물질적 부를 가져올 수 있는지를 꾸란의 구절을 참조해서 수학적으로 계산할 수 있다는 경제적 신학이다. 공덕을 쌓는 동일한 행위도 어떤 맥락에서 행해지는가에 따라 그것이 가져오는 빠할라의 크기가 다르다고 생각하는데, 예를 들어 성인의 무덤을 방문하여 수행하는 철야기도, 라마단

공덕을 쌓는 의례라고 부르고 있다(Joll 2014).

12 이슬람에서 내세에서의 신의 보상을 의미하는 아랍어로 아즈르ajr 또는 타왑thawab이라는 표현이 존재한다(Jansen 2004: 2; Skovgaard-Petersen 1997: 364~365). 즉, 내세를 위해 공덕을 쌓는다는 관념은 동남아 무슬림에게만 독특한 것이 아니며 다른 무슬림 사회에서도 널리 퍼져 있다.

그림 6 유수프 만수르가 설립한 "국민사다카운동"의 코로나19 대응 캠페인

기간의 자선 활동은 평소의 기도나 자선보다 더 큰 빠할라를 쌓을 수 있는 기회로 여긴다. 불교에서 덕망이 높은 승려나 우안거 직후의 절에 시주하는 것이 더 좋은 업보를 가져온다고 믿는 관념과 유사한 태도라고 할 수 있다.

공덕 쌓기 관념과 관련해서 동남아 무슬림과 동남아 불교도가 공유하는 또 다른 측면은 "공덕의 이전"에 대한 믿음에서 나타난다. 동남아 무슬림도 공덕을 쌓는 의례를 개최하여 사망한 부모, 조부모, 자녀의 영혼에게 공덕을 이전함으로써 이들의 내세에서의 삶에 도움을 줄 수 있다고 믿는다. 수마뜨라섬 아쩨 지역에 거주하는 가요Gayo족은 순례의 달에 거행되는 희생제 때 제물이 되는 동물을 특정한 망자를 위해 바친다(Bowen 1992). 제물이 된 동물(양, 염소, 물소)은 망자의 영혼이 최후의 심판의 장소로 갈 때 타고 가는 운반체이다. 희생제의 날에 열리는 끈두리에서 주최하는 가족의 친척, 이웃, 마을 사람들이 참석하여 기도와 경전을 함께 읊조리며 제물 음식을 나누어 먹는다. 이때의 기도와 경전 낭송은 알라를 즐겁게 하여, 끈두리에서 특별히 이름이 언급된 망자의 고통을 줄여줄 수 있다고 믿는다. 순례의 달에 거행되는 희생제는 구약성서와 꾸란에 나오는 아브라함의 희생제의를 기억하고 무함마드의 선례를 따르는 것으로 신에게의 복종과 충성을 표현하는 의례인데, 가요족은 이 의례를 죽은 가족을 위해 공덕을 이전하는 기회로 활용하고 있는 것이다. 20세기 초에 이 지역에서 세력을 확장하고 있던 무함마디야Muhammadiyyah 계열의 이슬람 근대주의자들은 망자를 위해 동물을 제물로 바치는 관행이 이슬람 교리에 위배된다고 비판하며, 희생제를 신에게의 복종과 충성을 표현하는 경전적 의미의 의례로 개혁할 것을 주장함으로써 관행적 관념을 고수하는 마을 주민들과 충돌을 야기했다.

인도네시아 롬복섬의 사삭Sasak족은 이슬람적 장례식의 의미를 "망자를 먹이는" 의례로 해석한다(Telle 2000). 이들은 장례식을 망자가 조상의 대열로 들어서는 긴 과정으로 인식한다. 이슬람 매장법에 따라 죽은 자는 사망 후 하루 안에 땅속에 묻히지만, 사망 후 1일째, 3일째, 7일째, 9일째, 40일째, 100일째 되는 날에 망자를 추모하는 슬라마딴이 망자의 집에서 거행된다. 이들은 망자의 영혼이 사망 후 집 주위에 머무르다가, 이러한 의례를 적절하게 치르면 그가 안주해야 할 무덤으로 옮겨 간다고 생각한다. 슬라마딴에 참석하는 친족, 이웃, 마을 사람들은 쌀을 가져오며, 그것으로 요리한 음식을 함께 먹고 망자를 위해 기도를 하며 경전을 읊조린다. 쌀의 증여와 요리는 슬라마딴에 참석한 사람들이 함께 먹는다는 의미뿐 아니라, 망자를 먹임으로써 그 영혼이 배고프거나 소홀하게 여겨진다는 느낌을 가지지 않도록 한다는 의미를 지닌다. 사삭족의 장례식은 망자의 가족과 친족, 이웃, 마을 사람들 사이의 선물교환의 시간이며, 동시에 산 자와 죽은 자 사이의 관계를 기억하고 청산하는 시간이기도 하다. 장례식의 식사는 망자를 먹임으로써 그가 흡족한 상태로 무덤의 세계로 떠나가는 과정을 상징적으로 표현한다. 사삭족의 이슬람 개혁주의자들은 "망자를 먹인다"는 관념이 이슬람 교리에 위배된다고 비판하면서 음식에 부여된 종교적 의미를 부정했는데, 가요족의 이슬람 근대주의자들과는 달리 기도와 경전 낭송이 망자를 위해 공덕을 이전할 수 있다는 관념에 대해서는 수용하는 입장을 보였다.

불교의 시주와 이슬람적 자선은 업보의 법칙 또는 신을 매개로 한 종교적 구원의 관념과 긴밀하게 연계되어 행해지는 비호혜적 증여의 형태이다. 증여자에게는 현세와 내세를 위한 공덕 쌓기 행위로서의 의미를 지닌다. 하지만 불교에서는 승가라는 종교 조직에 대한 시주의 방식으로, 이슬람에서는 움마라는 무슬림 공동체에 대한 자선의 방식으로 수행된다는 점에서 큰 차이가 있다. 동시에 동남아 무슬림과 동남아 불교도의 공덕 쌓기 관념에는 상당한 정도의 유사성이 존재한다. 이슬람과 불교의 경전적 교리에서는 인정하지 않는 “공덕의 이전”이라는 관념이 널리 받아들여지고 있다는 것이 두드러진 예인데, 이러한 관념을 통해 가족, 친족, 이웃 간의 사회적 관계, 그리고 산 자와 죽은 자의 관계가 공덕을 쌓는 행위에 연루되고 있다.

6. 결론

지금까지 동남아의 증여와 호혜성을 우땅 나 로옵, 고똥 로용, 삼바딴과 같은 토착적 개념, 장례식과 결혼식에서의 의례적 선물교환의 관행, 불교와 이슬람에서의 공덕 쌓기를 통해 살펴보았다. 이러한 관념과 관행에서 드러나는 몇 가지 두드러진 특성을 통해 동남아에서의 증여에 대한 연구가 증여의 일반 이론에 시사하는 바를 성찰해보고자 한다.

첫째, 우땅 나 로옵과 삼바딴이 실천되는 방식에 있어서 특징적인 측면은 "도움을 요청할 권리"가 그러한 관계에 놓인 사람들 사이에 인정되고 있다는 것이다.[13] 우땅 나 로옵과 삼바딴에서의 호혜적 의무관계를 단순히 도움을 주고받는 관계로만 설명하는 것은 불충분하며, 도움을 요청할 권리와 이에 응해야 할 의무가 짝을 이루어 호혜성이 실천되고 있는 양상에 주목할 필요가 있다. 즉, 도움을 주는 행위는 도움을 주는 사람의 자발적 의지의 산물이라기보다는 도움을 요구하는 사람의 권리를 인정하고 이에 부응하는 의무를 수행하는 것이다. 도움을 주었던 사람은 자신의 필요가 생겼을 때 동일한 논리에 의해서 도움을 받았던 사람에게 도움을 요청할 권리가 있다. 이와 같이 도움을 요청할 권리와 이에 응해야 할 의무가 우땅 나 로옵과 삼바딴의 관계에 있는 사람들 사이에 양방향으로 반복적으로 실현되고 있다는 것은 이들이 상호 부채의 네트워크에 지속적으로 참여하고 있다는 사실을 의미한다. 모스가

13 필자의 현지조사 때 내가 구입한 물건들을 나중에 자신들에게 팔라는 마을 청년들의 요청을 받고 당혹감과 불편함을 느꼈던 것은 이를 일종의 "구걸"과 같이 여겼기 때문이다. 여유 있는 사람에게 도움을 요청하는 것은 부끄러운 일이 아니며 당연한 권리에 해당한다고 간주한다면, 마을 청년들의 행위를 당시와는 다르게 평가할 수 있었을 것이다. 하지만 "도움을 요청할 권리"도 특정한 사회관계에 놓인 사람들 사이에 성립하는 것이기 때문에, 당시 완전히 낯선 필자에게 그러한 요청을 하는 것이 그들의 문화규범에 과연 부합하는 것이었는지에 대한 의문은 여전히 남는다.

선물을 주는 행위를 겉으로는 자발적이지만 실제로는 의무적이라고 해석하면서, "줄 의무"를 증여자의 이름과 명성이 걸려 있는 사회적 인정의 측면에서 설명했는데, 우땅 나 로옵과 삼바딴의 사례는 그러한 "줄 의무"가 "도움을 요청할 권리"의 인정이라는 차원과 맞물려 있을 수 있다는 새로운 측면을 보여준다. 모스에게 있어서 증여는 줄 의무에 의해서 촉발되었다고 할지라도 증여자가 개시하는 행위인데 반해, 우땅 나 로옵과 삼바딴에 있어서는 수혜자의 요청이 증여를 개시하는 행위이다. 달리 표현하면, 모스의 논의에서 수혜자는 증여자에 대해 여전히 수동적 행위자인데 반하여, 우땅 나 로옵과 삼바딴에서는 수혜자가 증여자에 대해 보다 더 적극적 행위자로 표상되고 있다. 이러한 차이는 증여의 행위자로서 증여자와 수혜자가 차지하는 위치와 양자의 관계를 증여 행위의 실천적 국면에 주목하여 새롭게 조명할 필요가 있음을 시사한다.

둘째, 동남아의 호혜적 선물교환에서 나타나는 "도움을 요청할 권리"라는 측면은 수렵채집 사회에 대한 연구에서 촉발된 공유경제sharing economy 논의에서 강조하고 있는 "나눔의 권리 또는 몫"이라는 측면과 연관해서도 새롭게 주목할 필요가 있다(Widlock 2017). 양자 모두 증여자의 자발적 의지를 강조하는 서구의 증여 관념과는 대조적으로 받는 사람의 권리를 강조하고 있다는 점에서 공통점을 보인다. 하지만 "공유sharing"에 대한 인류학적 모델에서는 증여자와 수혜자의 구분 자체가 소멸되거나 억제되는 것에 반해(Widlock 2013: 24), 우땅 나 로옵과 삼바딴과 같은 호혜적 선물교환에서는 증여자와 수혜자의 구분이 유지된다는 점에서 중요한 차이가 있다. 공유는 호혜적 선물교환이 아니라는 공유 이론가들의 주장은 이러한 차이에 근거하고 있다. 물론 호혜적 선물교환에서도 증여자와 수혜자는 고정되어 있는 것이 아니고 그 위치가 순환적으로 바뀐다. 우땅 나 로옵과 삼바딴에서 과거-현재-미래를 잇는 상호작용으로 도움을 받는 사람과 도움을 주는 사람이 지속적으로 자리바꿈하는 것이 이에 해당한다. 하지만 우땅 나 로옵과 삼바딴의 각 단계에서는 증여자와 수혜자의 구분이 존재하는데, 호혜적 선물교환은 개별 행위자들 사이의 네트워크 관계로 구성되어 있기 때문이다. 이에 반해, 공유에서의 나눔은 집단 또는 공동체를 단위로 해서 행해지며, 개별 네트워크 관계에서 존재하는 증여자와 수혜자의 구별이 소멸되거나 억제된다. 공동체적 협동과 분배에 해당하는 "고똥 로용"이 이러한 공유의 모델에 잘 부합하는 개념이라고 할 수 있겠다.

셋째, 이 글에서 다룬 장례식과 결혼식에서의 의례적 선물교환의 사례들은 증여 행위가 사회적 유대와 명성의 경쟁이라는 이중적 측면을 동시에 표현하는 집단적 사건임을 분명하게 보여준다. 쿨라와 포틀래치를 경쟁적 선물교환으로 해석한 모스의 분석에 잘 부합하는 사례라고 할 수 있다. 그럼에도, 기존의 증여 이론이 크게 주목하지 않았던 몇 가지 측면이 이들 사례연구에서 부각되었는데, 특히 의례적 언어의 사용과 부채 네트워크의 활용이 이에 해당한다. 인도네시아 숨바섬의 혼수에 대한 킨(Keane 1994)의 연구는 "부인을 주는 집단"과 "부인을 받는 집단" 사이의 의례적 선물교환과정에서 동원되는 의례적 언어의 사용에 주목하여, 사물(가치재)과 언어의 적절한 결합이 선물교환의 성공과 실패를 가름하는 매우 중요한 잣대로 작동하고 있음을 보여준다. 이는 의례적 선물교환이 사람, 사물, 언어가 복잡하게 얽혀 있는 총체적 사회현상임을 새로운 시각에서 제시하고 있다. 토라자족과 니아스섬의 장례식은 명성의 경쟁이라는 사회적 게임이 부채 네트워크의 관리 전략을 통해 수행되고 있음을 잘 보여준다. 장례식 때 이루어지는 증여는 기존의 부채를 갚거나 새로운 부채를 창출하는 것이며, 참여 당사자들은 이러한 부채 관계를 명확하게 기억하고 계산한다. 이 사회에서 사회적 명성을 획득하는 방식은 자신의 부를 배타적으로 축적하는 것이 아니고(이러한 성향을 갖는 사람은 인색한 사람이라고 사회적 비난을 받는다.) 자신의 부를 부채의 고리에 순환시킴으로써 부채 네트워크를 확장하는 것이다. 부채 관계는 청산되어야 할 부정적 대상이 아니라 적극적으로 활용해야 할 긍정적 자원으로 인식된다. 토라자족과 니아스섬의 장례식에서 부채 네트워크의 전략적 활용은 이러한 측면을 분명하게 보여주고 있다.

넷째, 불교와 이슬람에서의 공덕 쌓기는 지금까지 살펴본 호혜적 선물교환과는 달리 수증자로부터 어떠한 답례나 보상을 기대하지 않는 일방적 증여, 즉 기부나 자선의 형태를 띠고 있다. 하지만 이는 내세에서의 보상이라는 종교적 구원의 관념과 긴밀하게 연계되어 있다. 불교에서는 업보의 법칙에 의해, 이슬람에서는 알라의 축복barakah에 의해 내세에서의 보상이 결정된다는 차이가 존재하지만, 불교의 시주와 이슬람적 자선은 종교적 구원의 관념과 연계되어 공덕 쌓기 행위로서의 의미를 부여받는다. 동남아의 불교 사회와 이슬람 사회에 일상적인 호혜적 선물교환과는 구별되는 또 다른 증여의 영역이 종교적 성격의 자선에 존재하고 있음을 확인할 수 있다. 모스의 『증여론』은 원시 사회와 고대 사회에서의 선물교환의 근본적 성격을 호혜적 의무의 순환적 고리로 해석하면서 자선과 기부와 같은 일방적 증여 또는 "순수한 선물"에 대한 논의를 의도적으로 배제했는데, 동남아의 불교도와 무슬림의 일상적 삶에서 종교가 차지하는 중요한 위상을 고려할 때 종교적 구원의 관념과 긴밀하게 연계된 자선의 방식에 주목할 필요가 있다. 이는 기독교적 자선이나 현대 사회의 시민적 기부나 사회복지제도와 비교해서 흥미로운 유사점과 차이점을 보여줄 수 있을 것이다. 한편, 불교와 이슬람의 경전이 규정하고 있는 규범적 기부와 자선과는 달리 "공덕의 이전" 또는 "공덕의 공유"라는 관념이 동남아 사회에서 널리 받아들여지고 있는 현상은 모스의 『증여론』을 이 영역에 대한 분석에서도 새롭게 적용할 수 있는 여지를 열어준다.

현대에 들어서서 동남아 사회에서도 시장계약이 사회관계를 맺는 지배적 방식으로 자리 잡고 있음은 분명한 사실이다. 하지만 현대 동남아 사회의 성격을 폴라니Polanyi적 의미에서의 "시장 사회"라고 단정적으로 규정하는 것도 현실과 괴리된 평가라고 할 수 있다(폴라니 2009). 사회가 "자기 조정 시장"에 묻혀 있는 "시장 사회"는 현대 서구에서 경향적으로 나타났지만 결코 완벽하게 실현된 적이 없다고 폴라니는 주장하는데, 이러한 지적이 동남아 사회에 마찬가지로, 아니 더 적절하게 적용된다고 생각하기 때문이다. 동남아 사회에서 시장계약적 관계와 증여 관계가 혼재하고 서로 얽힌 가운데 변화하는 것으로 포착하는 것이 현대 동남아 사회의 현실을 이해하는 데 유용한 시각을 제공할 것이다. 증여와 호혜성은 단지 과거의 유물이 아니고, 동남아인들이 일상적으로 사회관계를 맺을 때 여전히 동원되며 도덕적 평가의 잣대로도 활용되고 있음에 주목할 필요가 있다. 이 글에서 다룬 민족지 자료들은 이 점을 분명하게 보여준다. 앞으로의 과제는 동남아 사회에서 시장과 증여의 공존이나 대립을 보여주는 것을 넘어서서, 양자가 서로 얽혀서 영향을 주고받으며 변화하는 양상을 구체적으로 밝히는 것이다. 스콧의 『농민의 도덕경제』는 동남아 농민 사회에서 전통적인 "생계윤리"와 후견인-피후견인 관계가 식민지 시장경제의 침투에 어떤 방식으로 동원되고 저항했는지를 보여주는 선구적 작업이다. 이 글에서는 간략하게 언급하는 것에 그쳤지만, 현대 필리핀 사회에서 우땅 나 로옵, 현대 인도네시아 사회에서 고똥 로용이 새로운 방식으로 동원되는 양상, 태국에서의 "공덕 쌓기 여행", 말레이시아와 인도네시아에서 자깟이 새로운 형태로 부활하는 현상은 이러한 연구 영역의 사례로 제시되었다. 동남아 사회에서 최근 시도되고 있는 사회적 경제의 실험도 증여의 논리와 시장의 논리가 결합하는 새로운 양상으로 분석할 수 있을 것이다.

참고 문헌

리치, 에드먼드. 2016. 강대훈 옮김. 『버마 고산지대의 정치체계』. 서울: 황소걸음.

모스, 마르셀. 2002. 이상률 옮김. 『증여론』. 서울: 한길그레이트북스.

베네딕트, 루스. 2019. 김윤식, 오인석 옮김. 『국화와 칼』. 서울: 을유문화사.

스콧, 제임스. 2004. 김춘동 옮김. 『농민의 도덕경제』. 서울: 아카넷.

에나프, 마르셀. 2018. 김혁 옮김. 『진리의 가격』. 서울: 눌민.

오명석. 2010. "선물의 혼과 신화적 상상력: 모스 '증여론'의 재해석". 『한국문화인류학』 43(1): 3~46.

폴라니, 칼. 2009. 홍기빈 옮김. 『거대한 전환』. 서울: 길.

Beatty, Andrew. 1992. *Society and Exchange in Nias*. Oxford: Clarendon Press.

Bowen, John. 1986. "On the Political Construction of Tradition: Gotong Royong in Indonesia". *The Journal of Asian Studies* 45(3): 545~561.

______. 1992. "On Scriptural Essentialism and Ritual Variation: Muslim Sacrifice in Sumatra and Morocco". *American Ethnologist* 19(4): 656~671.

Brekke, Torkel. 1998. "Contradiction and the Merit of Giving in Indian Religion". *Numen* 45(3): 287~320.

Jansen, Willy. 2004. "Economy of Religious Merit: Women and Ajr in Algeria". *The Journal of North African Studies* 9(4): 1~17.

Joll, Christopher. 2014. "Making Sense of Thailand's 'Merit-Making' Muslims". *Islam and Christian-Muslim Relations* 25(3): 303~320.

Kailani, Najib & Slama, Martin. 2020. "Accelerating Islamic Charities in Indonesia: zakat, sedekah and the immediacy of social media". *South East Asia Research* 28(1): 70~86.

Kaut, Charles. 1961. "Utang Na Loob: A System of Contractual Obligation among Tagalog". *Southwestern Journal of Anthropology* 17(3): 256~272.

Keane, Webb. 1994. "The Value of Words and the Meaning of Things in Eastern Indonesian Exchange". *Man(N.S.)* 29(3): 605~629.

Keyes, Charles. 1983. "Merit-Transference in the Kammic Theory of Popular Theravada Buddhism". in Keyes, C. & Daniel, V.(eds) *Karma:An AnthropologicalInquiry*. Berkeley: University of California Press.

Koentjaraningrat. 1961. *Some Social-Anthropological Observation on Gotong Rojong Practices in Two Villages of Central Java*. Modern Indonesia Project. Cornell University.

______. 1967. "Tjelapar: A Village in South Central Java". in Koentjaraningrat(ed.) *Villages in Indonesia*. Ithaca: Cornell University Press.

Kochuyt, Thierry. 2009. "God, Gifts and Poor People: On Charity in Islam". *Social Compass* 56(1): 98~116.

Maududi, Sayyid Abul A'la. 2011. *First Principles of Islamic Economics*. Leicestershire: The Islamic Foundation.

Maznah Mohamed. 2020. *The Divine Bureaucracy and Disenchantment of Social Life: A Study of Bureaucratic Islam in Malaysia*. Singapore: Palgrave.

Michaels, Axel. 1997. "Gift and Return Gift, Greeting and Return Greeting in India," *Numen* 44(3): 242~269.

Mills, Mary Beth. 1997. "Contesting the Margins of Modernity: Women, Migration, and Consumption in Thailand". *American Ethnologist* 24(1): 37~61.

Nagata, Judith. 1976. "Kinship and Social Mobility among the Malays". *Man(N.S.)* 11(3): 400~407.

Rafael, Vincent. 1988. *Contracting Colonialism: Translation and Christian Conversion in Tagalog Society under Early Spanish Rule*. Quezon: Ateneo de Manila University Press.

Retsikas, Konstantinos. 2014. "Reconceptualizing Zakat in Indonesia: Worship, Philanthropy and Rights". *Indonesia and the Malay World* 42: 337~357.

Reyes, Jeremiah. 2015. "Loob and Kapwa: An Introduction to a Filipino Virtue Ethics". *Asian Philosophy* 25(2): 148~171.

Salim, Arksal. 2008. *The Shift in Zakat Practice in Indonesia*. Chiang Mai: Silkworm Books.

Scott, James. 1987. "Resistance without Protest and without Organization: Peasant Opposition to the Islamic Zakat and the Christian Tithe". *Comparative Studies in Society and History* 29(3): 417~452.

Sheldon, Ives Go Agaton. 2017. "Vantage Point of Utang na Loob". *Social Ethics Society Journal of Applied Philosophy* 3(1): 59~77.

Singer, Amy. 2008. *Charity in Islamic Societies*. Cambridge: Cambridge University Press.

Skovgaard-Petersen, Jakob. 1997. *Defining Islam for the Egyptian State*, Leiden: Brill.

Sloane-White, Patricia. 2017. *Corporate Islam: Shariah and the Modern Workplace*. Cambridge: Cambridge University Press.

Spiro, Melford. 1970. *Buddhism and Society: A Great Tradition and its Burmese Vicissitudes*. Berkeley: University of California Press.

Tambiah, S. J. 1970. *Buddhism and the Spirit Cults in North-East Thailand*. Cambridge: Cambridge University Press.

Telle, Kari. 2000. "Feeding the Dead: Reformulating Sasak Mortuary Practices". *Bijdragen tot de Taal-, Land-en Volkenkunde* 156(4): 771~805.

Volkman, Toby Alice. 1985. *Feasts of Honor: Ritual and Change in the Toraja Highlands*. Urbana: University of Illinois University.

Widlock, Thomas. 2017. *Anthropology and the Economy of Sharing*. London: Routledge.

3장

베트남의 산업화와 노동자의 저항

채수홍

1. 동남아시아인의 삶과 문화의 현재적 위치 찾기

오늘날 우리가 목격하고 있는 동남아시아 문화는 대대로 이어져온 관념, 즉 전통과의 관계 속에서만 이해할 수 없는 급격한 정치경제적 변화의 산물이다. 동남아시아는 서구 제국주의의 식민주의 통치 아래서 본격적으로 근대화를 경험했고, 20세기 중반 이후 냉전과 탈냉전의 소용돌이 속에서 산업화와 도시화를 급속하게 성취했다. 무엇보다, 20세기 후반부터는 디지털 기술의 비약적 발전으로 "시간과 공간이 압축된"(Harvey 1990) 네트워크 사회로 진화한 자본주의 세계 체제에 편입되어, 전 지구적 차원에서 유기적으로 연결된 사회적 관계와 동질화되어가는 문화를 향유하고 있다(Castells 1996).

이런 현실을 고려할 때, 과거부터 이어져온 가치, 규범, 상징을 박제화하고 정형화stereotyping하여 동시대 동남아시아인의 문화를 이해하려는 시도는 다분히 시대착오적이라 할 수 있다. 문화 연구의 목적이 지역민의 관념과 행동을 이해하려는 것이라면 현재의 문화를 작동하는 정치경제적 그리고 사회적 조건을 먼저 파악할 필요가 있다. 문화는 문화 자체로 이해될 수 없고 특정 시대가 만들어내는 제반 조건과의 관계 속에서 모습을 드러내기 때문이다.

이러한 논점을 강조하는 이유가 있다. 20년 넘게 베트남을 전공지역으로 삼아 연구해온 필자가 강연을 할 때마다 반드시 받는 당혹스러운 질문이 두 가지 있다. "베트남 문화는 어떤가요?", "베트남인의 민족성이 어떤가요?" 첫번째 질문에는 베트남의 문화가 몇 줄의 문장으로 정의될 수 있을 것이라는 과도한 기대가 숨어 있을 뿐 아니라 변하지 않는 본질essence을 가진 문화의 뿌리가 있다는 일반화된 편견이 자리 잡고 있다. 문학적 직관력을 동원하여 "한恨의 문화" 혹은 "정情의 문화" 등으로 한국 문화를 정의 내리듯 베트남 문화를 정형화해보라는 이러한 요구는 집단의 다양한 가치, 규범, 상징 등의 제반 관념이 서로 충돌하고, 경쟁하고, 협상하는 문화의 속성을 떠올려보면 답을 도출하기 힘든 난제이다(Jeong Duk Yi 2003: 58~59).

베트남인의 민족성에 관한 두번째 질문은 첫번째 질문과 동일한 문제를 안고 있을 뿐 아니라 설상가상으로 부지불식간에 악의적인 의도까지 함축할 수 있다. 실제로 이런 질문을 던지는 사람은 자신의 경험 속에서 베트남인이 정직하지 못하고, 부지런하지 못하며, 솔직하지 못하고, 깨끗하지 않다는 편견을 내재화한 채 이를 필자에게 확인하고 싶어 하는 경우가 대부분이다. 이처럼 특정 문화를 정형화하고 이를 민족성national character과 연관 지어 설명하려는 시도는 초기 미국 문화인류학에서도 득세한 적이 있다. 하지만 이러한 연구는 대중성을 얻었음에도 불구하고 과학적 근거와 대표성의 부족, 그리고 자민족 중심주의라는 비판에 직면한 바 있다(가바리노 1995: 102~103).

이러한 점을 성찰해볼 때, 동남아시아인의 삶을 문화를 통하여 이해하고자 한다면 문화를 박제화, 정형화, 본질화하려는 유혹에서 벗어나 이들의 문화적 관념과 실천을 만드는 제반 조건을 시간과 공간의 맥락에 위치 지어 이해할 필요가 있다. 오늘날 동남아시아인은 자신의 고유한 종교, 관습, 언어를 바탕으로 문화적 행위를 하고 있을 뿐 아니라, 동시에 세계경제와 직간접적으로 연계된 경제활동을 하며 생계를 유지하고, 유튜브와 SNS를 포함한 각종 미디어를 활용하여 세계 문화와 접속하고 있다. 이제 동남아시아에서도 세계 각국의 무역규제를 걱정하며 물고기를 잡고, 농사를 짓고, 나이키 신발과 삼성 핸드폰을 조립하여 생계를 유지하면서 방탄소년단BTS과 영국 프리미어리그의 축구선수 손흥민을 좋아하는 사람을 쉽게 만날 수 있는 세상이 되었다. 현재를 살아가는 동남아시아인의 문화를 이해하는 작업은 이들의 삶이 초국적transnational 성격을 띠고 있다는 사실을 성찰하면서 이루어질 수밖에 없게 된 것이다.

동남아시아인의 삶과 문화를 전통성과 이국성에만 초점을 맞추기보다 현재의 정치경제적 조건에 맞게 이해하는 작업이 필요하다는 사실은 이들이 세계경제에서 차지하는 위상을 보면 잘 드러난다. 동남아시아 국가의 연합체인 아세안ASEAN은 2017년 현재 인구 3위, 경상 GDP 6위, 상품 수출 4위, 상품 수입 3위를 차지하고 있는 세계의 주요 경제권이며, 최근에는 미국과 중국의 무역 분쟁으로 세계경제 체제 내에서의 비중이 날로 커지고 있다(박번순 2018: 2). 이러한 경제성장이 가능했던 이유는 베트남과 인도네시아를 필두로 아세안 경제권이 세계가치사슬Global Value Chain에서 저가 공산품을 생산하는 핵심 기지로 확고하게 자리 잡아가고 있기 때문이다

그림 1 축구에 열광하는 베트남인

(ASEAN-JAPAN CENTER 2019: 3~18).

이러한 현실을 염두에 두고, 이 글은 베트남을 사례로 삼아 동남아시아인의 삶이 자본주의 세계 체제로 빠르게 통합됨에 따라 어떻게 변화해왔는지를 보여주고자 한다. 특히 베트남의 산업구조와 노동시장의 변화가 노동현장과 일상의 문화를 어떻게 변모시켰으며, 이러한 현실을 베트남 산업노동자가 어떻게 받아들이고 대응하는지 기술할 것이다. 이를 통하여, 오늘날 동남아시아인의 문화를 전통과 일치시키는 작업에서 벗어나 이들의 노동과 정치의식을 통하여 이해할 필요성을 드러내고자 한다.

2. 사회주의 베트남의 자본주의적 산업화에 대한 상념

필자가 1990년대 초부터 베트남에 관심을 갖게 된 것은 사회주의 체제에서의 삶에 대한 호기심 때문이었다. 하지만 이후 여전히 사회주의를 표방하고 있는 베트남을 처음 방문하여 몇 개월 동안 예비조사를 하면서 당혹스러움을 느끼지 않을 수 없었다. 필자가 거주한 경험이 있는 한국이나 미국보다 상대적으로 강한 관료적 통제를 제외하고는 사회주의의 가치나 관행을 일상에서 피부로 느끼기 힘들었기 때문이었다.

그럼에도 불구하고, 당시 현지에 진출한 한국 기업 주재원들은 일터와 삶터에서 어려움에 부딪힐 때마다 "사회주의 전통이 남아 있어서 그래."라는 말을 입에 달고 살았다. 하지만 이들도 실제로는 수출입품의 통관이나 세금 문제에 부딪혔을 때를 제외하면 "사회주의적인 것이 무엇인가"에 대한 설득력 있는 사례를 제시하지 못했다. 한국 기업의 경영진이 베트남 노동자의 임금 인상이나 노동조건 개선과 같은 권리 주장에 부딪힐 때 "사회주의 유산"을 비난하는 경우가 종종 있었지만, 한국의 격렬했던 노동운동사를 떠올려보면 이것도 딱히 "사회주의 문화"의 고유한 특성을 보여준다고는 할 수 없다. 필자가 이런 의문을 제기하면 이들은 베트남의 전통문화에 남아 있는 인간을 대하는 규범과 가치 등을 언급하기도 했지만, 이마저도 베트남인의 행동과 의식을 설명하기에는 경험적 근거가 부족해 보였다. 한국에서와 마찬가지로 의례 영역을 제외하면 유교 문화가 이들의 삶을 지배하는 원리로 작동한다고 보긴 힘들었기 때문이다.

필자에게는 이들의 이런 해석보다는 차라리 "우리의 70~80년대를 보는 것 같지 않아요?"라는 식으로 느낌을 표현하는 것이 진솔하고 그럴듯하게 다가왔다. 물론 이런 해석을 접할 때, 베트남인의 낮은 소비수준을 문화적 열등감과 연결시키는 "발전주의developmentalism"나 "문화 진화주의cultural evolutionism"를 내면화한 편견이 우려스럽기도 했다. 그럼에도 불구하고, 베트남인의 의식과 행동을 일과 생활의 정치경제적 조건과 연계해 이해하는 것 같아 타당성이 있다는 생각이 들었다. 하지만 이런 해석에 내재한 "진화 혹은 발전"이라는 사고는 인류학자가 금과옥조로 여기는 "문화상대주의 관점"과 행복하게 만나지 못하는 대립적 성격을 지니고 있음이 분명했다. 그 결과, 필자의 첫 베트남 현지경험은 베트남인의 삶을 문화를 통해 적실하게 이해하는 방식에 대한 고민만을 남긴 채 끝을 맺었다.

몇 년이 지나 필자가 미국의 연구재단으로부터 연구비를 약속받고 장기 현지연구를 실행할 기회가 다가왔을 때 마침 미국에서는 나이키 제품의 불매운동이 일어나고 있었다. 당시 서구의 언론과 진보 시민단체는 베트남 나이키 공장에서 노동자가 하루 종일 일하면 평균 45~50달러를 받는다는 점을 부각시키고 이들의 열악한 거주환경을 촬영하여 대중의 분노를 일으켰다(채수홍 2003: 145). 또한 나이키가 마이클 조던과 같은 스포츠 스타에게 지불하는 거액의 광고비와 나이키 하청공장 노동자의 임금을 비교하며 노동집약적 산업의 착취적이고 불평등한 성격을 폭로했다. 노동자의 권익에 관심이 많았던 필자 역시 이러한 주장에 공감했고, 베트남 공장노동자가 자신의 고된 노동과 삶을 어떻게 받아들이고 저항하는지에 대한 민족지를 작성하고 싶은 욕망을 느꼈다.

하지만 필자는 한국 기업과 베트남 국영기업이 합자한 노동집약적 공장에서 1년 넘게 현지연구를 진행하면서 역설적이게도 서구 진보진영의 사고와 재현representation이 현지의 맥락과 괴리되어 있고 편향적이라는 사실을 점차 깨닫게 되었다. 1990년대 말 베트남은 외국자본에 의존하여 빠르게 산업화를 진행하고 있었지만 이제 막 빈곤에서 벗어나기 시작한 상태였다. 그리하여, 실업이 만연한 노동시장에서 공장의 일자리는 안정적으로 현금 수입을 얻을 수 있는 "선망"의 대상이었다. 외국계 공장(이하 다국적 공장)에서 일자리를 얻기 위해서는 소개자에게 첫 달 월급을 통째로 건네주는 것이 관행일 정도였다. 게다가 거의 대부분의 노동자가 핸드폰, 냉장고, 에어컨 등을 가지고 있지 않았던 당시 소비수준에서 도시 공장지대에 거주하는 4인 가구가 재생산을 하는 데 드는 비용은 약 100달러 정도였다. 이런 상황에서 공장노동자는 부부가 함께 일하면 자녀 둘을 키울 수 있었다.

이러한 현실을 고려해볼 때, 진보진영의 이론가들이 서구의 임금수준과 생활양식을 기준점으로 삼아 베트남 노동자의 턱없이 낮은 임금과 소비수준을 동정하고 비판하는 것은 현지의 이러한 사회경제적 맥락을 간과한 것이었다(예를 들어, Hong Ha 1995; Gates and Truong 1996). 이제 막 빈곤에서 벗어나기 위해 시장경제를 도입한 베트남 사회에서 산업노동이라는 생계양식이 어떤 정치경제적 조건을 만들어내고 어떻게 사회와 문화를 변모시키는지에 관심을 갖기보다, 눈앞에 펼쳐진 현실을 서구의 경제와 소비수준에 의해 재단하고 평가하는 "자민족 중심주의ethnocentrism"의 한계를 노정하고 있었던 것이다. 산업화가 한 사회의 생계와 생활의 양식을 급격하게 변화시키는 과정을 이해하기 위해서는 현지인의 삶을 현지의 맥락 속에 위치 지을 필요가 있었던 것이다. 나이키 논쟁은 이처럼 첫 장기연구를 실행하던 필자에게, 현지인의 삶을 이해하기 위해서는 현지의 정치경제적 조건과 사회문화적 상황을 맥락적으로 고려해야 한다는 깨달음을 주었다.

이런 성찰을 바탕으로 필자는 베트남 공장노동자가 외국계 자본주의적 공장에서 근무하기 전후로 어떤 다른 경험을 하고 이를 어떻게 해석하고 있는지를 중점적으로 파악할 필요가 있다고 생각하고 현지연구에 몰두했다. 그 결과 당시 베트남 공장노동자는 외국계 기업이 제공하는 임금수준보다 노동 강도가 "빡세다"는 점과 더불어 통제와 관리의 양상에 더 불만을 가지고 있다는 점을 알게 되었다.

베트남의 초기 산업화 과정에서 공장에 발을 들여놓는 노동자는 사회주의 공장에서 이직해 오거나 농촌에서 온 이주노동자의 두 부류로 나뉘었다. 전자의 경우 소위 사회주의의 "공장레짐Factory Regime"이 자본주의의 그것과 많이 달라 노동을 통제하고 관리하는 양상의 차이에서 고통을 느끼고 불만을 호소하였다(Burawoy 1985). 베트남 사회주의 공장에서는 공산당, 경영진, 노동조합, 청년 혹은 여성동맹 등 사회단체가 "사위일체Bo Tu"라는 원칙 아래 동의에 기반한 노동과정을 실행한 반면, 자본주의 공장에서는 생산의 "관료적 유형bureaucratic pattern"(Goulder 1954)이 보다 강압적이었고 "계획과 실행의 분리"(Braverman 1974)가 철저해서 통제와 질책이 일상화되어 있었다(채수홍 2003: 157). 이로 인하여 이들에게는 이전에 근무했던 사회주의 공장과 비교할 때 외국계 공장의 자본주의 노동이 더 힘들게 느껴지게 마련이었다. 따라서 이들이 현재 자신의 일과 일상의 삶의 조건을 해석하고 이에 정치적으로 대응하는 실천 양태를 이해하기 위해서는 베트남이 사회주의 체제로부터 시장경제와 자본주의적 생산관계relations of production로 변화한 과정과 그 효과를 이해할 필요가 있다.

사회주의 공장 체제를 경험한 부류와 비교할 때, 후자는 도이머이Doi Moi라 통칭되는 개혁개방정책 직후에 사회주의 체제에서 실업이나 농업노동을 경험한 뒤 바로 자본주의 공장 체제에 편입된 경우이다. 이와 함께, 사회주의 체제 아래서 노동시장을 경험하지 않은 채 자본주의 공장레짐에 뛰어들게 된 젊은 세대 노동자 역시 농촌이나 도시의 변두리에서 생활을 하다가 노동통제를 통하여 생산성을 높이는 "테일러리즘Taylorism"을 바로 경험하게 되면서 엄격한 시공간의 관리에 적응하느라 애를 먹었다. 이들에게 외국계 노동집약적 산업이 새롭게 제공한 일자리는 이들이 이전에 누렸던 삶의 터전을 바꾸었을 뿐 아니라 삶의 목적과 가치관을 흔들면서 새로운 문화적 지평을 만들어냈다.

새로운 자본주의적 노동시장 체제 아래서 공장노동자가 일상적으로 겪은 변화는 노동의 방식과 강도만이 아니라 일과 여가의 관계, 노동의 의미, 일을 둘러싼 문화정치 등에서도 나타났다. 근대 서구에서도 자본주의적 산업화 과정은 인간이 살기 위해 일하는 것이 아니라 일하기 위해 산다는 관념을 승인하고, 제한 없는 금전적 욕망을 충족하기 위해 일하는 것의 신성함을 강조하는 세계관을 탄생시킨 바 있다(Weber 1930; Hunnicutt 2006: 68 재인용). 그리스 시대 이전만 해도 일은 주술, 의례 등과 직접적 관련이 있었으며 이로 인하여 여가와의 구분이 분명하지 않았다. 하지만 이 시대부터 노예제가 확립된 그리스 시대를 지나면서 육체적 노동으로 일의 의미가 축소되고 권력이 없는 계급이 하는 노동과 권력을 가진 계급이 향유하는 여가의 분화가 발생하게 된다. 아리스토텔레스가 "노동의 목적은 여가를 얻기 위함이다."라고 정의를 내린 것도 이러한 시대적 상황을 반영하는 것이었다(Stebbins 1982: 253). 봉건시대까지 유지되던 일과 여가의 관계가 획기적으로 바뀐 것은 자본주의에 이념적 토대를 제공한 종교개혁이었다. 일을 하지 않는 것은 게으른 것이고, 자유롭게 여가생활을 즐기는 것은 방탕함을 초래한다는 칼비니즘의 명제가 승인되기 시작한 것이다(채수홍 2019: 6).

물론 베트남의 사회주의 체제하에서도 노동자는 자신의 가족을 돌보기 위해서 뿐 아니라 사회주의 건설이라는 국가이념이 부추기는 성실하고 생산성 있는 노동을 한다는 관념이 존재했다. 하지만 새로운 생산체계와 권력 아래서 노동자는 전과는 다른 양상으로 강제되고 통제되는 일을 경험하게 되었다. 이들에게 생존을 넘어 무한한 욕망을 위해 일을 삶의 목적으로 두는 문화적 환경은 새로운 것이었다. 그 결과 소비수준이 점차 향상된 만큼 가구의 재생산을 위한 노동도 힘들어졌으며 이로 인한 불만을 파업과 같은 정치적 저항으로 표출하지 않을 수 없게 되었다(채수홍 2013: 14~22). 개혁개방 이후 베트남에서도 자본주의 노동체제의 헤게모니가 점차 확고해진 만큼 노동자의 일의 기회와 조건에 대한 의식과 실천도 변화를 겪게 된 것이다.

필자가 90년대 말부터 20년 넘게 베트남 공장노동자의 삶을 탐구하면서 반복해서 떠올리는 상념은 이들이 자본주의 시장경제로의 편입을 어떻게 받아들이는가 하는 점이다. 자본주의적 산업화로 인하여 급격하게 변화해온 노동의 조건과 성격 그리고 삶의 문화적 양태를 이들은 어떻게 인식하고 정치적으로 대응하는가? 이들은 전보다 만족스러운 삶을 누리고 있다고 생각하는가, 그렇지 않다면 이에 저항하는가, 저항하지 않는다면 그 이유는 무엇인가? 이런 질문에 대한 답을 찾아내기 위하여 베트남 개혁개방의 역사적 요인, 산업화로 인한 노동자의 정치경제적 조건의 변화, 그리고 이에 대한 노동자의 대응으로서 문화정치라는 퍼즐을 맞추려고 시도하고 있다.

3. 사회주의 베트남의 자본주의적 산업화의 원인, 과정, 그리고 현재적 좌표

베트남은 사회주의 공화국이다. 시장경제를 도입했지만 정치적으로는 여전히 공산당 일당체제를 유지하고 있으며 국가이념으로 사회주의를 표방하고 있다. 하지만 자본주의 대신 시장경제라는 용어를 사용하고 있을 뿐 하부구조는 여느 자본주의 국가와 거의 다를 바가 없다. 이런 의미에서 베트남을 "포스트사회주의postsocialism" 국가라고 부르는 것이 타당성을 가진다. 포스트라는 용어에는 "탈脫"과 "후기後期"라는 이중적 의미가 있기 때문이다. 베트남은 경제만 보면

"탈"사회주의 국가이고, 정치에만 초점을 맞추면 사회주의 체제와 연속성을 갖는 "후기"사회주의 국가인 것이다. 이런 연유로 베트남의 산업화 과정과 이에 조응한 노동자의 삶과 문화의 변화를 이해하기 위한 정치경제적 맥락은 다른 동남아시아 국가에 비해 다소 복잡하다.

베트남이 외세와의 지난한 투쟁을 거쳐 성취한 사회주의 체제의 근간을 뒤흔들어가면서까지 자본주의적 산업화를 이룰 수밖에 없었던 이유와 이에 대한 베트남인의 반응을 이해하기 위해서는 개혁개방의 역사적 맥락을 간략하게나마 설명할 필요가 있다. 베트남의 개혁개방은 다음과 같은 세 시기를 거쳐 단계적으로 이루어졌다(Fforde and De Vylder 1996: 2). 첫째, 베트남전쟁의 심각한 후유증을 간과한 채 남부를 포함한 전역을 사회주의 체제로 이행시키려 했던 "강성개혁hard reform"(1975년~1985년) 시기이다. 둘째, 사회주의 건설이 난관에 부딪힘에 따라 사유재산과 시장경제를 점차 인정하며 개혁개방의 효과를 시험한 "연성개혁soft reform"(1986년~1990년) 시기이다. 셋째, 외국자본에 의한 산업화와 시장경제로의 이행이 본격적으로 이루어진 1990년대 이후의 시기이다. 이러한 세 시기는 각각 베트남인이 시장개방과 자본주의적 산업화를 어떻게 받아들일 수밖에 없었는지 그리고 이후 계속된 변화에 대하여 어떤 이중적 감정과 태도를 갖게 되는지를 이해하는 중요한 변곡점을 이룬다.

베트남의 개혁개방정책이 불가피했던 것은 무엇보다 강성개혁 기간에 농업과 제조업 분야에서 생산성이 오르지 않아 식량을 필두로 한 소비재 기근이 심각했기 때문이다. 먼저, 농업 부문에서는 "집산화collectivization"를 위해 건설하려던 집단농장이 초보적 상태에 머물러 있는 상태에서 농산물을 국가에서 거두어들이려는 시도가 농민의 거센 저항에 부딪히게 된다. 특히 뒤늦게 사회주의화가 실행된 남부에서는 최대 곡창지대인 메콩 델타의 농민이 식량과 가축을 태우며 격렬하게 불만을 표출했고, 이런 혼란을 틈타 부유한 상인과 일부 공산당 간부들이 암시장에서 폭리를 취하는 상황이 벌어졌다(Bresford 1988: 107). 제조업 분야에서는 사회주의 이념에 따라 상대적으로 나은 처우를 받았던 노동자가 공개적으로 불만을 표현하는 일은 거의 없었지만 생산성 부족이 문제였다. 구소련과 소비에트 블록에 속했던 동유럽 국가에 주로 의존했던 연료, 원자재, 기계부품의 조달이 원활하지 않아 통일 후 강제수용을 통해 국영화한 공장의 가동률이 30~50퍼센트에 불과했다(Vo Nhan Tri 1988: 82). 이처럼 노동자가 일거리가 없어 노는 시간이 늘어남에 따라 소비재 공급이 원활하게 이루어지지 않았다.

식량과 소비재 부족 그리고 그 귀결점인 살인적 인플레이션은 대다수 "인민Nhan Dan"에게 사회주의 체제로의 이행에 대한 심각한 회의를 불러일으켰다. 절대적으로 부족한 의식주 생산, 특히 먹거리의 부족은 광범위한 지역에 영양실조를 확산시켰으며 공산당 간부의 생활까지 곤궁하게 만들 지경에 이른다. 당시 정부의 고위공무원이었던 한 인사에 따르면 "새벽에 사이공 강가에 나가 새우껍질을 주어서, 비좁은 베란다에 설치해놓은 닭장에 모이를 주어 여기에서 자란 닭으로 부족한 단백질을 보충했으며 [...] 배급식량이 부족하여 다른 집에 방문하는 것도 꺼리던 시절"이었다. 이런 상황에서 "인민"이 취할 수 있는 자구책의 하나가 해외로의 망명이었으며, 1978년 3월부터 1979년 사이에만 50만 명이 조국을 등졌다(필립 랑글레·꽈익 타인 떰 2017: 71~72). 베트남이 사회주의 체제를 사실상 근본적으로 개혁할 수밖에 없었던 가장 큰 이유는 생계기반이 붕괴되면서 통치가 불가능 상황으로 치달은 "배고픔의 정치" 때문이었던 것이다.

같은 맥락에서, 1986년 "도이머이(쇄신)" 정책의 선언으로 상징적인 전환점을 맞게 되는 80년대의 연성개혁은 식량문제를 해결하고 베트남 경제에 활력을 불어넣음으로써 베트남 사회주의 정권의 통치기반을 다지는 계기를 제공하게 된다. 사회주의 체제가 부정하던 사적 생산과 소유를 인정하고 시장경제를 도입함으로써 사회주의 정부가 정당성을 획득하는 역설적 상황이 벌어진 것이다(Nguyen Khac Vien and Huu Ngoc, eds. 1998: 191). 이런 역사적 맥락에서 개혁개방정책이 실행되고 시장경제로의 전환이 이루어짐에 따라 베트남에서 산업화는 곧 빈곤으로부터의 탈출과 생계를 위협받지 않는 최소한의 일자리 창출을 의미했다. 생산관계가 어떤 성격을 갖는지 여부보다 노동시장의 활성화와 생산력의 제고가 산업화의 방향을 결정지었던 것이다.

이런 점만 놓고 볼 때, 베트남의 시장경제 도입은 사회주의 정권을 유지하는 데 필수적이었을 뿐 아니라 "인민"의 경제적 욕구를 어느

그림 2 개혁개방 초기 살아나기 시작한 재래시장

정도 충족시키는 데 성공했다고 평가할 수 있다. 실제로 1980년대 중반부터 조금씩 나아질 기미를 보이던 경제 상황은 외국인투자법이 실행된 1980년대 말에 이르면 쌀을 비롯한 농산물을 수출하고 소비재 공급에 숨통이 트일 만큼 개선되었다. 당서기 레주언Le Duan이 도이머이 바로 직전에 호언한 대로 "10년 안에 모든 가정이 라디오, 냉장고, TV를 가질 수 있을 것"(Vo Nhan Tri 1988: 88)이라는 희망이 싹트기 시작한 것이다.

이와 같은 상황에 고무되어 베트남은 외국인직접투자FDI: Foreign Direct(이하 FDI)를 연료 삼아 경제의 고속성장과 산업화에 박차를 가하게 되었으며 적어도 양적으로는 괄목할 만한 성과를 거두게 된다. 특히 세계무역기구WTO에 가입한 것을 계기로 10년 동안 경제가 평균 6.29퍼센트 성장하고 삼성, LG, 파나소닉, 노키아 등 세계 굴지의 제조업체가 대규모 투자를 단행하면서 세계가치사슬에서 노동집약적인 저가품 생산의 핵심기지로 발돋움한다. 그 결과 도이머이 이전에 불과 100달러에 불과했던 1인당 GNP가 2019년에 3,000달러 선을 통과했다. 또한 1993년에 50.8퍼센트에 이르렀던 빈곤율이 한 자릿수로 떨어졌으며 실업률도 2010년대 들어서서 꾸준히 2~3퍼센트대를 유지하고 있다(Minh Nga 2017). 이런 점만 놓고 볼 때 베트남의 시장경제 도입과 외국자본에 의한 산업화는 일자리를 제공함으로써 절대다수의 노동계급을 빈곤으로부터 해방시킨 것이 분명하다.

하지만 한국 사회가 경험하고 있듯이 자본주의적 산업화는 노동

그림 3 하노이의 고급 아파트 단지와 호치민의 야경

자의 삶과 문화를 송두리째 바꾸며 다양한 부작용을 낳기 마련이다. 우선, 베트남은 다른 개발도상국과 마찬가지로 외자, 특히 FDI에 의존하여 성장하고 있다. 8~10퍼센트에 이르렀던 1990년대 베트남 경제의 고도성장은 150억 달러의 자금을 외부로부터 유치하여 실현 가능했으며, 2009년에 이르자 FDI의 누계가 2,000억 달러에 조금 못 미치는 수준에 도달했다. 이런 추세가 지속되면 베트남 경제는 외부의 투자 없이는 굴러가지 못하는 대외 의존적 성격이 고착화될 것이 자명하다. 실제로 2016년에는 베트남의 수출에서 외자가 차지하는 비율이 70퍼센트를 넘어섰고, 국민소득 대비 수출입 총액의 비율을 의미하는 무역의존도가 2017년에는 무려 193퍼센트에 이르게 된다(박번순 2018: 3). 더욱 심각한 것은 이러한 비율이 줄지 않고 오히려 조금씩 늘고 있다는 점이다. 그 결과 베트남 노동자의 일자리는 외자기업의 성장과 투자지역의 변동에 따라 부침을 겪게 되었다. 이와 같은 종속성 심화는 외자의 투자 의사와 정도에 따라 노동자의 일자리가 언제든지 증발할 수 있는 불안정성을 내포하고 있음이 분명하다.

베트남 사회주의 정부도 이러한 문제의 심각성을 인지하고 있다. 하지만 외자의 도움을 받아 외발자전거처럼 계속 페달을 밟지 않으면 경제기반이 무너질 수 있는 당장의 현실을 더 우려할 수밖에 없는 상황이다. 하여 오히려 더 많은 외자 유치를 목표로 세계 자본주의 체제로의 편입을 가속화하고 있으며 이를 위한 제반 법적, 제도적 장치를 빠르게 갖추어가고 있다. 특히 최근에는 각국과의 자유무역협정FTA 체결을 위하여 국영기업의 민영화, 외국인 지분한도의 폐지, 노동시장의 개혁 등 시장개방과 자본의 자유로운 활동과 연계된 외부의 요구를 대부분 수용하고 있다(이한우·채수홍 2017: 180~181). 그 대가로 외자기업이 주축인 제조업 분야에서 베트남 노동자의 정치적 권리의 약화, 과도한 노동, 고용 불안정성이 점차 두드러지고 있다. 이에 따라 다수의 베트남 노동자는 자신이 생계유지를 위하여 (특히 외국) 자본의 강한 통제와 관리를 견뎌야 하는 노동력이라는 사실을 절감하고 있다.

이와 더불어, 베트남의 시장경제로의 급속한 이행은 산업노동자에게 또 다른 형태의 상실감을 안겨주고 있다. 날로 악화되는 사회경제적 불평등이 그것이다. 경제성장의 과실과 사회경제적 자원을 공산당 간부와 신흥 자본가가 사실상 독점하고 있는 것과 대조적으로, 베트남의 산업노동자는 고된 노동을 지렛대 삼아 열악한 주거환경과 자녀교육에서 벗어나기에도 버거운 상황을 견뎌내고 있다. 설상가상으로, 날로 성장하고 있는 소비시장은 개혁개방 초기에는 구입하기도 힘들었고, 굳이 구비하지 않아도 되는 많은 상품을 생활필수품으로 만들어버렸다. 자전거가 아닌 오토바이, 선풍기가 아닌 에어컨, 아이스박스가 아닌 냉장고, TV, 핸드폰은 이제 수입이 생기면 시급히 구입해야 할 지난한 목록의 일부가 되었다. 이로 인하여 베트남 산업노동자는 상대적 박탈감 때문만이 아니라 고된 노동으로 얻는 수입만으로는 물질적 욕망을 충족할 수 없는 현실에 좌절감을 느끼고 있다.

게다가 우리는 베트남의 산업노동자가 네트워크 사회의 도래와 함께 더욱 진화하고 있는 신자유주의 시대에 살고 있다는 사실을 망각해서는 안 된다. 주지하다시피, 네트워크의 발전을 활용한 신자유주의는 자동화, 소량의 다품종을 중심으로 한 유연한 생산, 국가의 노동-자본 사이의 중재역할 축소 등의 현상만 낳고 있는 것이 아니라 산업과 서비스를 초국적으로 이전하고 분배하고 있다 (Harvey 2005; Ortner 2011). 베트남 산업노동자도 이러한 흐름으로부터 자유로울 수 없는 "연결된connected" 세계에 살고 있다. 이들은 초국적으로 생산되는 관념, 상징, 가치, 물질을 소비하면서 문화적 과잉욕구를 충족할 수 없는 자신의 정치경제적 처지를 고통스럽게 마주 보고 있다.

혹자는 경제성장이 더 이루어지면 소비시장에 걸맞게 가구를 재생산할 수 있도록 적정 임금을 주는 안정된 일자리가 많아져서 이런 문제가 완화될 것이라고 말할지도 모른다. 하지만 거의 모든 자본주의 사회에서와 마찬가지로, 베트남에서 이런 일자리는 고학력에 전문지식과 기술을 갖춘 소수의 노동자에게만 허용되며, 대다수 산업노동자는 질이 떨어지는 노동시장에서 일자리를 찾아야 한다. 그나마 저렴한 임금을 활용하기 위해 베트남에 진출한 외국계 노동집약적 공장은 나은 편이다. 2017년 현재 베트남의 노동시장에서 임금이 법정 최저임금보다 낮고 노동계약을 준수하지 않는 일자리가 33.8퍼센트나 된다(ILSSA and ILO 2018: 15). 이는 기계화와 자동화로 공식 부문formal sector의 일자리가 줄어들고 있고 동시에 부실한 사영기업의 비율이 늘면서 비공식 고용이 증가하고 있기 때문이다. "주식회사화Co phan hoa"의 흐름 속에서 국영기업이 점차 줄어드는 반면, 직업안정성이 떨어지는 사영기업이 점차 늘면서 고용의 질이 악화되고 있는 것이다.

이런 상황에서 산업노동자가 양질의 일자리를 얻고 경제성장에 상응하는 최소한의 소비수준을 충족하며 살아간다는 것은 쉬운 일이 아니다. 베트남의 개혁개방정책은 이처럼 "인민"을 절대적 빈곤으로부터 탈출시키고 산업화를 통해 일자리를 제공하는 괄목할 만한 성과를 이루었지만, 동시에 이 과정에서 자본주의가 잉태하는 불안정성과 박탈감을 안고 살아가야 하는 산업노동자를 양산한 것이다.

4. 사회주의 베트남의 자본주의적 산업화와 노동시장의 변화 과정

개혁개방정책이 시행된 이후 자본주의적 산업화가 베트남 사회를 얼마나 급격하게 변모시켰는지는 산업구조의 변화를 살펴보면 알 수 있다. 도이머이 이전만 해도 농수산업과 같은 1차산업이 베트남 국내총생산의 50퍼센트를 넘었다. 절반이 넘는 인구가 농민, 어부, 산림업자, 광부 등으로 자연자원을 활용하여 생계를 유지했던 것이다. 하지만 시장경제의 도입으로 제조업 중심의 산업화가 활성화되고 이를 바탕으로 서비스업이 점증하면서, 1차산업의 비율은

1988년 44.2퍼센트로 감소하기 시작해, 1998년 25.7퍼센트, 2010년 15퍼센트로 급감하게 된다.

1차산업의 비중 감소는 생산성이 저하되어서 나타난 현상이 아니라 제조업 중심의 산업화와 이에 조응하는 서비스업의 성장에 기인한 것이다. 전체 산업구조에서 농업생산이 차지하는 비율은 현격하게 축소되었지만 이 과정에서 농업생산성은 오히려 증가하여 1990년대에는 생산된 쌀의 8.4~12.8퍼센트를 수출할 수 있게 되었다. 시장경제 도입으로 수요가 급증한 제조업과 서비스업에 인력을 재분배할 수 있었던 것은 이처럼 농수산업의 생산성이 높아진 덕이기도 하다. 높은 생산성을 바탕으로 농수산업의 과잉인구를 줄이고 다른 산업으로 노동력을 공급하는 것이 가능해진 것이다. 그 결과 1990년대 말에 이르면 공업과 서비스 부문이 총생산에서 차지하는 비율이 각각 33퍼센트 내외와 40퍼센트 내외로 증가하게 되며 이후에도 이 비율은 큰 변동 없이 유지되고 있다(이한우·채수홍 2017: 172). 특히 공업 부문은 1986년부터 1998년까지 가치생산이 179퍼센트 증가하여 산업화가 빠르게 진전되고 있음을 보여준다(오상봉 외 2019: 137). 이제 베트남인의 다수가 농민, 어부, 광부가 아니라 공장노동자와 서비스업 종사자로 생계를 유지하게 된 것이다.

위의 양적 통계는 베트남 사회가 근대적 산업화가 시작된 프랑스 인도차이나 식민지 시대로부터, 사회주의를 거쳐, 개혁개방시대에 이르기까지 획기적으로 변화를 거듭해왔음을 보여준다. 식민지 시기인 1930년대에는 총인구 1,900만 명의 절대다수가 농수산업에 종사했으며 근대산업에 고용된 수는 불과 전체 인구의 1퍼센트도 되지 않았다(Fforde and De Vylder 1996: 72~73). 사회주의의 계획경제를 버리고 시장경제를 본격적으로 도입하기 위해 외국인투자법을 시행한 5년 후인 1993년까지도 이 수치는 기대만큼 크게 늘지 않아 열 명 가운데 한 명 정도만 산업 부문에 종사했다. 물론 산술적으로만 보면 식민 시대에 비하여 산업노동 종사자가 열 배로 증가한 것이지만, 이 수치는 개혁개방정책 초기인 1990년대 초까지만 해도 1차산업, 특히 농업 부문의 종사자가 절대적인 비율을 차지하고 있었으며, 소수의 대규모 산업을 국영기업이 독점하고 있는 상태에서 일부 노동자가 수공업과 같은 소규모 산업에 종사하는 데 그쳤다는 것을 시사한다.

이러한 사실에 기반하여 추론해보면, 사회주의 경제체제하에서도 베트남인의 일자리는 근대적 국영산업이 아니라 주로 전근대적인 농수산업, 비공식적으로 운영되는 소규모 제조업, 그리고 자영업에서 만들어졌다. 실제로 사회주의적 개혁에 미련이 남아 있던 1984년까지 국가와 합작사가 상업-유통의 30퍼센트만을 관리하고, 나머지 70퍼센트는 소위 비공식적 영역에서 다루어진 것으로 보고되고 있다(필립 랑글레·쫘익 타인 떰 2017: 91). 이런 상황에서 근대적 국영산업의 고용은 전체 인구의 5퍼센트도 되지 않았을 것으로 추정된다(Fforde and De Vylder 1996: 95). 이는 베트남의 일자리가 1차산업과 소규모 교역에서 주로 만들어졌고, 계획경제보다는 국지적인 비공식 시장 관계를 통해 형성되었다는 것을 의미한다. 추후 설명하겠지만, 개혁개방 이후 급속하게 진행된 산업구조와 노동시장의 개편 역시 역사적으로 형성된 이 같은 구조적 특성을 반영하고 있다.

개혁개방 시대 베트남의 산업구조와 노동시장에 변화를 몰고 온 외적 동인이 앞 절에서 언급한 FDI 기업의 투자라면, 내적 동인은 크게 두 가지이다. 하나는, 국영기업의 해체와 사영기업의 허용으로 축약되는 시장경제의 도입이다. 농업 집산화의 포기와 더불어 국영기업의 해체는 사회주의 경제체제의 근간을 바꾼다는 점에서 중대하고 상징적인 조치였다. 하지만 산업화 과정에서 자연히 비중이 축소될 수밖에 없는 농업 부문과 달리, 국영기업은 규모가 크고 주요 기간산업을 포괄하고 있지만 이들의 해체 과정이 노동시장에 미친 영향은 미미했다. 사회주의 베트남에서 국영기업이 갖는 정치적 중요성 때문에 해체가 기대보다 완만하게 진행되었기 때문이다. 1990년대 초까지 주요 국영기업이 대부분 유지되었고 노동자 수도 약 183만 명에서 174만 명으로 5퍼센트가 감소되었을 뿐이다. 이후 시장논리를 내세우는 외국자본의 압력에 의해 "주식회사화Co phan Hoa, equitization"와 "총공사Tong cong ty, general corporation" 설립을 통한 국영기업의 구조개혁이 시도되지만 2003년 말까지 387개 국영기업에서 1만 5,000명이 퇴직하는 데 그쳤다(Lee Kang Woo 2003: 13).

주목할 점은 2010년대 이후 베트남 정부가 여러 국가 및 지역과 자유무역협정을 체결하기 위해 국영기업의 수를 줄이는 작업에 본격적으로 착수하고 있다는 사실이다. 이런 노력으로 개혁 초기에 1만 2,000여 개였던 국영기업이 2016년에 이르자 3,000여 개까지 대폭 줄어들었다(윤보라 2016). 하지만 주요 기간산업이 대부분 국가가 상당한 지분을 소유하고 있는 사실상의 국영기업인 까닭에 투자 규모와 경제에서 차지하는 비율은 작지 않지만, 실제 민영화되는 국영기업의 경제적 비중과 고용노동자 수는 경제활동인구 5440만이 참여하고 있는 오늘날의 노동시장에 거의 영향을 주지 못하고 있다. 이는 국가가 직접 운영하는 산업이 노동시장에서 차지하고 있는 비중이 크지 않은 베트남 경제의 역사적 특성에 기인한다.

이와는 대조적으로, 사영기업의 빠른 성장은 베트남 노동시장의 변화를 실질적으로 이끌고 있다. 1986년에 최대 9명까지의 사적 고용을 허용하는 시험을 통해 소비재와 무역수출에 모두 긍정적 영향을 미친다는 것을 확인한 사회주의 정부는 1990년대에 들어서서 사영기업을 전면적으로 허용하게 된다. 그 결과 1995년에는 사영기업의 수가 약 2만여 개였지만 2002년부터 3년 동안에만 약 5만 5,000개가 신규로 등록하여 고용 창출에 큰 영향을 미쳤다(오상봉 외 2019: 132). 2006년에 이르면 공산당원까지 민간경제 부문에서 활동할 수 있도록 조치함으로써 사실상 시장경제를 전면적으로 승인하게 되어 사영기업의 노동시장에 대한 영향력이 더욱 커지게 된다. 사영기업이 만개하고 권력층의 참여로 개별 기업의 규모도 빠른 속도로 커지면서 노동시장의 활성화가 진행되고 있는 것이다.

사영기업과 연계하여 성장하고 있는 베트남 노동시장에서 눈여

겨보아야 할 점은 비공식 부문과 이에 의존하는 이중경제의 발전이다. 베트남의 노동시장에서는 국영기업보다 외자기업을 포함한 사영기업이 그리고 공식 부문보다 비공식 부문이 더 크다. 국제노동기구ILO의 통계에 따르면 2014년부터 2016년까지 비공식 부문에서 일하는 노동자의 비중은 약 57~59퍼센트, 공식 부문에서 일하는 노동자는 41~43퍼센트 정도였다(General Statistics Office and International Labor Organization 2018: viii). 특히 대도시인 하노이와 호치민 인근 성에서 일자리를 찾아 도시로 유입되는 노동력은 베트남 노동시장에서 빼놓을 수 없는 주요 구성원이다(Cling, Nguyen, Razafindrakoto and Roubud 2008).

이와 같은, 비공식 부문의 온존은 동남아시아의 대다수 개발도상국에서도 발견되는 현상이지만, 베트남에서는 독특하게도 사회주의에서 시장경제로 이행하는 과정에서 비공식 경제와 결합한 이중경제가 정착되었다. 이는 개혁개방의 과도기에 제조업과 서비스업에 종사하는 전문직이나 중개인broker이 공식 월급만 가지고는 생계를 유지할 수 없어 근무시간에 다른 곳에서 부수입을 구하는 것이 관례로 굳어졌기 때문이다. 국영기업 직원, 공무원, 교수는 물론이고 사영기업의 노동자도 직장 밖에서 서비스 제공이나 상업 활동으로 세금을 내지 않는 수입을 올려 공식과 비공식 부문에 모두 속하는 것이 일반화된 것이다. 물론 세제가 정립되고 임금수준도 오르면서 정도가 약화되고 있지만, 이중경제에 걸쳐 경제활동을 하는 노동 관행은 여전히 베트남 노동시장의 주요한 특성으로 남아 있다.

개혁개방정책의 시행 과정에서, 사영기업의 허용과 함께 베트남 노동시장을 변화시킨 또 하나의 동인은 거주규정의 변화에 따른 이주노동의 활성화이다. 사회주의 베트남에서는 도이머이 이전은 물론이고 2000년대 초까지만 해도, 실질적으로는 여러 편법이 가능했지만, 거주이전의 자유가 제한되어 있었다. 원거주민(KT1), 같은 성·시와 다른 성·시에 영구이주를 허락받은 이주민(KT2 및 KT3), 임시거주만 허락받은 이주민(KT4)으로 나누어 엄격하게 주민의 거주와 이전이 통제되었다(채수홍 2016: 555). 하지만 외자기업을 필두로 한 사영기업의 산업화가 가속화됨에 따라 농촌으로부터 공급되는 인력이 부족하게 되었으며, 이 문제를 해결하기 위해 2006년 "거주법Luat cu tru"을 개정할 수밖에 없었다. 자본주의적 산업화의 길을 활짝 열기 위해서는 자신의 노동력을 상품화할 수 있는 자유로운 노동력이 필수였기 때문이다. 이에 따라 적어도 기업체에서 일을 하면서 거주 자격이 문제되지 않도록 제도를 보완하고 거주법도 점차 유연하게 적용하게 된다.

하지만 이런 법적, 제도적 장치만으로는 자유로운 노동시장을 촉진시키는 데 한계가 있었다. 직장이 있는 곳에 영구거주권이 없어 부동산을 취득할 수 없거나, 자녀를 공립학교에 보내는 데 어려움을 겪는 이주민 노동자가 늘어나고, 이런 생활상의 고충이 이들의 잦은 이직률에 영향을 미친다는 기업의 불만이 지속적으로 제기되었기 때문이다. 이주의 자유만이 아니라 주거의 자유와 권리가 실질적으로 보장되어야만 했던 것이다. 이에 따라 베트남 정부는 2013년에 이주민도 주택을 구입하거나 다른 사람의 호구에 편입하면 상주 자격을 얻을 수 있도록 거주법을 획기적으로 개정하기에 이른다. 베트남의 호구정책이 주민의 관리와 통제보다 산업화와 노동시장의 활성화에 더 중점을 두게 된 것이다.

이와 같은 정치경제적 함의 못지않게 주목해야 하는 점은, 자본주의적 산업화가 촉진시킨 거주이전의 자유가 베트남에 사회문화적 변화를 일으키고 있다는 사실이다. 1990년대 말까지만 해도 베트남의 산업화는 호치민, 동나이Dong Nai, 빈즈엉Binh Duong과 같은 남부 산업지대를 중심으로 이루어졌고, 대다수의 노동력이 가난한 북부와 중부의 농촌에서 공급되었다. 예를 들어, 1995년경부터 새롭게 산업화를 시작한 남부 빈즈엉의 경우에는 2000년대 초까지 최소한 60만 명이 주로 북부와 중부로부터 이주해서 노동력을 제공했다(채수홍 2016: 553). 이로 인하여, 남부의 산업지대에는 원주민과 타他지역 출신 이주민이 섞여 살게 되고, 북부와 중부의 농촌은 가족의 분화와 공동체의 이완을 경험하는 사회문화적 변동이 일어나게 된다.

같은 맥락에서, 2010년대 이후에는 특히 북부를 중심으로 베트남 전 지역으로 산업화가 진행되면서, 남부의 전통적인 산업지대는 남서진하여 메콩 델타로 이전하거나 북진하여 남부에 가까운 중부로 이주하여 노동력을 구해야 하는 상황이 되었다. 북부와 중부의 농촌에서 이주해 오던 노동자가 임금은 좀 낮아도 생활비가 저렴하

그림 4 2000년대 후반 베트남 중부 빈Vinh시의 농업 지역과 신흥 공단

고, 가족관계도 유지할 수 있으며, 인적 네트워크를 활용하여 다른 일거리를 시도해볼 수 있는 고향 인근의 일자리를 선호하는 경향이 두드러지고 있기 때문이다(Luong Van Hy 2018). 예를 들어, 삼성과 LG 등이 대규모 공장을 운영하고 있는 북부의 경우 대부분 인근 성의 농촌에서 노동력을 공급받고 있으며, 빈과 다낭 같은 중부 도시의 산업과 관광지대도 인근의 노동력을 빠르게 흡수하고 있다. 이제 북부와 중부의 농촌 출신 노동자는 낯선 남부까지 내려가 일자리를 구하는 대신, 시간이 나면 고향을 찾아 가족을 돌보는 것이 가능한 몇 시간 거리의 도시나 공업지대에서 노동을 할 수 있게 된 것이다. 이처럼, 사회주의 베트남에서 자본주의적 산업화는 베트남 노동자에게 단순히 일거리만을 제공하고 있는 것이 아니라, 산업의 요구와 이에 조응하는 노동시장의 변화를 촉매로 다양한 사회문화적 변화를 일으키고 있다.[1]

5. 베트남의 자본주의적 산업화에 대한 노동계급의 인식과 대응

사회주의 베트남의 시장경제 도입과 자본주의적 산업화 과정은 "인민"의 절대다수를 구성하고 있는 노동계급을 새로운 의식과 실

1 마찬가지로, 대다수 베트남 노동자가 선망하는 해외 이주 노동이 증가하면서 베트남 고용시장에 다차원적 영향을 주고 있을 뿐 아니라, 초국적인 문화를 경험하는 다양한 주체를 만들고 있다. 이와 관련해서는 채수홍(2007)을 참조하기 바란다.

천의 장으로 끌어들였다. 달리 표현하면, 베트남의 개혁개방정책은 자본주의적 경제체계 아래서, 이전 사회주의 시내와는 다른, 새로운 노동계급을 형성하고 있다. 이들은 자본주의적 자유주의의 원칙하에 운영되는 노동시장에서 일을 구하고, 이전에 경험해보지 못한 노동을 자본주의적 노동조건과 노동과정을 통해 실현한다.[2] 또한 이러한 정치경제적 조건에 맞추어 사회문화적인 삶을 재조정하도록 사실상 강요받는다. 그 결과, 베트남의 노동계급도 산업화에 따른 일의 조건, 과정, 효과가 이전과 매우 다르고, 가치중립적이거나 평등하지도 않다는 것을 경험하고 있다.

베트남의 노동계급은 자신의 삶을 지배하고 있는 이러한 변화에 대하여 어떤 생각을 가지고 있을까? 정부와 공산당이 신봉하는 "이론과 이념 속에서만 그려온" 사회주의나 노동시장에 뛰어들기 전에 농촌에서 경험한 바와 자본주의가 주조하는 삶의 조건에 묶여 있는 자신의 현실적 처지 사이의 간극을 어떻게 받아들이고 있는 것일까? 이들은 시장경제가 자신의 욕망을 더 잘 충족시킬 수 있기에 이러한 변화에 수긍하거나 동의하는 것일까? 아니면 불만을 안고 있지만 정치적 저항을 할 엄두를 내지 못하거나 방법을 모르는 것일까? 이러한 질문은 정치경제적 조건에 따라 사회문화적 삶이 급격하게 변화해온 동남아시아 여느 사회의 노동계급에게나

2 모두가 자신의 노동과 능력을 활용하여 생계를 위한 수입을 얻는 것은 모든 생산양식의 공통점이다. 하지만 우리가 이전에 경험했던 사회주의 공장체제나 전근대적인 가족 등의 사회적 관계에 기초해서 생산이 조직되고 노동이 관리되는 것과 자본주의적 생산양식 내에서 조직이 구성되는 논리와 노동과정은 판이하다. 이 점에 대해서는 아래에서 다시 언급할 것이다.

던질 수 있는 질문이다.

이 질문에 대한 답을 구하기 위해서는 먼저, 자본주의적 산업화와 자유로운 상품에 토대를 둔 노동시장이 일터와 삶터에서 각각 베트남 노동계급에게 어떤 경험을 하게 만드는지 기술할 필요가 있다. 또한 이들이 자신의 경험을 토대로 주어진 조건에 대하여 어떤 대응을 하는지 설명할 필요가 있다. 이하에서는, 필자가 연구해온 다국적 공장에서 일하는 베트남 노동자를 사례로 삼아 간략하게나마 이런 작업을 시도해보겠다.[3]

다국적 공장은 베트남 산업노동자가 상대적으로 선호하는 일터이다. 소수의 대형 국영공장을 제외한다면, 일반적으로 베트남 공장보다 임금수준이 높고, 기술을 습득하고 경력을 쌓아 이직을 할 가능성도 많다고 인식되기 때문이다. 게다가 자본주의의 공장노동에 대한 비판적 견해를 가진 글이 묘사하는 바와는 사뭇 다르게, 대다수 다국적 공장은 환경과 복지가 양호하다. 베트남의 다국적 공장은 대부분 어느 국가와 비견해도 뒤지지 않을 정도로 노동 친화적인 베트남 노동법을 잘 준수하고 있다. 이국異國에서 노동법규를 위반하여 받는 불이익을 염려하기 때문이다. 또한 서구 바이어buyer가 소비자운동을 의식하여 까다롭게 노동조건과 환경을 점검

3 물론, 다국적 공장의 노동자가 베트남 노동계급을 대표할 수는 없다. 노동자의 의식, 경험, 실천은 자신이 공식/비공식 부문, 국영/사영기업, 외국계/베트남계 기업, 업종, 기업 규모, 젠더와 세대 등등에 따라 차별적일 수밖에 없다. 이런 한계에도 불구하고, 필자는 베트남 산업화의 주요 동력인 외국계 노동집약적 공장의 노동자의 경험을 이해하는 것은 베트남의 문화정치의 흐름을 파악하는 데 핵심이며 동시에 다른 성격의 노동계급을 이해하는 데도 시사점을 제공하리라 믿는다.

하는 소위 "컴플라이언스compliance"를 통과해야만 비로소 생산물을 납품할 수 있기 때문이다.

물론 베트남의 다국적 공장이 노동법과 컴플라이언스 규정에 따르지 않고 눈속임으로 무마하는 사항도 있다. 대표적인 것이 일, 주, 월, 년 단위로 제한된 노동시간을 준수하는 것이다. 대다수 공장주와 관리자는 규정대로 총 노동시간을 지킨다면 제품 납기일을 맞출 수 없고 이윤도 낼 수 없다고 주장한다. 베트남 정부와 외국 바이어도 적어도 이 부분에 대해서는 형식적으로 관리할 뿐 사실상 눈을 감아주고 있다. 이런 상황이 가능한 것은 많은 베트남 노동자가 수입을 늘리기 위해 (특히 단가가 높은 주말과 휴일의) 잔업을 선호하기 때문이다. 하여 분쟁이 발생하고 이로 인해 정치적 논란이 일어날 소지가 적다.

베트남의 다국적 공장이 처음부터 노동자의 권리를 보호하기 위한 법과 규정을 잘 지켰던 것은 아니다. 개혁개방 초기에는 노동자의 기본 권리를 무시하고 폭력을 행사하는 사건이 자주 발생하여 사회문제로 공론화되기도 하였다. 하지만 오늘날 베트남의 다국적 공장은 임금과 관련된 분쟁을 제외한다면, 일반적으로 양호한 노동환경과 노동조건을 유지하려고 노력하고 있다. 하여 이에 대한 노동자의 불만은 그리 많지 않은 편이다. 실제로 2000년 중반 이후 베트남에서 발생한 노사분쟁은 거의 대부분 이러한 제반 권리보다는 경제적 이익을 다투면서 발생하고 있다(Do Quynh Chi, Vu Minh Tien, and Vu Thanh Duong 2010: 25~28).

그림 5 베트남 다국적기업의 봉제공장

베트남 노동자가 다국적 공장에서 호소하는 대부분의 고충은 자본과의 "생산관계"보다는 생산현장의 노동과정과 "사회적 관계social relations in production"에서 발생한다. 다국적 "공장레짐"(Burawoy 1985)은 이윤창출을 위한 효율성과 생산성의 논리를 중심으로 노동자의 시간, 정신, 육체를 끊임없이 관리하고 훈육하며, 이 과정에서 노동자는 노동과정에 대한 자율적 통제를 잃고 강제와 억압 속에서 일하고 있는 자신을 대면해야만 한다. 이들은 공장노동에서 가장 힘든 것이 현장관리자의 생산성에 대한 요구와 감시의 눈초리라며 "돈을 벌기 위해 어쩔 수 없이 일할 뿐"이라고 토로한다.

이처럼 베트남 다국적 공장레짐의 작동방식이 억압적이긴 하지만 강제노동과는 결정적으로 다른 점이 있다. 노동과정에서 노동자의 동의가 형성되면서 공장레짐의 헤게모니가 작동한다는 사실이 그것이다. 버러워이(Burawoy 1994: 77~120)가 통찰력 있게 분석한 것처럼 팀이나 동료 간에 벌어지는 생산성 경쟁의 게임에 몰입하다 보면 노동자는 부지불식간에 자본주의 공장레짐의 생산성 논리에 동의하고 관리방식에 협력하게 된다. 공장의 지배적 문화에 동화되어 있는 자신을 발견하게 되는 것이다.

이런 이중적 현실에 대한 모순된 진술이 함축하고 있듯이, 베트남 다국적 공장의 노동자가 자신의 노동과정이 강압과 동의 중 어떤 관료적 유형에 의해 통제되고 관리된다고 느끼는가는 공장 내의 사회적 관계와 상호 소통 여부와 방식에 따라 맥락적이고 유동적이다. 자신이 속한 공장레짐이 위계적 조직으로 구성되고 권위적 문화가 지배하여 의사소통이 어려운지, 아니면 수평적 관계를 토대로 민주적으로 의사결정이 이루어지는지에 따라 노동자가 일에 대해 품게 되는 느낌과 인식이 다를 것이다. 일반적으로 다국적 공장은 외국인 경영진과 관리자가 내면화한 생산성과 효율성의 논리가 압도적으로 지배하면서 조직이 위계적으로 구성되고 노사 간 의사소통이 원활하지 못할 가능성이 많은 레짐이다.

설상가상으로, 대다수 다국적 공장은 외국인 경영진과 매니저가 현지인 노동자와 서로 다른 사회적 관계망 속에서 다른 언어와 문화를 활용하며 사실상 다른 사회문화적 세계에 살고 있어 양자의 거리감이 상당하다. 이로 인하여, 노동자에게 노동은 생계수단일 뿐 다른 사회문화적 성취감의 원천이 되지 못하는 경우가 일반적이다. 이러한 현실은 자본주의적 산업화가 빠르게 진전되고 있는 베트남에서 왜 파업이 일상화되고 특히 다국적 공장에서 더 자주 발생하는지 설명해준다(채수홍 2013: 29~36). 베트남의 개혁개방정책과 자본주의적 산업화는 이처럼 공장노동자가 삶에서 노동과 행복하게 조우하기 힘든 상황을 연출하고 있다.

베트남의 공장노동자의 삶터에서의 일상도 일터에서와 마찬가지로 녹록하지 않다. 우선, 노동을 통해 가구를 재생산하는 것부터 점차 힘들어지고 있다. 오늘날 하노이나 호치민 같은 베트남 대도시에 가면 나날이 늘어나는 현대적 고층건물과 부유층의 소비양태에서 경제성장의 효과를 절감할 수 있다. “그렇게 가난하던 나라가 이렇게 변하다니.”라는 감탄사를 내뱉을 수 있다. 하지만 이런 현실은 공단지대 노동자에게 상실감을 안겨주는 먼 세상의 이야기일 뿐이다. 이들은 자본주의적 경제발전이 진척될수록 가구와 가족을 경제적으로 재생산하기 힘들어지는 역설적 상황에 놓여 있기 때문이다.

필자가 1990년대 말부터 다국적 공장의 노동자를 면담한 자료를 바탕으로 분석해보면(표 1 참조), 2000년도에는 평균임금이 약 100만 동에 불과했지만, 공장지대에 사는 4인 가구의 생활비는 1,500~2,500만 동에 불과했다. 따라서 부부가 모두 공장노동을 하면 아이 둘을 기르면서 생계를 유지할 수 있었다. 하지만 2000년도 중후반에 이르면 평균임금은 1,500~2,500만 동으로 올랐지만 4인 가구를 재생산하기 위해서는 최소한 400~600만 동이 필요하다. 부부가 함께 일을 해도 두 자녀를 기르는 것이 가능하지 않아, 부부 중 한 명이 평균보다 높은 직급으로 승진하거나 다른 상업활동을 통해 부수입을 가지지 않은 한, 자녀를 하나로 줄여야 했다. 설상가상으로, 한국 사회에서도 목격되듯이, 2010년대 중반부터는 부부가 함께 일해도 공장노동만으로는 한 명의 자녀도 유지하기 힘들어 결혼을 미루거나 다른 사회적 관계를 활용하여 자녀를 양육하는 방식이 일반화되고 있다(이상봉 외 2019: 147).

이처럼 점진적으로 악화되고 있는 생계조건의 변화에 대응하기 위하여 다국적 공장의 (특히 농촌에서 이주한) 노동자는 결혼을 하고 나면 자녀 양육과 가구의 경제적 재생산을 위해 다양한 전략을 사용해야만 한다. 예를 들어, 이들은 "냐쪼Nha Tro(월세방)"에 형성된 공

표 1 공장노동자 평균 월수입 및 생활비

(단위: 백만 동, 환율 1USD=23,211VND)

	2000	2007	2009	2011	2014	2018
평균임금	1	1.5~2.5	2~2.5	3.5~4.5	4.5~5	7~8
4인 가구 생활비	1.5~2.5	4~5	5~6	9~12	12~14	24~32

주 1 필자의 인터뷰 자료에 근거

주 2 평균임금은 잔업을 포함한 것임.

동거주지에서 살며 고향의 모친을 모셔 오거나 기혼 노동자가 협력하여 공동양육을 실행하고 있다. 3~4명이 공유하는 6~9제곱미터 정도의 작은 방이 일렬로 서 있는 "냐쪼"에 살면서 주거비용을 최대한 절약하고, 누군가의 모친의 도움을 얻고 주야간 근무시간을 조정해 여러 명의 아이를 함께 돌보는 전략을 실행하고 있는 것이다.

이런 공동육아 방식이 마음에 들지 않는 이주노동자는 북부, 중부, 남부 메콩 델타의 농촌에 있는 부모에게 양육비를 보내고 자녀를 맡기고 휴가를 이용해서 고향을 방문하여 가족을 상봉하는 전략을 사용하고 있다. 하지만 고된 노동과 생활물가에 비하여 박한 수입 때문에 고향에 돈을 보내고 나면 저축할 여력이 거의 없어 매년 "구정Tet"에 귀향하는 것도 그리 쉽지 않은 것이 현실이다. 게다가 북부에서 남부로 온 이주노동자는 비싼 비행기를 타지 못하면 이틀 정도 버스를 타고 고향에 가는 고된 여정도 감수해야 한다. 지금은 "잘로zalo" 같은 채팅앱이 발전해 핸드폰을 이용해 고향의 가족이나 자녀와 화상통화를 할 수 있게 되었지만 여전히 이주노동자

그림 6 노동자 월세방 냐쪼의 모습과 이곳에서 아이를 돌보는 모습

가 고향을 떠나 자녀를 갖는다는 것은 일시적이지만 가족의 분리를 감수해야 하는 어려운 결정이다.

이런 이유 때문에 오랜 기간 타지에서 일하면서 어느 정도 사회경제적으로 자리를 잡은 운과 능력을 모두 갖춘 노동자가 아니라면, 2010년대 이후 산업공단이 전국적으로 확산되는 것을 계기로 자신의 고향 근처에서 일자리를 구하려는 움직임을 보이고 있다(Luong Van Hy 2018). 하지만 이와 같은 노동시장의 지역적 변화가 공장노동자의 공동체와 가족의 해체를 막는 데 얼마나 도움이 될지는 의문이다. 다국적 공단이 어느 곳에 자리를 잡건 값싼 노동력을 최대한 활용하여 가능한 한 이윤을 많이 남기려는 의도에는 변함이 없을 것이고, 노동자 가구의 경제적 재생산 조건은 여전히 이들로 하여금 자신이 향유하던 사회적 관계와 문화를 새로운 환경에 맞게 변용하도록 강제할 것이기 때문이다. 실제로 최근 산업화가 집중되고 있는 북부에서는 산악지대 소수민족과 농촌 주민들이 인근 대도시에서 공장노동을 하면서 역설적으로 자신이 부양하려던 공동체와 가족의 해체와 변화를 경험하고 있다.

이상에서 살펴본 것처럼, 베트남의 자본주의적 산업화는 베트남 사회, 특히 노동자의 삶에 커다란 변화를 몰고 온 촉매제가 되고 있다. 이제 베트남 노동계급은 일터와 삶터에서 이전과 다른 정치경제적 조건 아래 다른 사회문화적 삶을 영위하고 있다. 보다 정확히 말하면, 베트남 사회는 불균등하게 자본주의적 산업화에 의한 경제성장의 과실을 누리는 대가로 일터와 삶터에서 새롭고 힘든 경험을 감내하고 있다.

6. 자본주의적 산업화와 문화, 이데올로기, 그리고 헤게모니

베트남의 경제발전과 산업화는 베트남인으로 하여금 새로운 정치경제적 조건 아래서 새로운 사회문화적 삶을 경험하게 만들고 있다. 오늘날 베트남에는 오랜 역사적 과정에서 "전통적으로" 축적된 관습, 종교적 관념, 이념만으로 설명할 수 없는 새로운 세계관과 행동양식을 내면화한 구성원이 서로 타협·경합하며 살아가고 있는 것이다. 이러한 현상을 비판적으로 성찰하기 위해서는 사회주의 베트남의 개혁개방정책이 남긴 긍정적, 부정적 효과를 평가하는 작업이 선행되어야 할 것이다.

베트남의 자본주의적 경제발전과 산업화는 "인민"을 기근으로부터 해방시키고 이들의 물질적 욕망을 충족시킬 수 있는 소비시장을 꽃피우고 있다. 또한 베트남인이 고립에서 벗어나 "시공간 압축 time and space compression"(Harvey 1990) 기술과 세계생산체계 global production system의 고도화로 활성화되고 있는 초국적 생산과 소비의 네트워크에 동참할 수 있도록 만들어주고 있다. 타국의 소비자를 위해 나이키 신발을 생산하고, 샤넬 화장품을 소비하고, BTS의 아미 A.R.M.Y.가 되어 열광하고, SNS로 해외에 나간 친지와 소통할 수 있게 된 것이다.

하지만 베트남에서 이러한 욕망이 허락되는 자는 극소수일 뿐이다. 대다수 노동계급에게 이러한 욕망은 꿈꾸는 것조차 사치스럽다. 이들은 잉여노동을 "산업예비군the reserved army of unemployed"으로 축적해놓아야만 하는 불안정한 자본주의 노동시장에서 "자발적"으로 저렴하고 유연한 노동력이 되기 위해 급급할 수밖에 없다. 또한 다양한 욕망을 충족하기 위하여 잔업을 선호하고 강도 높은 노동과정을 감수함에도 불구하고, 가족과 가구를 재생산하는 것이 점점 버거워지는 현실을 마주해야만 한다. 이런 상황에 적응하기 위해 기존의 사회적 관계와 문화적 관행을 변용해보지만 일터와 삶터의 현실은 날로 팍팍해지고 있다. 오늘날 외국자본의 투자와 노동집약적 산업화의 소용돌이 속에 있는 대다수 동남아시아 국가에서 목격할 수 있듯이, 베트남의 노동계급은 새로운 정치경제적 조건이 만든 세상에 적응하기 위해 힘든 일상을 살아내고 있다.

베트남의 노동계급도 자신이 경험하고 있는 이러한 현실이 자본주의적 산업화의 부정적 효과라는 점을 최소한 부분적으로라도 "간파penetration"(Willis 1977)하고 있다. 그 결과, 일터와 삶터에서 새로운 비판적 언어와 저항의식을 함축한 행위로 자신의 불만을 일상적으로 표출한다. 강압적 노동에 항의하고 생계비를 확보하기 위해 파업을 벌일 뿐 아니라 환경권, 재산권, 자유권 등을 침해하는 사건을 활용하여 국가와 자본에 항의하는 대열에 동참하기도 한다. 하지만 이들의 항의는 자본주의적 산업화에 대한 근본적 비판을 표출하지 못한 채, 개인의 이익을 조금이라도 더 개선해보겠다는 한정된 목적에 머물며 국가공권력과 타협하기 십상이다.

베트남 노동계급의 이와 같은 정치의식과 실천을 이해하기 위해서는 문화, 이데올로기, 헤게모니가 권력과 관계 맺는 차별적 양식에 주목할 필요가 있다(Comaroff 2001: 205~207). 혹자는 인간의 가치, 상징, 관념, 규범으로 구성되는 문화를 권력관계 속에서 면밀히 살펴보면 결국 지배집단과 피지배집단의 이데올로기로 나누어질 수밖에 없다고 주장할 수 있다. 하지만 우리의 의식과 행위를 지배하는 문화가 반드시 정치적인 성격을 지닐 필요, 즉 권력과의 관계 속에서만 고려될 필연성은 없다. 문화란 정치적 의식이나 행위를 명시적으로 유발할 수 있는 것과 그렇지 않은 것을 모두 포함하고 있기 때문이다. 하지만 명시적으로 정치적 목적을 드러내지 않거나 의도는 정치 중립적이라고 해도, 그 효과는 완전히 탈정치적일 수 없다. 연애를 하고, 교회에 가고, 스포츠를 즐기는 것을 반드시 정치에 환원해 설명할 필요는 없지만, 이러한 활동의 정치적 효과는 가늠해볼 수 있는 것이다. 인간은 지배이데올로기를 수용할 때만이 아니라 다양한 세계관을 내재화하고 실천하는 과정에서 부지불식간에 저항의식을 잃을 수 있는 것이다. 이것이 그람시(Gramsci 1973)의 헤게모니의 개념이 담고 있는 함의이다. 경제발전과 산업화에 대한 베트남의 노동계급의 인식과 실천은 이와 같이 복잡한 문화, 이데올로기, 헤게모니의 관계와 유동적인 문화정치의 맥락 속에서 이해되어야 하는 어려운 과제가 아닐 수 없다.

베트남의 산업화 사례가 시사하고 있는 것처럼, 동남아시아의

그림 7 다국적 공장의 파업과 환경문제에 항의하는 시위대

대다수 국가는 적어도 1980년대 중반 이후부터 "국제노동분업 international division of labor"(Frobel, Heinrichs and Kreye 1980)을 실현하려는 세계생산체계에 편입되어 저가 상품을 생산하는 주요 거점으로 성장해왔다. 이와 더불어, 네트워크 사회의 도래와 후기자본주의 소비시장의 성장은 이런 흐름을 더욱 가속화하고 있다. 이와 같은 정치경제적 변화는 한편으로 동남아시아인을 세계와 연결하며 문화 변동을 이끌어내고 있다. 다른 한편으로, 자본주의적 노동시장에서 일자리를 구하여 생계를 유지하는 노동계급을 형성하며 이들의 사회적 관계를 재조직하고 세계관을 바꾸고 있다. 오늘날 동남아시아인의 삶과 문화는 변화하지 않은 전통이라는 고정관념 속에서가 아니라 이처럼 부단히 변화하는 정치경제적 현실 속에서 이해될 필요가 있다.

가바리노. 1994. 한경구·임봉길 옮김. 『문화인류학의 역사: 사회사상에서 문화의 과학에 이르기까지』. 서울: 일조각.

박번순. 2018. "신남방지역으로서 아세안과 경제협력 방안". 2018 신흥지역연구 통합학술대회발표문.

오상봉 외 5인. 2019. 『개혁개방기의 북한의 노동시장과 경제협력』. 한국노동연구원.

윤보라. 2016. "베트남, 국영기업 외국인 지분제한 완화." KOTRA 해외시장뉴스. 2016. 6. 23. (2020. 10. 13. 검색) http://news.kotra.or.kr/user/globalBbs/kotranews/6/ globalBbsDataView.do?dataIdx=150595&setIdx=322

이한우. 2011. 『베트남 경제개혁의 정치경제』. 서울: 서강대학교출판부.

이한우·채수홍. 2017. "베트남 2016: 정치, 경제, 대외관계의 현황과 전망". 『동남아시아연구』 27(1): 163~191.

채수홍. 2003. "호치민시 다국적 공장의 정치과정에 관한 연구". 『한국문화인류학』 36(2): 143~182.

______. 2007. "귀환 베트남 이주노동자의 삶과 동아시아 인적 교류". 『비교문화연구』 13(2): 5~39.

______. 2013. "베트남 살쾡이 파업의 양상과 원인: 남부 빈즈엉(Binh Duong)을 중심으로". 『동남아시아연구』 23(3): 1~48.

______. 2016. "산업화의 역사, 사회경제적 분화, 그리고 노동자의 저항: 베트남 남부 빈즈엉 성의 민족지 사례". 『비교문화연구』 22(1): 541~583.

______. 2019. "일의 역사적 변화와 정치: 통제, 저항, 헤게모니". 『지식의 지평』 26: 1~16.

필립 랑글레·꽈익 타인 떰. 2017. 윤대영 옮김. 『베트남 현대사: 통일에서 신공산주의로 1975-2001』. 과천: 진인진.

ASEAN-JAPAN CENTER. 2019. "Global Value Chains in ASEAN-January 2019". ASEAN-JAPAN CENTER Report.

Braverman, Harry. 1974. *Labor and Monopoly Capital: The Degradation of Work in the Twentieth Century*. New York: Monthly Review Press.

Bresford, Melanie. 1988. "Issues in Economic Unification: Overcoming the Legacy of Separation in Postwar Vietnam". D.G. Marr and C.P. White (eds.). *Dilemmas in Socialist Vietnam*. Ithaca: Cornell University Southeast Asia Program. pp. 95~110.

Burawoy, Michael. 1979. *Manufacturing Consent*. Chicago: Universty of Chicago Press.

Burawoy, Michael. 1985. *The Politics of Production: Factory Regimes Under Capitalism and Socialism*. London: Verso.

Castells, Manuel. 1996. *The Rise of the Network Society: Volume I, The Information Age: Economy, Society and Culture*. Oxford: Blackwell Publishers.

Cling, Jean-Pierre. Nguyễn, Hũu Chí. Razafindrakoto, Mireille. Roubaud, François. 2012. "Urbanization and access to labour market in Vietnam: Weight and characteristics of the informal sector". *Trends of urbanization and suburbanization in Southeast Asia*. Ho Chi Minh city: General Publishing House.

Comaroff, Jhon. 2001. Of Revelation and Revolution. In J. Vincent. (ed.). *The Anthropology of Politics: A Reader in Ethnography, Theory and Critiques*. Malden. MA.: Blackwell.

Comaroff, Jean and Comaroff, John L. 2001. "Millennial Capitalism: First Thoughts on a Second Coming". Jean Comaroff and John Comaroff (eds.). *Millennial Capitalism and the Culture of Neoliberalism*. Durham: Duke University Press. pp. 1~56.

Fforde, Adam and De Vylder, Stephen. 1996. *From Plan to Market: The Economic Transition in Vietnam*. Boulder, Colo: Westview Press.

Frobel, Foker, Jurgen Heinrichs and Otto Kreye. 1980. *The New International Division of Labor: Structural Unemployment in Industrial Countries and Industrialization in Developing Countries*. Cambridge: Cambridge University press.

Gates, Carolyn L. and Truong, David H. D. 1996. "Development Strategy and Trade and Investment Policies for Structural Change". Irene Norlund, Carolyn L. Gates and Cao Dam Vu (eds.). *Vietnam in a Changing World*. Richmond: Curzon Press, pp. 85~108.

General Statistics Office and International Labor Organization. 2018. *2016 Report on Informal Employment In Vietnam*. Ha Noi: Hung Duc Publishing Office.

Goulder, Alvin W. 1954. *Patterns of Industrial Bureaucracy*. New York: The Free Press of Glencoe.

Gramsci, Antonio. 1973. Selections from Prison Notebooks of Antonio Gramsci. In Q. Hoare and G.N. Smith. (eds. and trans.). New York: International Publishers.

Harvey, David. 1990. *The Condition of Postmodernity*. London: Veley-Blackwell.

Harvey, David. 2005. *A Brief History of Neoliberalism*. New York: Oxford University Press.

Hunnicutt, B. 2006. "The History of Western Leisure." C. Rojek, S.M. Shaw, and A.J. Veal (eds.). *A Handbook of Leisure Studies*. London: Palgrave Macmillan. pp. 55~74.

ILSSA and ILO. 2018. *Labor and Social Trends in Viet Nam 2012-2017*. Hanoi: Institute of Labor Science and Social Affairs and International Labor Organization.

Le, Hong Ha. 1995. "Labour and Employment in Transition to a Market Economy in the 1990s". Irene Norlund, Carolyn L. Gates and Cao Dam Vu (eds.). *Vietnam in a Changing World*. Richmond: Curzon Press, pp. 207~218.

Lee, Kang Woo. 2003. Quà trình dôi mói doanh nghièp nhà nuóc ò viêt nam 1986-2000 [베트남 국영기업의 쇄신과정]. Ha Noi: Nxb Dai hoc Quoc gia Ha noi.

Luong, Van Hy. 2018. "The Changing Configuration of Rural-Urban Migration and Remittance Flows in Vietnam". *Journal of Social Issues in Southeast Asia* 33(3): 602~646

Nga, Minh. 2017. "Vietnam's economy grows 6.8% in 2017, hitting 10 years high". *Dataspeaks* December 27.

Nguyen, Khac Vien and Ngoc, Huu. (eds.). 1998. *From Saigon to Ho Chi Minh City: A Path of 300 Years*. Ho Chi Minh City: The Gioi Publishers.

Ortner, Sherry. 2011. "On Neoliberalism". *Anthropology of the Century: Current Issue1*. http://aotcpress.com/articles/neoliberalism/ (2020. 10. 13. 검색)

Stebbins, Robert A. 1982. "Serious leisure: A conceptual statement." *The Pacific Sociological Review* 25(2): 251~272.

Tri, Nhan. 1988. "Party Policies and Economic Performance: The Second and Third Five-Year Plans Examined." D. G. Marr and C. P. White (eds.). *Postwar Vietnam: Dilemmas in Socialist Vietnam*. Ithaca: Cornell University Southeast Asia Program. pp. 77~90.

Weber, Max. 1930. *The Protestant Ethic and the Spirit of Capitalism*. London: Allen & Unwin.

Willis, Paul. 1977. *Learning to Labor*. Aldessho: Grover.

Yi, Jeong Duk. 2003. "What is Korean Culture Anyway". *Korea Journal* 43(1): 58~82.

4장

인도네시아의 언어 이야기

말레이어와 자바어를 중심으로

강윤희

1. “수다 만디?”: 언어의 친교적 기능

박사학위 논문 작성을 위해 인도네시아 수마뜨라에 있는 리아우 지역에 머물렀을 때의 일이다(그림 1 참조). 당시 나는 리아우의 주도인 빼깐바루Pekan Baru에서 한 말레이 가족과 머무르고 있었다. 아침밥을 먹기 위해 식탁으로 가니 식사를 준비하던 이부Ibu(인도네시아에서 여성 성인을 부르는 명칭, 어머니 또는 아주머니의 뜻으로 번역될 수 있다.)가 나에게 상냥한 미소로 “수다 만디?Sudah mandi?”라고 물어보았다. 이 말은 한국어로 번역하자면 “목욕했니?”에 해당하는 것이다. 언어의 주된 기능을 정보의 전달이라고 한다면, 내게 아침을 준비해주시던 이부는 정말 내가 목욕을 했는지에 대한 정보를 구하고 있는 것이었을까? 만약 인도네시아의 문화에 익숙하지 않은 사람이라면 “수다 만디?”라고 묻는 인도네시아 사람들에 대해 “참 별게 다 궁금하다.”라고 생각할 수도 있을 것이다.

이 글에서 나는 인도네시아의 언어를 인류학적 관점에서 연구했던 경험을 바탕으로 인도네시아 사회와 언어에 대한 이야기를 하려고 한다. 구체적인 사례로는 리아우 지역의 말레이Malay 사람들과 쁘딸랑안Petalangan 사람들의 언어 사용에 대한 것을 살펴보고, 또한 자바어Bahasa Jawa를 중심으로 인도네시아 사회에서 일반적으로 유통되는 언어에 대한 인식과 가치, 그리고 그 변화를 살펴볼 것이다. 여기서 내가 이야기하고자 하는 “언어”란, 언어학에서 보는 언어와는 관점이 다르다. 언어학에서는 언어를 하나의 완결되고 고정된 체계

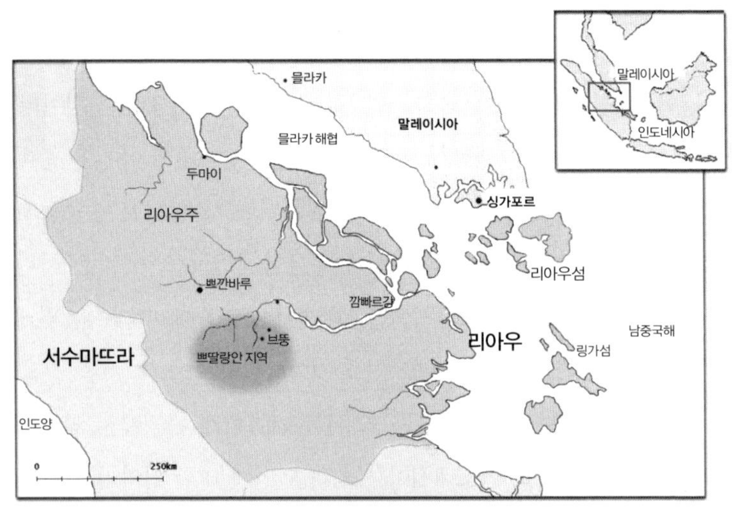

그림 1 인도네시아 리아우 지역과 주도인 쁘깐바루, 그리고 쁘딸랑안 사람들이 주로 거주했던 깜빠르Kampar강 내륙과 브뚱Betung마을

로 보며, 언어의 각 요소는 문법적 규칙에 의해서 결합되는 것이라고 설명한다. 따라서 어떤 언어를 사용할 수 있다는 것은 그 언어에 대한 문법적 지식을 알고 있다면 가능하다. 하지만 인류학에서 보는 언어는 문화의 한 부분이다. 특정 언어의 사용은 그 언어에 대한 문법적 지식 이외에 그 언어 사용이 특정 청자와 화자 사이의 관계와 상황에서 적절한 것인지를 판단할 수 있는 문화적 지식이 있어야 가능하다. 예를 들어 한국 사회에서 한 어린이가 성인에게 "이름이 뭐야?"라고 물어본다면, 그것은 문법적으로 옳은 문장이지만, 한국 사회에서는 적절하지 않은 말하기가 된다. 연장자에게 존댓말을 써야 한다는 언어 사용에 대한 관습적인 규칙에서 어긋났기 때문이다. 이처럼 한 사회의 성원들과 언어로 의사소통하기 위해서는 문법에 대한 지식뿐만 아니라, 그 언어 사용의 사회적 적절성에 대한 지식까지 포함하는 의사소통 능력을 지니고 있어야 한다.

앞서 말했던 장면으로 돌아가자. 나에게 "목욕했니?"라고 물어보는 이부는 내가 목욕했는지의 여부가 궁금한 것은 아니다. 인도네시아 사회에서 "수다 만디?"라는 의문문의 사용은 비격식적인 상황에서 상대방과의 친근감을 나타내기 위한 인사말의 기능을 하기 때문이다. 또한 이러한 질문은 공적인 상황이 아닌, 사적인 상황에서만 가능하다. 직장 상사나, 길에서 마주친 낯선 사람들이라면 "수다 만디?"라는 질문을 서로 하지 못할 것이다. 이와 같이 성공적인 의사소통을 위해서는 특정 언어의 문법과 특정 낱말의 뜻이 가리키는 지시적 의미를 알고 있다는 것 이상의 것이 필요하다. 언어는 사전에서 찾을 수 있는 글자 그대로의 지시적 의미 외의 것들을 동시에 전달할 수 있으며, 따라서 단순한 정보 전달 기능 이외에 여러 가지 기능을 수행할 수 있다. 그중 하나가 바로 언어의 친교적 기능phatic communion이다.

언어의 친교적 기능이란, 특정 언어의 사용을 통해 그 내용이나 형식과는 상관없이 상호작용 관계에 있는 화자와 청자가 서로의 관계를 우호적으로 만들고 확인하는 기능이다. 직장에서 만난 동료에게 "식사하셨어요?"라고 묻는다거나, 오랜만에 만난 친구에게 "얼굴 좋아졌네."라고 말하는 것이 바로 친교적 기능에 속한다. 이러한 말들은 상대방에게 정보를 요청한다거나, 어떤 사실을 반영하고 설명하려는 것이 아니다. 다만 청자에게 화자의 친근감과 관심을 표현하는 기능을 한다.

이처럼 특정 언어와 그 언어의 사용은 단순한 문법적 지식의 차원에서 이루어지는 것이 아니다. 언어는 여러 가지 사회적 기능, 특히 사람들 간의 관계를 형성하는 친교적 기능을 하고 있다. 인도네시아 사람들의 "목욕했니?"라는 질문은 우리가 친구들에게 "밥 먹었니?"라고 묻는 것과 비슷하다.[1] 인도네시아어의 "목욕했니?"와 한국어의 "밥 먹었니?"는 서로 내용은 다르지만, 대화 참여자의 사회적 관계를 확인하고 친밀감을 표현하는 기능에 있어서는 서로 동일한 것이다.

---

1 물론 인도네시아 사람들도 "밥 먹었니?"에 해당하는 "수다 마깐?"이라는 질문을 인사말로 사용하기도 한다.

그렇다면 인도네시아에서는 왜 "목욕했니?"가 인사말이 되었을까? 내가 머물던 리아우 지역은 적도가 지나가는 곳으로 연중 평균 온도가 섭씨 34도를 기록하는 곳이다. 종종 스콜이라는 열대성 소나기가 내려 뜨거운 기온을 식혀주기도 하지만, 인도네시아의 다른 지역과 마찬가지로 1년 내내 덥다. 열대기후라는 생태적 특징은 인도네시아 사람들에게 "아침 목욕mandi pagi"과 "오후 목욕mandi sore"을 일상으로 만들었다. 이러한 환경적 특징 속에서 "목욕했니?"라는 질문은 보통 아침과 저녁의 인사말로 적절하다는 사실도 점차 알게 되었다. 생태환경과 언어의 관련성은 다음 절에서 좀 더 얘기해 보도록 하겠다.

2. "모기 잡아, 모기 잡아": 생태환경과 언어

미국 인류학의 아버지라고 불리는 프란츠 보아스Franz Boas는 에스키모[2] 사람들이 사용하는 눈의 어휘가 다른 사회와 비교했을 때 훨씬 더 정교하게 발달되어 있는 것을 지적했다. 에스키모 사회에서 눈은 이들에게 중요한 생태적 환경이므로, 그것을 분류하는 방법과 어휘가 더욱 세분화되어 발전했다는 것이다(Boas 1911). 물론 이러한

2 여기서 에스키모Eskimo 사람들은 알래스카 지역의 원주민인 이누이트Inuit와 유픽Yupik 사람들을 가리키는 명칭으로서, 최근에는 이 명칭이 원주민들을 비하하는 뜻을 가지고 있다고 하여 이누이트라고 바꾸어 쓰는 경향이 있다. 하지만 이 글에서는 보아스가 사용했던 원 명칭에 따라서 에스키모라는 이름을 그대로 사용하기로 하겠다.

보아스의 주장은 그가 에스키모 원주민들의 단어를 형성하는 어근과 접사 등에 대한 문법적 지식에 무지했기 때문에 같은 어근에 의한 변형어도 모두 독립된 단어로 간주했던 결과라고 반박되기도 했다(Pullnam 1989). 하지만 대체로 특정 사회에서 나타나는 세분화된 분류와 명칭은 해당 사회 성원들에게 문화적으로 중요한 영역을 반영한다는 것은 부정할 수 없는 사실이다. 쉬운 예로 영어의 rice에 해당하는 한국어에는 밥, 쌀, 벼 등 다양한 어휘가 대응될 수 있다는 것을 생각해보자. 이는 한국인들에게 주식이 되는 쌀은 문화적으로 중요하며, 따라서 그 명칭이 더욱 세분화되었다고 설명할 수 있다. 마찬가지로 한국어에서 나타나는 다양한 색채 표현 역시 한국의 사계절에 따른 자연의 변화가 반영된 것이라고 볼 수 있다.

인도네시아어에서도 특히 세분화된 어휘의 분류를 볼 수 있는 것은 이들이 생활하는 자연환경의 영향을 받는 경우가 많다.[3] 내가 조사했던 쁘딸랑안[4] 사람들은 리아우의 깜빠르강 유역의 내륙에 위치한 고립부족이다. 이들이 머무르는 깜빠르 내륙지역은 울창한

---

3 자바어의 경우에는 인도네시아어 어휘보다 훨씬 세분화된 어휘 목록을 발견할 수 있다. 예를 들어 코코넛 열매와 관련된 어휘, 동물과 그 새끼를 지칭하는 어휘, 신체의 털을 지칭하는 어휘들이 그것이다. 자세한 내용은 김형준(2012) 참조.

4 쁘딸랑안은 오랑 딸랑Orang Talang이라고도 불리며, "대나무 사람들"이라는 뜻이다. 현지조사를 했던 1999년 당시 쁘깐바루의 말레이 친구들은 쁘딸랑안 사람들에 대해 알지 못했다. 내가 "쁘딸랑안"이라고 하면, "쁘달라만Pedalaman"이라고 알아듣고는 했다. 쁘달라만은 글자 그대로 "안에 있는 사람들orang dalam"로서, 다른 사회와의 접촉이 거의 없고, 열대의 정글 속에 고립되어 있는 사람들을 가리킨다. 현지조사 당시 인도네시아 정부에서는 각 주마다 공식적인 "고립부족Suku Terasing"을 지정했는데, 쁘딸랑안은 그러한 국가의 분류 내에도 들어가지 못한 존재였다. 따라서 쁘딸랑안 사람들은 공식적인 고립부족의 범주에도 들어가지 못하고, 도시의 말레이 사람들에게도 인식되지 못하는, 이중으로 주변화된 사람들이라고 할 수 있다.

숲으로 둘러싸여 있다. 이들에게 숲은 생계 경제를 가능하게 하는 삶의 터전이며, 동시에 많은 동물들이 함께 지내는 곳이기도 하다. 쁘딸랑안 사람들이 살고 있는 브뚱에서 현지조사를 할 때, 나는 쁘딸랑안 부족의 부족장인 무니르Pak Munir 씨 댁에 머물고 있었다. 무니르 씨 댁에는 그 가족이 숲속에서 잡아와서 키우는 애완용 원숭이가 한 마리 있었다. 나는 원숭이에 해당하는 인도네시아 단어는 모녯monyet이라고 알고 있었기 때문에, 그 원숭이를 모녯이라고 불렀다. 그러자 마을 사람들은 아니라고 했다. "모녯이 아니야. 얘는 웅꼬ungko야." 왜냐하면 모녯은 꼬리가 긴데, 웅꼬는 꼬리가 짧기 때문이다. 이 밖에도 여러 가지 원숭이에 대한 세분화된 명칭이 있었는데, 이는 어쩌면 당연한 것인지도 모른다. 왜냐하면 쁘딸랑안 사람들이 깜빠르 숲속에서 일상적으로 만나는 원숭이들은 실제로 서로 생김새가 다른, 다른 종류의 원숭이들이기 때문이다.

생태적 환경이 세분화된 어휘에 반영되어 있는 또 한 가지의 예로는 바나나가 있다. 나에게(또 어쩌면 한국 사람들에게) 일종의 원형prototype으로서의 색깔이 노랗고 길이가 긴 바나나는 인도네시아에서는 피상 암본Pisang Ambon(암본 바나나)에 해당된다. 내가 머물렀던 브뚱과 쁘깐바루에는 이 외에도 여러 가지 바나나가 있었고, 이들은 각기 다른 이름으로 불렸다. 예를 들어 피상 마스Pisang mas(금 바나나)는 새끼손가락만 한 노란색 바나나였고, 피상 바투Pisang batu(돌 바나나)는 이름이 의미하는 것처럼 딱딱하고 돌 같아서 생식하기 어려운 바나나의 종류였다. 피상 고렝Pisang goreng(바나나 튀김)으로 먹어본 돌 바나나의 맛은 오히려 새콤한 맛이 약간 나는 고구마에 가까웠다.

또한 바나나의 명칭과 관련해 신기했던 것은 "바나나 심장jantung pisang"이라는 명칭이다. 바나나 심장이란 바나나의 꽃을 말한다. 우리가 껍질을 까서 먹는 부위인 노란색 바나나 열매 외의 다른 부분(꽃, 잎, 줄기 등)은 본 적이 없던 나에게 바나나 꽃이나 바나나 잎마저도 무척 낯설었다. 그런데 바나나 심장이라니! 그 어휘는 무척 낯설다 못해 이상하게 들렸다. 하지만 바나나 심장은 인도네시아 사람들이 좋아하는 음식 중 하나이고, 시장에서도 많이 팔리는 흔한 음식 재료 중 하나였다. 쁘딸랑안 사람들은 자신의 집 마당에 열리는 바나나 심장으로 요리를 해서 반찬으로 만들어 먹었다. 굴라이gulai(인도네시아식 커리)한 바나나 심장은 내가 좋아하던 반찬 중 하나였다.

그렇다면 바나나의 이 특수 부위(?)는 어떻게 이름을 가지게 되었을까? 결론부터 말하자면, 사람들에게 중요한 것은 보통 이름이 있기 때문이다. 예를 들어 밤 껍질을 생각해보자. 밤 껍질은 이중으로 되어 있는데, 이 껍질들에는 고유의 명칭이 있을까? 나이가 많은 중장년층에게 밤의 껍질, 특히 속껍질의 이름을 물어보면, 그들은 쉽게 "율피栗皮"라는 한자 이름을 떠올린다. 왜냐하면 율피는 약재로 쓰이기 때문이다. 이처럼 쓰임이 있고, 중요한 사물 또는 개체는 이름을 가지게 마련이다. 인도네시아에서 바나나 심장은 요리의 중요한 재료가 되므로 개별적인 명칭으로 불리게 된 것이다.

그림 2 바나나 심장(왼쪽), 바나나 심장으로 만든 굴라이(오른쪽)

언어에 생태적인 특징이 반영된 마지막 예로는 인도네시아 아기들에게 쓰는 추임새가 있다. 브뚱에서 현지조사를 하던 어느 날 오후의 일이다. 나는 마을을 지나다가 마당에 나와 놀고 있는 어린아이에게 엄마가 노래하듯이 "땅갑 냐묵, 땅갑 냐묵"이라고 추임새를 넣고 있는 장면을 목격했다. 갓 걷기 시작한 한 살 남짓한 아기는 엄마의 추임새에 맞추어 까르르 웃으며 짝짜꿍을 하고 있었다. "땅갑 냐묵tangkap nyamuk"의 글자 그대로의 의미는 "모기를 잡아라"이다. 그 뜻을 알고 보니, 아기가 손바닥을 마주치는 동작은 바로 모기를 잡는 동작과 다름이 없지 않은가. 인도네시아 아기의 "모기 잡아, 모기 잡아"는 바로 한국 아기들의 "짝짜꿍, 짝짜꿍"이었다. 주변에 나무와 늪지가 많은 쁘딸랑안의 마을에는 모기가 무척 많았는데[5] 바로 그러한 환경적 특징이 아기들의 "모기 잡기" 놀이를 가능하게 했을 것이다.

3. 나는 너를 어떻게 부를까?: 호칭어/지칭어와 사회관계

나는 너를 어떻게 부를까? 나와 상호작용 상황에 있는 상대방을 부를 때, 나는 그 사람의 이름을 부를 수도 있고, 인칭대명사(너, 자네,

---

5 리아우의 쁘딸랑안 거주 지역은 모기가 살기 좋은 환경인 데다 말라리아 위험 지역이기도 했다. 현지조사 당시 나는 뜨거운 햇볕과 모기를 피하기 위해 항상 긴소매 셔츠를 입었는데, 숲속을 걷다 보면 긴소매로 미처 가리지 못한 손등에 항상 평균 세 마리 정도의 모기가 매달려 있었다.

당신 등)나 직함(과장님 등)을 부를 수도 있다. 상대방이 나와 친척 관계라면 친척 명칭(어머니, 아버지, 할머니, 할아버지 등)으로 부를 수 있다. 만약 처음 보는 낯선 사람을 호칭해야 하는 상황이라면, 두루 쓸 수 있는 통칭(아저씨, 아주머니, 학생 등)을 사용할 수도 있다. 그 외에 상대방의 관계에 따라서 그 사람의 별명을 부를 수도 있다. 호칭어는 이처럼 사람들 간의 관계를 반영하며, 동시에 규정한다. 또한 호칭어는 각 사회마다 고유한 가치를 반영하며 서로 다른 모습과 양상을 지니기도 한다. 예를 들어 한국의 경우에는 성인의 이름을 부르는 것을 무례하다고 생각하기 때문에 다른 여러 가지 호칭 방법을 사용한다. 예를 들어 택호(수원댁), 종자명 호칭(누구 엄마) 등이 그것이다. 인류학에서 호칭어로 유명한 사례로는 아프리카 수단의 누어족이 사용하는 호칭어가 있다. 이들에게 소는 생태적, 문화적으로 중요한 대상이기 때문에 사람들을 소 이름으로 부르는 관습이 있다. 예를 들어 남성은 그가 소유한 소의 색깔이나 형태와 관련된 이름을, 여성은 암소의 이름으로 서로를 호칭하기도 한다(에반스 프리차드 1988).

인도네시아에서 인상적이었던 호칭 방법 중 하나는 자기 자신을 부르는 방법에 대한 것이다. 인도네시아어의 "나"에 해당하는 일인칭 대명사는 saya 또는 aku이다. 인도네시아어를 책으로 배운 나는, 처음에 saya라는 대명사만을 사용했었다. 하지만 나 자신을 saya라고 했을 때 돌아오는 대답은 "책을 읽는 것 같다"였다. 실제로 saya는 공식적인 상황에서 연설을 하거나 격식을 차려 이야기할 때 쓰는 일인칭 대명사였다. 일상적인 대화에서는 aku를 사용하거나, 한국어와 유사하게 일인칭 주어를 생략하는 경우가 많았다.

리아우의 말레이 사람들이나 쁘딸랑안 사람들은 더더욱 "나"의 사용을 꺼렸다. 특히 여성들은 "나" 대신 자신의 이름을 말하거나, 상대방과의 관계를 나타내는 호칭으로 스스로를 부르기를 선호했다. 도시 지역인 쁘깐바루에서 함께 지냈던 이부 디나스는 항상 자신을 "나"라고 하지 않고, "이부"라고 부르거나 "마미Mami"라고 지칭했다.[6] "마미가 요리를 했으니 와서 먹어라."라는 식으로 말이다. 브뚱 마을에서 친하게 지냈던 무윰 언니Kak Muyum는 내게 자신을 "언니Kak"로 호칭했다. 도시의 말레이 사람들이나 쁘딸랑안 사람들은 "나aku"라는 말을 많이 사용하는 사람들은 "높은 자아tinggi diri"를 가졌다고 비난했다. "높은 자아"를 가진 사람들은 보통 거만하고, 도도하며, 건방진 사람으로 취급되었다. 반대로 "낮은 자아rendah diri"는 하나의 덕목으로 취급되어, 공손하고 예절 바른 사람들의 자질로 평가되었다. "나"라고 하지 않고, 상대방의 관점에서 나의 관계적 명칭으로 부르는 것은 바로 스스로를 낮추는 태도로 여겨졌다. 이러한 관습적 호칭 방법에 따라서 나도 마을의 어르신들을 만날 때는 나의 이름으로 나 자신을 지칭할 수밖에 없었다. "윤희는 어르신 얘기가 듣고 싶어요." 한국에서는 유아의 말하기 또는 애교

6 여기서 "마미"는 영어의 Mommy에서 온 호칭어이다. 이부 디나스는 말레이 전통을 보존하기 위한 NGO를 이끌고 있었던 지역의 엘리트였으며, 당시 자까르따에서 상류층 사이에 유행했던 영어식 호칭어를 가족들과 사용하고 있었다. 고위공무원직을 역임했던 이부 디나스의 남편 무스타파 씨도 마찬가지로 자신을 "빠삐Papi"라고 불렀다.

의 말하기에 해당되어 성인의 말하기에는 부적절하게 여겨지는 "자기 이름 부르기"를 해야만 하는 상황이었던 것이다.

이러한 관계적 명칭의 사용은 인도네시아에서 빈번하게 사용되는 의사친척명칭에서도 찾아볼 수 있다. 앞서 언급했던 이부(어머니/아주머니)나, 바팍bapak(아버지/아저씨), 아방abang(형 또는 오빠), 까깍kakak(언니 또는 누나), 아딕adik(동생) 등은 원래 가족이나 친척 관계에서 사용하는 호칭어이지만, 친척이 아닌 경우에도 쓰이는 의사친척명칭의 사례들이다. 특히 아방(오빠)은 기혼 여성이 남편을 부를 때 사용하기도 하고, 주로 연인 관계에서 사용된다. 앞서도 언급했듯이 상위자는 하위자가 사용해야 하는 관계적 명칭으로 스스로를 호명하고, 하위자는 마찬가지로 상위자의 관점에서 스스로의 이름을 부르는 호칭 방식을 선택하는 것이 가장 공손하고 바람직한 사람됨의 표현이라고 평가된다.

이러한 관계적 성격의 호칭은 이들이 자기 자신을 개별적인 존재로 파악하기보다 항상 상대방과의 관계 속에서 생각한다는 점을 반영한다. 실제로 현지조사 당시 브뚱에서 만났던 쁘딸랑안 사람들에게는 "생일"이라는 것이 없었다. 그들에게 생일은 한국의 주민등록증에 해당하는 KTPKartu Tanda Penduduk(주민 증명 카드)를 만들어야 할 때 정하는 경우가 빈번했다.[7] 그들은 대략적인 자신의 생년만

---

7 현지조사를 수행했던 1999년은 대통령 선거가 있었던 해였고, 당시 6월에 있었던 투표를 독려하기 위해 지역의 공무원들이 마을을 방문하여 KTP를 만들어주기도 했다. 몇몇 브뚱 사람들은 이때 자신의 KTP에 기록할 생일을 선택했는데, 가장 인기가 많았던 날짜는 인도네시아의 독립기념일인 8월 17일이었다. 또는 각자가 태어났던 대략적인 생월을 아는 경우, 날짜만 17일을 택하는 경우도 많았다.

알고 있었으며, 이것은 형제들과의 터울로 계산했다. "나는 언니보다 2년 후에 태어났다고 한다"는 식의 발언은 이들의 전형적인 나이 셈법이다. 이처럼 "관계적 자아"의 관념은 이들의 생년을 정하는 방법에서도 잘 드러난다.

한편 호칭어의 사용은 사람들의 사회적 관계를 반영하기도 하지만, 관계를 형성하는 수행적performative 성격도 지닌다. 내가 상대방을 어떻게 부르느냐에 따라서 그 관계를 규정할 수 있으며, 상대방에 대한 나의 태도를 표현할 수 있기 때문이다. 이러한 호칭어의 수행적 성격을 가장 잘 보여주는 예가 의례언어[8]나 종교언어에서 사용되는 경우이다. 의례의 상황은 가시적인 참가자들뿐만 아니라, 연행이 벌어지는 상황에 참여하고 있다고 여겨지는 초월적인 존재들이 전제된다. 또한 의례언어는 비가시적인 초월적 존재와의 의사소통을 전제로 하고 있으므로, 이때 사용되는 비가시적 존재에 대한 호칭 또는 지칭은 지시적이라기보다는 수행적인 성격이 강하다. 비가시적인 초월적 존재를 호칭하는 경우에는 상대방을 부르는 행위 자체가 상대와 연행자 사이의 관계를 사실상 만들어내기 때문이다.

흥미롭게도 쁘딸랑안 사회의 다양한 의례언어 장르를 살펴보면, 남성 연행자가 스스로를 "아방"이라고 부르며, 초월적 존재를 "아

8 의례언어란 종교적 또는 초자연적 존재에 대한 믿음에 따라 정형화된 의례와 함께 수행하는 각종 언어적 행위를 말하는 것으로, 의례에서 사용되는 주문이나 노래 등이 이에 해당된다(Du Bois 1986; 강윤희 2006에서 재인용).

딕"이라고 부르는 사례가 많다. 이것은 연행자와 초월적 존재의 관계가 아방-아딕 관계, 즉 연인 사이로 나타남을 보여주는 것이다. 예를 들어 블리안Belian이라는 치료의례에서는 끄만딴Kemantan이라는 무당이 "아딕"이라고 부르는 수호신과 함께 환자의 잃어버린 영혼을 찾아서 여행을 떠나는 이야기로 구성되어 있다(강윤희 2004 참조). 또한 벌꿀을 채집하는 과정에서 연행하는 벌꿀채집의례에서 꿀벌 샤먼shaman인 주아간Juagan은 상대방인 꿀벌을 아딕이라고 부른다. 쁘딸랑안 사회의 호칭어 사용과 사회적 관계를 보다 구체적으로 논의하기 위해서 이 글에서는 벌꿀채집의례를 더욱 자세히 살펴보도록 하겠다.[9]

쁘딸랑안 사회에서는 벌꿀을 채집하기 위해 "므눔바이menumbai" 라는 의례를 연행한다. 므눔바이란 "노래로 꿀벌들을 홀리기"라는 뜻으로, 벌집이 달려 있는 신성한 시알랑Sialang 나무[10]에게 허락을 구하는 과정이라고 할 수 있다. 므눔바이 의례를 진행하는 주아간은 꿀벌 샤먼dukun lobah이라고도 불리며, 각종 주문과 의례요를 연행할 뿐만 아니라 나무를 타고 올라가서 벌꿀 통을 내리는 실제적인 작업도 담당한다. 주아간은 시알랑 나무의 밑동에서 주문을 외우고, 허락을 구한 후, 횃불을 들고 나무에 올라가기 시작한다. 나무

9 여기서 다룰 쁘딸랑안 사회의 벌꿀채집의례에 대한 분석은 대부분 강윤희(2006)를 재인용한 것이다.

10 시알랑 나무는 어떤 특정 종류의 나무를 가리키는 것이 아니라, 숲속에 있는 벌집이 달려 있는 나무라면 모두 시알랑 나무로 여긴다. 또한 꿀벌들은 그런 시알랑 나무에 기거하는 정령들로 인식된다. 따라서 쁘딸랑안 사람들은 예로부터 시알랑 나무를 신성시하고 경배했으며, 벌꿀을 채집하게 되면 항상 시알랑 나무와 정령들의 허락을 받는 과정을 거치는 므눔바이 의례를 해야 한다고 믿어왔다.

의 꼭대기에 있는 벌집에 다다르면, 주아간은 므눔바이 노래를 부르며, 횃불로 벌집에 있는 벌들을 쫓아낸 후 벌꿀과 밀랍을 채취하여 나무 밑에서 기다리는 조수들에게 전달한다(그림 3).

므눔바이 의례에서 사용되는 의례요의 내용을 살펴보면, 대부분 주아간과 의인화된 벌들 간의 관계를 상상하여 묘사하는 것으로 나타난다. 벌들은 시알랑 나무의 예쁜 딸로, 주아간은 그녀를 흠모하며 만나고 싶어 하는 남성으로 나타난다. 따라서 의례요 내의 이야기 구조는 주아간이 시알랑 나무에 사는 연인을 만나는 과정으로 구성되어 있다. 적절한 호칭어의 사용은 의례요에서 그리는 이야기 세계story world에 등장하는 인물들과 그들 간의 관계를 구성한다.

므눔바이 의례요에서는 벌들이 각종 별명과 애칭으로 불린다. 예를 들어 므눔바이 의례 시 연행되는 여러 가지 노래 중 다음 사례는 므눔바이 의례에 등장하는 인물들figure을 소개한다.

Popat-popat tana ibu	토닥토닥 시끄러운 땅
Mai popat di tana tombang	움푹 파인 땅을 다집시다
Nonap-nonap Cik Dayang tidou	토닥토닥 잠자는 칙 다양
Juagan mudo di pangkal sialang	젊은주아간은나무아래있습니다

위의 노래에서 사용된 "칙 다양"이라는 호칭은 젊은 여성을 부르는 "칙Cik"이라는 타이틀에 다양Dayang이라는 인도네시아 고전 설화에 자주 등장하는 여성의 이름을 붙였다. 4절의 "젊은 주아간Jugan

그림 3 시알랑 나무와 주아간, 그리고 조수들. 위, 오른쪽 사진에서 동그랗게 표시된 부분이 벌집이다. 하얀 모자를 쓴 남성이 시알랑 나무에 올라가 꿀을 채집하는 주아간이고, 나머지 사람들은 나무 밑에서 주아간을 돕는 조수 역할을 한다.

mudo"은 주아간 자신을 지칭하는 말이다. 쁘딸랑안 사회에서 "젊은/어린"이라는 뜻의 mudo는 각종 의례언어에서 화자 자신을 낮춰 지칭하는 일인칭 대명사로 사용된다.

한편 의례요에서 꿀벌들은 여러 가지 애칭으로 불리는데, 그중 하나가 "이땀 마니itam mani"이며, 이것은 인도네시아어인 히땀 마니스hitam manis의 지역방언이다. 히땀 마니스는 보통 얼굴이 까무잡잡하지만 귀엽고 매력적인 사람을 부르는 애칭으로, 상대방에 대한 호감을 나타내는 말이다. 또 하나는 "뿌띠 꾸닝putih kuning"으로 "하얗고 노란색"을 의미하는데, 이것은 피부가 희고 아름다운 여성을 지칭하는 말이며, 역시 화자의 청자에 대한 긍정적인 평가와 호감을 표현한다. 쁘딸랑안 사회의 일상적 언어 사용에서, 애칭은 주로 연장자나 남성의 화자들이 자신보다 연하이거나 여성을 부를 때 사용되므로, 애칭의 사용은 청자가 화자보다 하위자임을 표시하는 동시에, 그들 간의 친밀감과 유대를 표현하는 기능을 한다.

이 밖에 의례요에서 대표적으로 사용되는 호칭어에는 아방과 아딕이 있다. 앞서도 언급했듯이, 이러한 아방과 아딕이라는 상호 명칭은 형/오빠와 동생 간에 사용되는 명칭이 연인 관계에까지 확장되어 적용되는 의사친척용어이다. 벌꿀채집의례에서는 심지어 벌들을 아딕 봉수bongsu, 즉 "막내"라고 부르기도 하는데, 이것은 상대방을 가족 구성원들 중에서 보통 가장 귀여움을 받는 막내로 규정함으로써 유사한 감정과 정서를 투사하는 것이다. 즉 형제 관계와 연인 관계 사이의 유사성은 그러한 관계들이 내포하고 있는 유사한 감정과 정서(예를 들어, 상호 관심, 연민, 사랑 등)에 기반을 두는 것이다. 주아간의 아방과 아딕이라는 호칭의 사용은, 이러한 연인들 간의 호칭 체계를 사용함으로써, 연인 관계에 나타나는 상호 관심과 사랑을 주아간과 벌 사이의 관계로 "확장" 또는 "이전"할 수 있다는 믿음에 근거한 것이다. 따라서 주아간은 므눔바이 노래를 통해 벌들을 연인으로 규정하고 각종 애칭으로 호칭함으로써, 꿀벌의 공격을 막는다고 생각하는 것이다.

이상으로 인도네시아, 특히 쁘딸랑안 사람들이 사용하는 호칭어/지칭어에 나타나는 "나"와 상대방과의 사회적 관계, 그리고 그것을 통해 알 수 있는 관계적 자아 개념에 대해 살펴보았다. 이들의 호칭 사용에서 나타나듯이, 쁘딸랑안 사람들은 개인적인 "나"보다는 상대방과의 관계 속에서 자신을 위치 짓는 것을 바람직하다고 생각했고, 이에 따라 "나"라는 일인칭 대명사보다는 상대방의 관점에서 자신을 지칭하는 언어적 관습을 발전시켰다. 또한 므눔바이 의례요에서 분석했듯이 의례요에서 사용되는 호칭어 분석을 통해서, 쁘딸랑안 사회에서 널리 유통되는 "사랑"이나 "애정"의 정서들은 단순한 개인의 "감정" 표현이 아니라, 그러한 감정에 내재된 사회적 역할과 관계에서 요구되는 책무를 상기시키는 역할을 하고 있음을 알 수 있다. 이처럼 관습적 호칭어 사용의 분석은 쁘딸랑안 사람들의 사회적 관계와 그에 따른 문화적 가치를 추적할 수 있는 좋은 사례가 된다.

4. 바차baca? 빠차pacar?: 언어의 힘에 대한 문화적 관념

박사학위 논문 작성을 위해 브뚱 마을에 머물고 있을 때, 나는 그들이 매일 거의 모든 행위에서 주문magic spells을 사용하고 있음을 알게 되었다. 마을에서 큰 행사가 있을 때, 마을의 지도자들은 정화의례tepung tawar[11](그림 4)를 하기 위한 물에 주문을 외웠고, 소녀들은 삼삼오오 함께 모여 마을의 할머니들에게 자신을 예쁘게 보이게 하는 "쁘마니pemani(예쁜이 주문)와 상대방을 유혹할 때 쓰는" 뿡가시pengashi(사랑 주문)를 배우러 다녔다(강윤희 2007 참조). 이들은 "빠차pacar를 찾기 위해 바차baca를 한다"고 말하곤 했는데, 여기서 빠차는 애인을 뜻하며, 바차는 주문을 외우는 행위이다. 특히 개인의 미용이나 애정을 위한 주문에는 특별한 의례 전문가가 필요하지 않고, 대신 주문을 외우는 행위 자체에 주술적 효과가 있다고 생각했다. 그러므로 누구든 그 "말"을 배운다면, 초자연적 힘을 습득하게 되는 것이라고 믿고 있었다. 이러한 주문은 "예전 조상들orang tuo-tuo dulu"에게서 "내려온teun-temuun" 것이므로, 초월적 힘을 지닌 예전 조상들의 말을 반복하는 행위 자체에 힘이 있다고 생각했다.

주문의 연행은 이처럼 언어의 힘에 대한 믿음에 기반한다.[12] 보통

---

11 정화의례 또는 뜨뿡 따와tepung tawar는 말레이 사회에서 전통적으로 행해오는 의례의 하나로서, 그릇에 쌀, 라임, 여러 가지 종류의 약초들, 그리고 물을 넣은 정화수를 만들어, 각종 행사에서 의례를 시작하는 단계에서 사용한다. 이 정화의례에서 쓰이는 물을 성스러운 힘을 가진 것으로 의미 변환하는 핵심은 그 물에 주문을 외우는 행위이다.

12 이러한 믿음은 쁘딸랑안 사람들에 한정된 것이 아니다. 말레이, 자바인을 포함한 인도네시아 사람들 대

우리는 언어를 사용하여 세상에 이미 존재하는 어떤 것을 묘사하고 재현한다고 생각한다. 앞서 말했던 언어의 지시적 기능, 즉 언어가 정보 전달을 하는 기능에 해당하는 것이다. 하지만 그 반대의 경우도 있다. 말을 하는 것 자체가 어떤 행위를 하는 경우이다. 언어철학자인 존 오스틴John Austin은 언어가 세상에 존재하는 어떤 것을 기술하고 묘사하는 지시적인 기능뿐만 아니라, 특정 행위를 수행하는 수행적 기능을 하고 있다고 지적했다(Austin 1962). 특히 오스틴은 이러한 수행적 기능을 하는 수행동사performatives라는 특별한 문법적 범주를 제안했다. 예를 들어 약속하다, 선언하다, 맹세하다, 저주하다, 명명하다 등의 동사는 언어를 말하는 것 자체가 특정 행위를 창출해내는 것이므로 수행동사에 해당된다. 예를 들어 결혼식의 주례를 맡은 목사님이 앞에 서 있는 신랑과 신부에게 "이제 두 사람은 부부가 되었음을 선언합니다."라고 말한다면, 앞의 남녀에게는 그 어떤 물리적 변화가 일어나지 않았음에도 불구하고 둘 사이의 관계는 부부 관계로 전환되는 순간이 되는 것이다. 즉 "말" 자체에 그 대상과 세상을 변화시키는 힘이 있는 경우이다.

뻐딸랑안 사람들은 흔히 "말이 뼈와 살이 된다"고 말한다. 이것

부분이 대체로 주문과 주술적 효과를 믿고 있다는 사실은 인도네시아 형법에 흑주술에 대한 금지 조항이 들어가 있다는 점에서도 알 수 있다. 이러한 주술 관련 조항을 존속할 것인가는 여전히 계속해서 논란의 대상이 되고 있다. https://news.detik.com/berita/d-4715279/pasal-santet-di-ruu-kuhp-dihapus-nggak-pak-jokowi/2(2019. 10. 10. 접속) 심지어 최근에도 종종 주술의 힘을 믿는 사람들의 이야기가 신문의 헤드라인을 차지하며, 주술에 대한 관행은 인도네시아의 토착적 문화라고 정의되기도 한다. https://www.asiatimes.com/2018/06/article/maids-suspected-of-using-magic-spells-on-employers(2019. 10. 10. 접속)

그림 4 부족장인 무니르 씨가 마을의 행사를 시작하기 전에 정화의례를 위해 주문을 외우고 있다(왼쪽). 쟁반 위에 놓여 있는 각종 약초가 든 물이 정화수이다. 미노 할머니Mak Mino가 손자의 열을 내리게 하기 위한 약을 만들며 주문을 외우고 있다(오른쪽).

은 그들이 주문을 습득하고 실천하는 행위에도 고스란히 반영되어 있다. 현지조사 당시 대부분의 노년층 여성들은 공식 교육을 받지 못했고, 대부분 글을 읽고 쓰는 능력이 없었다. 이들은 많은 주문을 알고 있었지만, 그 누구도 글을 통해 배우지는 않았다. 그야말로 주문은 "입에서 입으로" 전해지는 것이었다. 현지조사 중 브뚱에 사는 노년층 여성들에게 주문을 수집할 때, 나는 그들에게 "주문을 모아서 책을 만든다"고 설명했다.[13] 하지만 책을 만든다는 나의 목적은 종종 의심을 받기도 했다. 수시로 내게 애인이 있는지, 있다면 애인을 도망가지 않게 하는 방법을 알고 싶지는 않은지 궁금해했다. 그들은 내가 주문을 실제로 사용하고 싶어 할 것이라고 생각했던 것이다. 하지만 그들은 곧 내가 모으는 주문은 효력이 없을 것이라고 안심했다. 왜냐하면 주문에 효력이 있기 위해서는, 그 주문을 완전히 외워 몸과 하나가 되어야 하기 때문이다. 스승들이 불러주는 주문을 학생이 종이에 받아 적는 것은 아무 효력이 없다는 것이다. 나에게 주문을 가장 많이 가르쳐준 당시 70대의 미노 할머니는 나에게 말했다. "이 주문을 쓰려면 이렇게 종이에 적으면 안 돼. 완전히 외운 후, 이 종이를 태워서 물에 타서 마셔라. 그래야만 네 몸이 된다." 심지어 나는 외국인이기 때문에 "혀가 달라서lidahnya bedah" 주문의 효력이 없을 것이라고도 했다. 인도네시아어와 말레이어의 사투리가 여전히 서툴러 떠듬거리는 나를 깔깔 웃으며 놀리

---

13 인도네시아어로 박사과정을 보통 에스띠가(S3)라고 하는데, 그렇게 소개하면 브뚱 주민들은 아무도 알아듣지를 못했다. 대신 책을 만든다고 하면, 대부분 수긍하고 적극적으로 도와주었다.

던 쁘딸랑안 사람들은 내가 모은 주문이 아무 효력이 없을 것이라고 안심하며, 오히려 주문을 가르쳐주는 데 더 관대했다.[14]

이처럼 주문의 효력을 강조하는 쁘딸랑안 사람들의 언어에 대한 관념은 이들이 언어를 하나의 "행위"나 "사물"로 파악하는 경향이 있음을 보여준다(강윤희 2004 참조). 이들은 주문을 "입는다[pasang]"고 표현한다. 이것은 주문을 마치 장신구나 옷, 또는 화장품처럼 자신의 몸에 사용할 수 있다는 것을 뜻한다. 앞서 오스틴이 주장했던 것처럼, 이들에게 주문은 수행적 기능을 위한 것이며, 지시적 의미를 전달하려는 것이 아니다.[15]

개인의 아름다움을 증진하기 위한 쁘마니의 사례를 살펴보자. 쁘마니는 자신의 몸을 아름답게 만들기 위해 필요한 성질을 지닌 사물들의 이름을 반복하여 나열하는 것으로 구성된다. 예를 들어 인도네시아 사회에서는 피부가 "하얗다[putih]"는 것이 미에 대한 최대의 찬사이므로, 쁘마니 주문에서는 코코넛 가루와 같은 하얀 성질의 물건, 해, 달, 보석, 기름 등 반짝이는 성질을 가진 사물들의 이름이 나열되고는 한다. 다음 주문은 이러한 쁘마니의 전형적인 구조를 보여주는 한 예이다(강윤희 2006).

14 쁘딸랑안 사회에서 주문은 하나의 "무기"로 비유되곤 했는데, 주문을 배우는 사람이 누구냐에 따라서 가르쳐준 자에게 그 주문이 오히려 부정적으로 쓰일 수도 있기 때문이다. 특히 남녀 사이에 사용되는 주문의 경우에는 남성의 경우 여성에게, 여성의 경우 남성에게 자신의 주문이 알려지는 것을 극도로 꺼려했다. 주문을 배우는 자가 누구냐에 따라서 "전쟁에 나가는 적에게 무기를 주는 셈"이 될 수도 있다는 두려움이 있었다(강윤희 2007 참조).

15 하지만 이것은 쁘딸랑안 사람들은 언어를 수행적으로만 사용한다는 것이 아니다. 물론 이들의 일상적인 언어 사용에서 가장 기본이 되는 언어의 기능은 지시적 의미를 전달하는 기능이다.

allah humakama billhailli	알라 후마까마 빌하일리[16]
sekali ke umah	집으로 한 번
sekali ke tanah	마당으로 한 번
aku mangambil cahayo matahai,	나는 가져온다, 태양의 빛
bulan dengan bintang	달과 별들의 빛
sai melilup di pinggang aku	뱀이 나의 허리를 두르고
bintang tembu di dado aku	별이 내 가슴에서 솟아나며
bulan mengambang di muka aku	달이 내 얼굴에서 피어나고
matahai terbit ubun-ubun aku	해가 내 목을 돌고 있네
aku memakai	나는 입는다
cahayo bulan bintang matahai	달, 별, 해의 광채를
dalam batang tubuh badan ku ini	이 내 몸속에
kabul Allah, kabul Muhammad	까불 알라, 까불 무하마드
kabul Bagindo Rasullullah	알라여 축복하소서

위의 주문에는 "빛의 주문Monto Cahayo"이라는 제목을 붙이기도 하는데, 그 이유는 사물의 반짝이는 빛과 광채를 자신의 몸으로 가져오기 위한 주문이기 때문이다. 주문에서 인용된 해, 달, 별, 뱀 등의

16 이 문장은 아랍어와 유사한 발음으로 구성되어 있으나, 실제로는 아랍어 문장이 아니다. 쁘딸랑안 사회에서 사용되는 주문에는 "상상된" 아랍어가 종종 사용되고는 했다. 이와 비슷한 사례로 자바에서 신을 호칭할 때 자바식 발음 대신 아랍식 발음이 사용되거나, 아랍어 수식어가 삽입된다는 보고가 있다(김형준 2001). 아랍어 사용의 사례는 자바 사회의 이슬람화에 따른 언어의 변화로 해석될 수 있으나(김형준 2001 참조), 쁘딸랑안 사회의 경우에는 내부자적 관점에서 보면 오히려 자신들의 토착 신앙을 강화하는 요소로 "상상된" 아랍어를 차용하는 것이라고 해석할 수 있다.

사물은 모두 빛이 나는 성질을 가지고 있는 대상들이며, 이 밖에도 기름, 보석 등이 쁘마니에 자주 등장하는 물건들이다. 쁘마니 주문에서 빛이 나는 사물을 인용하는 이유는 그러한 대상을 호명함으로써 빛이 나는 성질이 자신의 몸으로 들어올 것이라고 생각하기 때문이다. 또한 쁘마니를 사용하기 위해서는 주문을 완전히 외운 후, 아침과 저녁에 목욕을 할 때마다 목욕물에 주문을 외우고, 그 물로 목욕을 해야 한다. 쁘마니를 외우는 행위는 물에 주술적 효과를 불어넣고, 그 물로 목욕을 함으로써 마침내 자신의 몸이 아름다워진다는 생각이다. 이것은 언어의 수행적 기능을 중시하는 쁘딸랑안 사람들이 가지고 있는 언어에 대한 문화적 관념을 보여준다.

주문의 주술적 효과를 가져오는 또 다른 중요한 구성 요소는 위의 주문에서 찾아볼 수 있는 아랍어 또는 아랍어와 유사한 발음으로 구성된 이슬람의 기도 형식이다. 리아우의 말레이 출신 지역학자들은 쁘딸랑안 사람들이 사용하는 주문에 이슬람적인 요소가 차용된 것은 비교적 최근에 나타난 변화라고 주장한다. 이들 학자들에 따르면, 쁘딸랑안 사람들이 이슬람으로 개종하게 됨에 따라 기존의 이교도적 전통에서 비롯된 주문에 새롭게 꾸란의 구절이나 아랍어를 삽입하게 된 것이다(Tenas Effendy 1990; U. U. Hamidy 1996). 즉 이들이 이슬람 기도 문구를 사용하는 것은 화자의 무슬림 정체성을 "가리키는" 지시적인 역할을 하는 것이다. 하지만 주문의 작동 원리가 언어의 수행적 기능에 대한 사람들의 믿음에 기반하고 있다는 사실을 전제한다면, 다른 해석이 가능할 수 있다. 주문 중에 특정 사물을 언급하여 그 사물의 특징적인 자질을 자신의 몸에 가져올 수 있을 것이라는 믿음과 유사하게, 주문에 사용되는 이슬람 문구는 이슬람의 기도 형식이 가져올 수 있는 주술적 효과에 대한 믿음 때문이라고 해석할 수 있기 때문이다. 쁘딸랑안 사람들의 내부자적 관점에서는 이슬람 문구의 삽입은 그들의 토착적 신앙 체계에 이슬람의 알라를 포함시킨 것에 지나지 않는다. 예를 들어 당시 20대 청년이었던 알렉은 자신이 사용하는 주문 중에 가장 "힘이 센" 주문을 알려주면서, 그 이유로 주문 중에 "알라"를 인용했기 때문이라고 설명했다. 알라를 호명함으로써, 알라의 초월적인 힘을 자신의 몸으로 불러올 수 있다고 보는 것이다. 따라서 쁘딸랑안 사람들의 주문에서 사용되는 이슬람적 요소는 그들의 무슬림 정체성을 나타내는 것이 아니라, 오히려 부족민들 자신의 영적인 능력을 강화하는 도구로 사용되고 있음을 알 수 있다(강윤희 2004).

쁘딸랑안 사회에서 일상적으로 나타나는 주문의 사용은 이들의 언어에 대한 관념, 특히 언어의 기능에 대한 문화적 가치와 믿음에 의해 설명되고 평가된다. 이처럼 특정 언어 공동체 성원들이 특정 언어 행위를 설명하고 정당화하는 그들의 언어 또는 언어 사용에 대한 문화적 관념을 언어이데올로기language ideology라고 한다.[17] 특정 공동체에서 사용되는 언어와 각종 장르들은 문화적으로 진공 상태에 있는 것이 아니라, 끊임없이 해석되고 가치 평가되는 것이며, 그

17 보다 자세한 언어이데올로기의 정의는 강윤희(2004), Errington(2001), Kroskrity(2000), Rumsey(1990), Silverstein(1979) 등을 참조할 것.

공동체의 사회적 문화적 맥락과 밀접히 연관되어 있다. 또한 이러한 언어와 언어 사용에 대한 문화적으로 특수한 관념, 즉 언어이데올로기는 고정되어 있는 것이 아니라 사회적, 정치적 변화에 따라서 변화하는 유동적인 것이다. 다음은 인도네시아 전반의 사회적 변화에 따른 언어이데올로기의 변화를 살펴보도록 하겠다.

5. "국어를 사용하고, 지방어를 사랑하라": 인도네시아의 언어 정책과 언어 변화

인도네시아는 1만 7,000여 개의 섬으로 이루어진 나라이며, 200개 이상의 종족과 700개 이상의 지역 언어를 사용하는 다종족 다언어 국가이다. 인도네시아의 다양한 종족과 언어들을 통합하는 데 중요한 역할을 한 것은 다름 아닌 인도네시아어Bahasa Indonesia이다. 리아우 지역에서 현지조사를 할 때 많은 지역 학자들은 인도네시아어의 기반이 되는 언어가 바로 리아우 지역의 말레이어Bahasa Melayu Riau라는 사실을 자랑스러워했다. 1928년 네덜란드의 식민지 통치에 대항하여 민족주의 운동을 전개해왔던 각 지역의 청년 지도층들이 인도네시아 민족주의의 원칙이 되는 "하나의 조국, 하나의 민족, 하나의 언어"라는 "청년의 맹세Sumpah Pemuda"를 선포하였는데, 이때 "하나의 언어"로 채택된 것이 바로 리아우 지역에서 사용되는 말레이어였기 때문이다(U. U. Hamidy 1994).

여기서 주목할 것은 인도네시아의 다양한 지역 언어들 중에서 모어의 화자 수와 언어의 문학적 전통을 기준으로 삼았다면 자바어가 우월했지만,[18] 국민 통합을 위한 언어로 말레이어를 선택했다는 점이다(전태현 2014; Koh 2014). 리아우의 말레이어는 7세기 이전부터 말라카 해협의 넓은 지역에서 통용어lingua franca로 사용되었던 말레이어에 속한다. 여기서 통용어 또는 링구아 프랑카는 서로 모국어가 다른 사람들끼리 교역 등을 이유로 의사소통을 할 필요가 있을 때 사용되는 말로서, 문법적으로 단순화되어 배우기 쉬운 장점이 있다(전태현 2014). 따라서 말레이어는 네덜란드 통치 이전부터 인도네시아 군도에서 가장 많이 사용되던 통용어로 기능하였으며, 근대식 교육의 매개로 사용되어왔기 때문에 인도네시아 국가 건설 과정에서 표준 인도네시아어의 기반으로 선택된 것이다(김형준 2001).

300여 년의 네덜란드 통치와 일본의 식민지배를 거쳐 1945년 8월 17일 독립한 인도네시아는 "다양성 속의 통합Bhinneka Tunggal Ika"을 국가의 모토로 정하고, 인도네시아어의 사용을 적극적으로 장려하는 강력한 언어 통합 정책을 펼쳐왔다. 복수의 언어를 공식어로 인정하며 다중언어 정책을 펴고 있는 다른 동남아 국가들과는 달리,[19] 인도네시아는 말레이어인 표준인도네시아어Bahasa Indonesia만

18 1980년 인구조사의 통계에 따르면, 자바어 모어 화자 수는 5,800만 명이 넘는 것에 비해, 말레이어 모어 화자 수는 1,700만 명에 불과했다. 또한 자바어의 문학적 전통은 말레이어보다 훨씬 우월했다(전태현 2014: 217 참조).

19 예를 들어 싱가포르의 경우 국가의 공식 언어는 영어, 말레이어, 중국어, 타밀어이다. 따라서 싱가포르의 모든 공공 표지판은 기본적으로 네 개의 언어를 모두 사용하여 표기된다.

을 국가의 공식 언어로 인정해왔다. 근대화와 국가 건설 과정에서 인도네시아어의 공식 언어로서의 위세는 점점 커져갔고, 신문, 방송 등의 매체에서는 인도네시아어가 독점적으로 사용되었다. 인도네시아 헌법에 명시된 언어에 대한 법률에 따르면(Undang Undang Nomor 24 Tahun 2009), 인도네시아어는 과학적인 논문 작성과 출판에 사용되어야 하며(35조), 지명(36조), 인도네시아 내에서 유통되는 국내외 상품들(37조), 공공 표지(38조), 대중매체(39조), 그리고 가장 중요하게는 공공 교육(29조)에 사용되어야 한다(UU24/2009). 중앙 정부의 권력이 강화됨에 따라 인도네시아어는 더욱 광범위하게 사용되었고, 인도네시아어는 특히 근대화와 개발을 위한 언어로 자리 잡았다(Errington 1998).

인도네시아 정부의 적극적인 언어 정책으로 인도네시아어는 "현대적"이고 "이성적"인 것으로 간주되기 시작했으며, 반면 지방어는 전근대적이며 전통적인 것으로 주변화되었다(Zentz 2014). 인도네시아의 언어 정책을 간략히 살펴보면, 1970년대와 1980년대 국민통합을 강조한 인도네시아어 장려 정책으로 인해 지역의 고유 언어 사용은 더욱 위축되었고, 1990년대 실시된 인구조사에 따르면 대부분의 지방에서 고유 방언의 제1언어 화자 비율이 감소했다는 사실을 확인할 수 있었다. 또한 문자에 있어서도 지방 고유의 문자가 아닌 로마자를 이용한 문자 정책을 강화함에 따라 전통문자의 사용자도 감소하게 되었다(전태현 2014).

1999년에서 2000년 사이 현지조사를 했던 리아우에서도 마찬가지였다. 현지조사 당시 리아우의 주도인 쁘깐바루에서 만났던 대부분의 사람들은 표준말인 인도네시아어를 사용했다.[20] 상대적으로 낙후되어 있고, 교육 수준이 낮았던 쁘딸랑안 사람들은 대다수가 그들의 지역방언을 일상적으로 사용했고, 인도네시아어에 대한 언어능력은 상대적으로 부족했다. 하지만 쁘딸랑안의 어린이와 청년 세대들은 공교육의 확대와 대중매체의 발달에 따라 인도네시아어에 노출될 기회가 더 많았고, 이에 따라 더욱 향상된 인도네시아어 구사 능력을 지니고 있었다. 마찬가지로 쁘딸랑안의 중장년층에서도 특히 외부인과의 접촉이 많은 남성 화자의 경우에는 인도네시아어를 더욱 빈번하게 사용하는 경향이 있었다. 마을의 지도자들이 마을의 공식 행사를 진행할 때에도 지방어가 아닌 인도네시아어를 사용했다. 하지만 쁘딸랑안 사회에서는 여전히 일상생활에서 지방어가 빈번하게 사용되었으며, 특히 쁘딸랑안의 전통적 구술 장르들, 그중에서도 "관습법 말하기cakap adat"[21]라고 불리는 의례화된 말하기는 모두 지역방언으로 행해졌다. 따라서 쁘딸랑안 사회 내에서 전통적인 영역과 일상의 영역에서는 여전히 지방어가 고수되고 있었다.

---

20 물론 표준인도네시아어는 리아우 지역의 말레이어에 바탕을 두고 있기 때문에 두 언어 사이의 문법적 차이는 거의 존재하지 않는다. 하지만 독립 후에 인도네시아어가 독자적으로 발전함에 따라 인도네시아어와 리아우 말레이어는 어휘와 발음, 억양 등에서 점차 많은 차이를 가지게 되었다.

21 이러한 관습법 말하기는 마을의 결혼식이나 약혼식, 공공의 회의, 또는 주술 서비스에 대한 사례를 하는 자리에서 사용되는 언어의 양식들이며, 대부분 그 내용은 쁘딸랑안 사람들의 전통적 관습에 대한 것이다. 특히 관습법 말하기는 오래된 속담이나 격언 등을 이용하거나 암시적인 언어kata sindiran를 사용하는 경향이 있다.

한편 인도네시아 정부의 언어 정책에 따른 인도네시아어의 확산은 지역 언어의 변화를 초래했다. 김형준(2001)은 자바 사회를 예로 들어 인도네시아어의 확산이 어떻게 자바어 사용의 변화를 초래했는지 설명한다. 그 변화 중 하나는 인도네시아어가 문어의 기능을 하는 것으로 받아들여지고, 자바어가 일상생활에서 사용되는 구어로서의 제한된 기능만을 하게 된 것이다. 이에 따라 자바의 언어 공동체에서 인도네시아어와 자바어는 양층언어diglossia에 가까운 상황에 놓이게 되는데, 여기서 인도네시아어는 공식적인 교육을 통해서 습득하고, 공식적인 상황에서 사용되는 공식 언어가 되며, 자바어는 비공식적인 상황에서 가족과 친지 등 사적 영역에서 사용되는 언어로 그 기능이 나뉘기 때문이다(김형준 2001).[22] 따라서 문어나 기타 공식적인 상황에서의 언어는 모두 인도네시아어로 이루어지며, 사적이고 친밀한 영역에서만 자바어가 사용되는데 자바어에서도 점점 더 많은 인도네시아어의 어휘가 유입되었다.

하지만 1998년에 32년간 독재를 해왔던 수하르또 대통령이 물러나면서 인도네시아의 중앙집권체제는 무너지게 되었다. 이후 2000년대 초반부터 시행된 지방자치제로 인해 지방분권이 강화되고, 이에 따라 각 지역의 문화, 특히 언어와 문학에 대한 관심이 고

22 김형준(2001)은 인도네시아어와 자바어의 경우, 양층언어의 두 개의 층, 즉 좀 더 위세가 있는 상위언어High Language와 하위언어Low Language로 명확하게 나뉘지는 않는다고 지적한다. 인도네시아어는 대다수의 사람들이 구사할 수 있는 언어이므로, 인도네시아어로는 위세를 얻을 수 없으며, 오히려 외국어인 영어나 아랍어가 위세 언어로서 기능하기 때문이다. 하지만 양층언어가 상위/하위의 위세 차이뿐만 아니라, 공식/비공식 언어의 기능적인 차이를 갖고 있는 경우에도 해당됨을 생각해본다면, 인도네시아어와 자바어는 양층언어에 해당될 수 있다.

조되었다. 2009년에 개정된 인도네시아 헌법(UU24/2009)의 "인도네시아의 언어 개발, 확장, 보호"를 위한 조항(42조)을 살펴보면, 인도네시아의 지방어들이 인도네시아의 독특하고 풍부한 문화를 표현할 수 있는 자원으로 간주되고 있음이 드러난다. 헌법 42조에 따르면 "지역 정부는 지역의 언어와 문학을 개발, 증진시키며, 보호해야 할 것"(UU24/2009)이라고 명시하며, 지방어의 보존은 인도네시아 전체의 독특한 문화적 풍부함과 다양성을 보여주기 위해 필수적인 것이라고 여긴다.

이러한 언어 정책의 변화와 함께 살펴볼 수 있는 것은 인도네시아의 초등학교와 중학교에서 공식적인 커리큘럼의 하나로 시작된 "지역주제Muatan Lokal", 또는 물록Mulok[23]이라는 프로그램이다. 이때 물록 과정에서 가장 빈번하게 채택되는 것이 바로 지방어와 문학, 그리고 지역 고유의 전통문자에 대한 수업이다. "다양성 속의 통일"이라는 인도네시아 국가 건설의 모토 아래서, 각 지역의 지방색은 일종의 엠블럼emblem처럼 즉각적으로 그 지역의 특징을 보일 수 있는 것이어야 한다. 이러한 경향 아래서 인도네시아의 지역 전통문화는 여러 가지 속성 중 가시적인 것, 나아가 "구경거리spectacle"를 제공하는 것일수록 그 지역을 대표하는 문화로 채택되기 쉬운데(Acciaioli 1985; 강윤희 2004에서 재인용), 지역 언어와 관련된 "보이는"

23 지역주제라는 커리큘럼에 대해서는 다음 링크를 참조할 것(2019. 10. 14. 접속). https://www.pelajaran.co.id/2019/20/pengertian-muatan-lokal-tujuan-fungsi-ruang-lingkup-dan-pelaksanaan-muatan-lokal-mulok.html

전통으로서 가장 두드러지는 것이 바로 지역의 고유문자인 것이다.

김형준(2001)이 조사했던 자바어의 사례로 돌아가보자. 이 글의 저자가 연구했던 1990년대 당시 자바 사회의 언어 변화에서 지적되었던 것은 자바어가 문어의 기능을 상실하고, 인도네시아어 어휘가 자바어에 유입된 것이다. 하지만 이후 학교의 공식 커리큘럼으로 자바어와 자바어 고유문자인 호노초로코Hanacaraka를 초등학교와 중학교에서 가르치기 시작한 것은 또 다른 변화를 초래했다. 우선 자바어에는 한국어의 존댓말 체계와 유사한 말단계speech level가 있는데, 공식적인 상황이나 상위 계층의 사람들에게 써야 하는 크로모kromo와 비공식적인 상황에서 가족, 친지 등과 같이 친밀한 관계의 사람들 사이에 쓰는 응오코ngoko가 그것이다. 2010년대 자바의 중부 도시에서 현지조사를 수행했던 젠츠(Zentz 2017)에 의하면, 자바의 학교에서 물론 수업에서 가르치는 자바어는 자바인들이 일상생활에서 사용하는 응오코가 아니라 격식적인 상황에서 사용하는 크로모였다. 이에 따라 자바인들이 관념적으로 떠올리는 자바어에서 점차로 응오코가 지워지게 되었다.[24] 자바인들은 실제 생활 속에서 늘 응오코를 쓰면서도, 항상 "자바어를 모른다, 자바어는 어렵다"고 이야기하는데, 이때 자바인들이 말하는 자바어란 응오코는 포함되지 않은 크로모에 해당한다는 것이다(Zentz 2017).

---

24 여기서 지워진다는 표현은 어바인과 갈(Irvine and Gal 2000)이 제시한 언어 변화에서 나타나는 이데올로기적 과정에서 "삭제erasure"에 해당한다. 이것은 다양한 언어의 변이들 중 몇몇은 선택적으로 삭제되고, 나머지는 전형화되는 언어변이의 단순화 과정에 속한다.

한편 1990년대 당시 자바어의 문어로서의 기능이 점차로 사라지고 있다는 보고(김형준 2001)와 비교해보았을 때, 20년이 지난 오늘날 자바어가 새로운 문어의 기능을 하고 있음은 흥미롭다. 그것은 읽히기 위한 것이라기보다는 지방색을 드러내기 위한 상징으로서의 "보이는" 자바어라는 기능이다. 나는 2018년에 자바의 족자카르타로 단기 답사를 가게 되었는데, 그때 관찰했던 족자카르타의 언어경관landscape 중 중요한 언어자원의 하나가 바로 자바어였다. 특히 자바어와 자바의 전통문자인 호노초로코의 사용은 관광지에서 더욱 빈번하게 관찰되었는데, 도로명이나 관광지의 각종 안내판에 자바어와 전통문자가 사용된 사례들이다.

[그림 5]는 족자카르타의 관광지 표지판을 촬영한 것이다. 왼쪽의 것은 코끼리의 우리를 나타내는 것으로, 로마자로 표기된 인도네시아어(kandang gajah), 영어(elephant house), 그리고 호노초로코(kandang liman)로 적혀 있다. 여기서 호노초로코로 쓰인 글자는 kandang liman인데, 여기서 liman은 자바어로 코끼리를 뜻한다. 한편 오른쪽 사진은 화장실 표지이다. 맨 위의 글자는 영어이지만, 인도네시아어에서도 빈번하게 사용되는 어휘이고, 두번째 표기는 영어(Rest Room), 맨 밑의 표기는 음역하면 "Padusan"이며 자바어로 목욕실을 뜻한다.[25]

이러한 전통문자 표기는 자바어에만 한정되는 것은 아니다. 리

25 자바어와 호노초로코에 대한 설명은 가자마다대학Universitas Gadja Mada의 수라이 아궁 누그로호Suray Agung Nugroho 교수에게 도움을 받았다.

그림 5 족자카르타의 관광지 표지판 사례들

아우 지역에서 현지조사를 하던 1990년대 말에서 2000년 초반에도 지역의 초등학교에는 말레이어를 표기하기 위한 아랍문자인 자위Jawi문자를 배우는 수업이 이미 존재했다. 자위문자는 말레이어를 아랍어로 표기하는 아랍 믈라유Arab Melayu의 문자로서 아랍문자와 비슷하나 몇 가지 변형된 표기가 있다. 최근 한 신문에서 쁘깐바루의 도로명 표지에 쓰인 아랍 믈라유를 아랍의 문화라고 부르며 "인도네시아 문화가 죽어간다"고 트위터에 올린 한 네티즌이 온라인상으로 다른 인도네시아인들의 공분을 샀던 에피소드를 소개했다.[26] 이에 대하여 리아우 사람들은 자위문자는 리아우 말레이 사람들의 전통문화이며, 인도네시아 내의 다른 모든 지역에서도 각 지역마다 고유의 지역 언어와 문자로 표기되어 있음을 상기시켰다.

자바어와 말레이어의 사례에서 나타나는 것처럼 지방분권의 강화로 각 지역 정부는 고유의 지방색을 상징하는 하나의 자원으로 각 지역의 고유한 문자를 활용하기 시작했다. 고유문자의 보존과 활용은 물록이라는 지방문화에 대한 커리큘럼의 실행과 더불어 더욱 활성화되었다. 이러한 정치적, 사회적 변화와 함께 각 지역 언어에 대한 인식과 가치 평가도 변하기 시작했다. 예를 들어 자바어는 위계적인 언어로서 봉건적이며, 전근대적이고, 일상적인 구어로 인식되었던 1990년대와는 달리(김형준 2001), 20년이 지난 오늘날 자바어는 자바의 고유 전통을 나타내는 하나의 표식이자 상징이 되었으

26 https://www.idnjurnal.com/news/detail/4486/sebut-arab-melayu-bukan-budaya-indonesia-netizen-riau-serang-akun-twitter-ini(2019. 10. 18 접속)

그림 6 쁘깐바루의 도로명 표지.
인도네시아어와 자위(아랍 믈라유)문자로 표기되어 있다

그림 7 족자카르타의 도로명 표지. 인도네시아어와
전통 자바문자인 호노초로코로 표기되어 있다.

며 동시에 고유문자는 의사소통을 위한 것이 아니라 "보이기 위한" 것이 되었다. 리아우 지역에서도 마찬가지로 말레이어의 고유문자인 자위문자가 리아우 말레이를 상징하는 일종의 엠블럼으로 기능하게 되었다. 이러한 변화 속에서 각 지역의 고유 언어와 문자는 일상적인 의사소통에서 사용되는 정보 전달의 기능을 하기보다는 보존되어야 할 전통으로서의 의미를 부여받게 되었다. [그림 8]의 박물관에 전시된 자바어 책과 같이 지역의 고유 언어는 일상에서 살아 있는 언어로 사용되기보다 "박제화"되어 보존되어야 할 유물이 된 것이다.

인도네시아의 독립과 건국 과정에서 실행되었던 인도네시아 정부의 언어 정책은 이처럼 표준인도네시아어와 지방어에 대한 인도네시아인들의 상이한 언어이데올로기를 형성했다. "국어를 사용하고, 지방어를 사랑하라"는 정부의 언어 정책은 국가적 담론으로 널리 유통되어(Zentz 2014), 인도네시아어는 일상에서 사용해야 하는 공식 언어로, 지방어는 각 지역의 중요한 유물과 전통으로 보존되어야 할 것으로 재정의되었다. 또한 각 언어에 대한 인식과 가치 평가는 고정되어 있는 것이 아니라, 정치적·사회적 변화에 따라 변화하고 있음을 알 수 있다. 이처럼 언어는 폐쇄된 문법 체계로 불변하는 존재가 아니라, 사회와 밀접히 연관되는 문화의 한 부분으로 끊임없이 변화한다.

그림 8 족자카르타의 박물관에 전시된 자바어로 된 고서

6. 나가며: 인도네시아의 변화하는 언어 지형과 문화

언어는 현실을 반영하고 동시에 구성하며, 특정한 문화를 이해할 수 있게 하는 렌즈를 제공한다. 인도네시아 리아우 지역의 말레이어 사례에서와 같이 언어는 생태적·사회적 환경과 상호작용하는 사람들 간의 관계를 반영하며, 정보 전달의 지시적인 기능뿐만 아니라 사회적 관계를 형성하고 유지하는 여러 가지 사회적 기능을 수행한다. 인도네시아의 생태적인 특징이 인도네시아 사람들이 사용하는 어휘에 반영되며, 상대방과 나를 부르는 호칭어의 사용은 문화적으로 특수한 "나"와 "너", 그리고 자아 개념을 파악할 수 있게 하는 실마리를 제공한다. 리아우의 쁘딸랑안 사회에서 사용되는 각종 의례언어에서 살펴보았듯이 언어가 특정 힘을 가진 하나의 행위로 작용한다는 믿음은 언어의 지시적 기능이 아닌 수행적 기능에 대한 이들의 문화적 관념과 이데올로기를 보여준다.

인도네시아에서 사용되는 언어들, 표준인도네시아어와 지방어들에 대한 가치와 평가를 보여주는 언어이데올로기는 사람들의 일상적이고 미시적인 영역뿐만 아니라 거시적인 사회정치적 변화와도 밀접하게 연관되어 있다. 인도네시아의 언어 변화, 특히 고유 언어와 문자에 부여되는 의미가 변화한 것은 인도네시아 국가 건설과 정부의 정책 변화와 맞닿아 있다. 특히 지방분권이 강화되면서 강조되는 "지방어를 사랑하라"는 국가의 언어이데올로기는 지역의 문화를 가르치는 물론 과정의 중요한 주제로 지방어와 고유문자를 등장시켰다. 하지만 공식 교육과 언어 정책에 따른 지방어와 전통 문자의 활성화는 제한된 영역에서만 이루어졌다. 지방어는 일상적으로 사용되는 언어로서가 아니라 특정 종족집단의 특색을 드러내는 하나의 엠블럼 또는 기호로서 기능하게 된 것이다. 이렇듯 언어와 언어 사용의 의미와 기능은 고정되어 불변하는 것이 아니라 사회문화적 맥락 내에서 그리고 정치적 변화 속에서 끊임없이 움직이며 변화하는 것이다.

그렇다면 앞으로 인도네시아의 언어 생태는 어떤 양상으로 변화할 것인가? 우선 급속한 전 지구화에 따라서 여러 가지 외국어의 유입과 언어 접변이 가속화될 것이다. 영어와 아랍어의 영향(김형준 2001 참조)은 물론이고, 초국가적 이주를 통한 사람들의 이동이 잦아지면서 다양한 외국어들의 영향도 증가할 것이다. 예를 들어 인도네시아의 한국 제조업체에서는 한국어의 문법 구조에 인도네시아어의 어휘가 삽입된 일종의 피진어pidgin로서의 단순한 인도네시아어가 사용되고 있다(강윤희 2017). 인도네시아의 술라웨시 남부 부톤Buton섬에 위치한 찌아찌아Cia Cia족의 경우 한글을 자신들의 고유 언어를 표기하는 문자로 채택하기도 했다(전태현 2012, Song 2014; [그림 9] 참조).

이처럼 사람, 사물, 정보 등의 초국가적 이동이 증가하면서, 다양한 언어들의 유입과 그로 인한 인도네시아 언어 지형의 변화가 더욱 급속화될 것으로 예상할 수 있다. 나아가 인도네시아의 다양한 지역 언어들에게서 나타나는 외국어의 유입과 확산은 나라 안팎의

그림 9 부톤 바우바우시Kota Bau-Bau 까르야 바루Karya Baru 초등학교의 한글 표기

정치적·사회적 변화와 밀접하게 연결되어 움직일 것이다. 따라서 인도네시아의 언어 사용과 언어 생태의 변화를 탐구하는 것은 인도네시아의 사회적·정치적 변화를 살펴보는 중요한 통로를 제공할 것이다.

강윤희. 2004. "주변화에 따른 전통구술장르의 변화와 언어이데올로기: 인도네시아 쁘딸랑안 부족의 사례". 『한국문화인류학』 37(2): 23~48.

______. 2006. "의례언어의 시적구조와 다기능성: 인도네시아 벌꿀 채집의례 분석". 『한국문화인류학』 39(1): 73~104.

______. 2007. "인도네시아 쁘딸랑안 여성들의 외설주문: 언어, 몸, 그리고 욕망". 『비교문화연구』 13(1): 5~34.

______. 2017. "'공장말': 인도네시아 내 한국 기업의 언어 사용과 권력". 『한국문화인류학』 50(2): 237~285.

김형준. 2001. "공용어의 확산과 이슬람화에 따른 인도네시아 자바어의 변화". 『사회언어학』 9(2): 49~70.

______. 2012. 『적도를 달리는 남자: 어느 문화인류학자의 인도네시아 깊이 읽기』. 서울: 이매진.

에반스-프리차드. 1988. 권이구, 강지현 옮김. 『누어인』. 서울: 탐구당.

전태현. 2012. "찌아찌아족 한글 교육의 실태에 관한 연구". 『외국어교육연구』 26(2): 113~137.

______. 2014. "인도네시아 어문 정책의 딜레마". 『통번역 연구』 18(3): 209~236.

Austin, John. 1962. *How to Do Things with Words*. London: Oxford University Press.

Boas, Franz. 1911. "Introduction". *Handbook of American Indian Languages*. Bureau of American Ethnology, Bulletin 40. Washington: Government Print Office (Smithsonian Institution, Bureau of American Ethnology), pp. 1~83.

Errington, J. Joseph. 1998. "Indonesian's Development: On the State of a Language of State". Schieffelin, Bambi B., Kathryn A. Woolard, and Paul V. Krsoskrity (eds.), *Language Ideologies: Practice and Theory*. New York: Oxford University Press, pp. 271~284.

Irvine, Judith and Susan Gal. 2000. "Language Ideology and Linguistic

Differentiation". Paul Kroskrity (ed.), *Regimes of Language: Ideologies, Polities, and Identities*. Santa Fe, NM: School of American Research Press.

Koh, Young-Hun. 2014. "Peranan Bahasa Melayu-Indonesia dan Kebangkitan Nasional". 『東南亞硏究』 23(3): 3~29.

Kroskrity, Paul V. (ed.). 2000. *Regimes of Language: Ideologies, Polities, and Identities*. Santa Fe, NM: School of American Research Press.

Rumsey, Alan. 1990. "Wording, Meaning, and Linguistic Ideology". *American Anthropologist* 92: 346~61.

Pullnum, Geoffrey. 1989. "The Great Eskimo Vocabulary Hoax". *Natural Language and Linguistic Theory* 7: 275~281.

Silverstein, Michael. 1976. "Shifters, Linguistic Categories, and Cultural Description". Basso, Keith and Henry Selby (eds.), *Meaning in Anthropology*. Albuquerque: University of New Mexico Press, pp.11~55.

Skeat, Walter William. 1900. *Malay Magic: An Introduction to the Folklore and Popular Religion of the Malay Peninsular*. London: Macmillan and Co. Ltd.

Song, Seung Won. 2013. "Being Korean in Buton? The Cia-Cia's Adoption of the Korean Alphabet and Identity Politics in Decentralised Indonesia". *KEMANUSIAAN* 20(1): 51~80.

Tenas Effendy. 1990. *Suku Asli dan Permasalahannya*. Pekanbaru: Unpublished Manuscript.

UU. Hamidy. 1994. *Bahasa Melayu dan Kreativitas Sastra di Daerah Riau*. Pekanbaru: UIR Press.

______. 1996. *Orang Melayu di Riau*. Pekanbaru: UIR Press.

Zentz, Lauren. 2014. "'Love' the Local, 'Use' the National, 'Study' the Foreign: Shifting Javanese Language Ecologies in (Post-)Modernity, Postcoloniality, and Globalization". *Linguistic Anthropology* 24(3): 339~359.

______. 2017. *Statehood, Scale and Hierarchy: History, Language and Identity in Indonesia*. Bristol: Multilingual Matters.

Asia Times, 2018, "Maids suspected of using magic spells on employers". Asia Times 2018. 6. 7. https://www.asiatimes.com/2018/06/article/maids-suspected-of-using-magic-spells-on-employers/ (2019. 10. 10. 접속)

IDNJURNAL, 2019. "Sebut Arab Melayu Bukan Budaya Indonesia, Netizen Riau Serang Akun Twitter ini". 2019. 2. 14. https://www.idnjurnal.com/news/detail/4486/sebut-arab-melayu-bukan-budaya-indonesia-netizen-riau-serang-akun-twitter-ini (2019. 10. 18. 접속)

Tim detik.com, 2019. "Pasal Santet di RUU KUHP Dihapus Nggak, Pak Jokowi?" DetikNews. 2019.9.21. https://news.detik.com/berita/d-4715279/pasal-santet-di-ruu-kuhp-dihapus-nggak-pak-jokowi/2 (2019. 10. 10. 접속)

Si Manis, 2019, "Pengertian Muatan Lokal, Tujuan, Fungsi, Ruang Lingkup dan Pelaksanaan Muatan Lokal (Mulok) Lengkap". https://www.pelajaran.co.id/2019/20/pengertian-muatan-lokal-tujuan-fungsi-ruang-lingkup-dan-pelaksanaan-muatan-lokal-mulok.html

Undang-Undang Republik Indonesia Nomor 24 Tahun 2009 Tentang Bendera, Bahasa, dan Lambang Negara, Serta Lagu Kebangsaan. https://peraturan.bpk.go.id/Home/Details/38661/uu-no-24-tahun-2009

5장

"변경에서 꽃이 피다"[1]:

틈새에서 바라보는 동남아

이상국

1. 변경 인식과 재인식

먼저 변경과 관련된 용어들을 설명할 필요가 있겠다. 변경은 동 떨어진 곳을 일컫는다. 비슷한 단어로 변방, 국경, 경계, 가장자리 따위가 있다. 영어 단어로는 frontier(변경/변방), border(국경), boundary(경계), margin(가장자리) 따위가 있다. 모두 어떤 영역을 구분 짓는 데 쓰인다. 그 단어들 가운데 국경border이 가장 눈에 쏙 들어오는데, “국”이라는 낱말이 들어간 데서 알 수 있듯이 국가 단위의 영역을 구분 짓기 때문이다. 예컨대 태국과 미얀마 사이의 국경, 중국과 베트남 사이에 국경이 그에 해당한다. 경계는 좀 더 여러 경우에 쓰인다. 국가들 사이의 경계뿐만 아니라, 지방들 사이의 경계에도, 세계 지역region들 사이의 경계에도, 영역이 아닌 인간 집단들 사이에서도 쓰이는 경우가 많다. 남한과 북한 사이의 경계, 호남과 영남 사이의 경계, 동남아와 동북아의 경계, 카렌족과 버마족의 경계가 그 예들이다. 국경과 경계는 선線, line을 일컬을 때가 많다. 그래서 국경선, 경계선으로 바꾸어도 의미가 다르지 않다. 국경과 경계를 면面, zone/area으로 볼 경우에는 국경 지역, 경계 지역처럼 “지역”을 덧붙여 뜻을 확실히 하는 경우가 많다.

그에 비해 변경/변방/가장자리는 그 속뜻에 면을 일컫는 경우가 많다. 그 세 단어들은 보통 구분하지 않고 번갈아 쓰는데, 굳이 구

1 함민복(1996) 시인의 “모든 경계에는 꽃이 핀다”라는 시에서 착안한 제목이다.

분을 하자면 동떨어진 곳이 이웃 영역과 경계를 이룰 경우에는 변경, 그곳이 경계를 이루지 않을 경우에는 변방이라고 쓰고, 가장자리는 한 영역의 끝자락일 경우에 쓴다. 나는 이 글에서 이 용어들을 문맥에 따라서 바꿔 쓸 것이다. 변경/변방/가장자리는 동떨어진 곳을 일컫되 반드시 국가 단위를 가리킬 필요가 없다. 한 국가 내에서 동떨어진 곳도 변경/변방/가장자리라고 부를 수 있고, 세계 지역 차원에서도 그렇게 부를 수가 있다. 예컨대, 울릉도는 한국의 변방이라고, 우리 나라는 중국 문명의 변방에 있었다고, 동남아는 인도 문명의 변방에 있었다고 부를 수 있다. 여러 나라들에서 국경이 대부분 수도에서 동떨어진 곳에 위치하기 때문에 국경과 변방이 겹쳐 이 두 단어가 같은 의미로 사용될 때가 많다. 나도 이 글에서 그렇게 사용할 것이다. 그러나 주의를 기울이며 쓸 필요가 있다. 전근대 동남아에서는 국가들 사이를 구분 짓는 경계선이 뚜렷하지 않았기 때문에 수도로부터 동떨어진 곳을 변방이라고 일컫는 것이 적합하다. 국경이라고 부르면 그 시대의 상황과 맞지 않는다. 오늘날 동남아 국가들의 국가만들기에서 큰 과업 중 하나는 전근대의 변경을 현대의 국경으로 만드는 작업이었다(임지현 2004). 단어에서 풍기는 향취를 보자면, 변경에서는 전통성과 지역성과 자율성이, 국경에서는 현대성과 국가성과 강압성이 풍긴다.

또 하나 알아야 할 것은 중심과 변방은 하나의 쌍으로서 엮인다는 점이다. 중심은 스스로 중심이 될 수 없고, 변방도 스스로 변방이 될 수 없다. 중심이 되기 위해서는 변방이 필요하고, 변방이 되기 위해서는 중심이 필요하다. 이 쌍에서 권력관계를 보자면 그래도 중심에 입각한 시각을 반영한다. 중심이 말 그대로 자신을 한가운데에 놓고 동떨어진 곳을 주변으로 취급하기 때문이다. 변방의 처지에서 생각한다면 그 자신이 생활세계의 중심일 수 있고, 자체의 변방을 거느릴 수 있다. 여하튼 관계의 쌍으로 엮이면서 중심과 변방은 영향을 주고받는다. 중심에서는 그 영향력이 일방적으로 변방으로만 흘러가는 것으로 보일지라도, 변방에서 보면 변용과 역류가 발생하게 마련이다. 변방은 중심의 영향을 받았을지라도 중심과는 다른 독특한 문화와 질서를 만들어낸다. 시간이 흘러 변방은 새로운 중심으로 발돋움할 수도 있으며 중심과 주변의 관계가 역전될 수도 있다. 이렇게 중심과 변방이 관계의 쌍으로 엮이고, 그 관계가 역동적임에도 우리는 종종 중심의 시각에 사로잡혀 그 역동성을 보지 못할 때가 많다.

더군다나 동남아의 근대국가 건설과 발전 과정이 중심 위주로 이루어져왔기 때문에 우리의 시각이 중심에 영향을 많이 받게 마련이다. 방콕, 양곤, 자까르따, 쿠알라룸푸르, 마닐라 등의 중심 도시에 인구와 자원과 행정이 지나치게 몰려 있어 그 도시는 곧 한 국가에 다름이 아닐 정도였다. 국가들은 그 중심 도시의 언어와 문화와 질서를 온 국민의 문화와 질서로 만들어나갔고, 마침내 변방까지 그것을 확산하려 했다. 국민이 된다는 것은 중심의 언어와 문화와 질서를 따른다는 것이었다. 그러나 그 작업이 언제나 성공을 거둔 것은 아니었다. 국가의 능력이 부족하거나 변방이 너무나도 완강하여 국가의 의도와는 달리 변방은 사라지지 않고 그 자체의 생활세계를 유지해온 경우가 많았다.

냉전이 끝나자 변경을 새롭게 인식하기 시작했다. 세계화가 진전되면서 변경은 한 국가의 끝이 아니라 다른 국가로 넘어가는 길목으로 다가왔다. 그 길목을 더 넓혀 사람과 상품과 정보와 돈이 더 편하게 오가게 하고자 했다. 아예 그 길목을 경제특구로 만들어 무역의 전초기지로 삼고자도 했다. 변경은 새로운 시대에 새로운 중심으로 떠올랐다. 아시아개발은행ADB: Asian Development Bank(이하 ADB)과 개별 국가들은 국가를 넘어서는 새로운 지역 범주를 만들어냈다. 예컨대 미얀마, 태국, 라오스, 캄보디아, 중국 윈난성과 광시성을 아우르는 대메콩지역GMS: Greater Mekong Subregion이 새로운 지역 단위로 1992년에 등장했다(ADB 2002). 이러한 새로운 지평에서 변방은 국가와 국가를 잇는 연계성의 결절지점으로 주목을 받았다.

학자들도 일국 중심으로 지역연구Area Studies를 해온 것을 반성했다. 지금껏 동남아 연구를 한다고 하면서도 사실상 한 국가 연구, 그것도 수도 중심의 연구만을 해온 적이 많았다. 국가와 국가 사이에 낀 곳을 놓칠 때가 많았다. 또한 마치 세계 지역도 국경선처럼 날카로운 선으로 구분되는 것처럼 동남아를 동북아나 남아시아와 완전하게 구분된 지역으로 다룬 적도 많았다. 지역과 지역에 낀 곳도 못 본 것이다. 새로운 시대, 새로운 지역연구는 이런 경향에서 벗어나야 한다는 목소리가 힘을 얻었다. 판 스헨델(van Schendel 2002)이 맨 처음 치고 나와 국가와 국가 사이에 낀 곳, 지역과 지역 사이에 낀 곳에 주목해야 한다고 역설했다. 그 대표적인 사례로서 미얀마와 태국, 태국과 라오스, 라오스와 베트남, 동남아(베트남, 라오스)와 동북아(중국), 동남아(미얀마)와 남아시아(인도) 사이를 연결하며 파키스탄과 아프가니스탄에까지 뻗어나가는 산악지대를 들었다. 판 스헨델은 그 산악지대를 "조미아Zomia"라고 불렀다. 조미아는 그 낀 지역에 사는 어느 소수종족들의 용어에서 "동떨어지다"를 뜻하는 "조Zo"와 사람을 뜻하는 "미Mi"를 조합하여 만든 용어이다. 판 스헨델은 조미아 연구가 지역연구에 새로운 기운을 불러일으킬 것이라고 했다. 그 주장을 이어받아 조미아를 연구하여 대중화한 장본인은 제임스 스콧(2015)이었다. 스콧은 조미아에 거주하는 소수종족들의 국가 피하기 전략을 다루는 일종의 "거꾸로 쓰는 동남아 연구"를 시도하면서 그간의 국가 중심, 수도 중심, 지역region 중심의 연구를 극복하려 했다.

이렇듯 "사이에 낀 곳"들인 변경이 새롭게 주목을 받고 있다. 그 낀 곳은 접촉지대contact zone이자 "넘어서beyond"를 품고 있는 가능성의 공간이다(호미 바바 2002). 저마다 그 가능성을 현실화하려고 한다. 국가와 자본은 그 낀 곳을 넘어서 이웃 국가와 지역으로 무역을 확대하려 하고, 학자들은 그 낀 곳을 넘어서 새로운 지역연구를 실천하려 하고, 현지인들은 그 낀 곳을 넘어서 이주자로서 다른 곳에서 살아간다. 국가를 넘어서는 초국주의 시대에 변방은 연계의 주체로서 자리매김을 하고 있다. "끼어 있되 넘어서는" 공간인 변경을 좀 더 잘 이해하기 위해서는 변경의 역사를 살펴볼 필요가 있겠다.

2. 변방과 역사

1) 전근대 시기: 만달라 체계

우리가 역사 연구에서 흔히 저지르는 잘못은 현재의 개념이나 관행을 과거에 투영하는 것이다. 국경과 영토가 대표적인 사례이다. 오늘날의 개념과 관행을 전근대 국가에까지 적용하여 그 시대의 사람들도 오늘날 우리와 마찬가지로 국경과 영토에 대해 생각했을 것이라고 간주한다. 날카로운 경계선으로 국가들 사이를 구분 짓는 관행은 그리 오래되지 않았다. 유럽에서 1648년에 맺은 베스트팔렌조약이 그 시초이다. 그 이전에 유럽에서는 교황의 영역과 군주의 영역과 영주의 영역이 그리 확실하게 구분되지 않았다. 베스트팔렌조약 이후 영토와 그를 둘러싼 국경선은 유럽의 정치체제를 떠받치는 필수불가결한 기둥이 되었고, 그것을 지도에 표현하는 것이 관행이 되었다. 유럽의 경험이 식민주의를 거치며 동남아 각국에 퍼져 지도에 영토와 국경선을 확실하게 표시하게 됐다.

그럼 과거에는 어땠을까? 여기에서 만달라mandala라는 용어를 알아둘 필요가 있겠다. 만달라는 산스크리트어에서 나온 것으로서 문자적으로 동심원을 뜻하는데, 힌두불교 세계관을 표현할 뿐만 아니라 왕국의 경계를 표현할 때도 사용된다. 만달라를 표현한 그림을 보면 한가운데 신성한 존재(메루산)가 존재하고 그를 둘러싼 원들이 겹을 이루며 바깥으로 퍼져나간다. 신성한 존재와 그 주변의 존재들 사이의 영적 위계 관계를 표현한 것이다. 동남아 학자들은 힌두불교 세계관을 받아들였던 전근대 왕국의 위계 체제와 지리적인 경계도 그렇게 이루어졌다고 설명한다. 한가운데에 궁정이 있고, 왕국의 영향력은 그 핵심부에 몰려 있다. 하지만 그로부터 멀어질수록 왕국의 영향력도 약화된다. 이것을 촛불의 예로써 설명하는 학자도 있다(Anderson 1972). 한가운데 켜 있는 촛불은 그 가까운 주변을 환히 비추지만, 거리가 멀어질수록 빛이 희미해진다. 나는 연못에 떨어진 돌멩이가 일으키는 물결을 예로 들어 종종 설명한다. 그 동심원의 물결은 처음엔 높았다가 점점 낮게 퍼져나가고 어느덧 사그라진다. 왕국의 지배 영역이 그와 같았다. 궁정이 있는 핵심부와 그 가까운 지역은 왕국이 직접 지배하지만, 거리가 멀어질수록 왕국의 지배 영역이 희미해진다. 그래서 촛불의 빛이 어느 지점에서 사라지는지, 물결이 어느 지점에서 잦아지는지 알기가 어려운 것처럼, 왕국의 지배 영역이 어디에서 끝나는지 알 수 없었다. 그렇게 주권이 희미한 지역이 바로 왕국의 변방이었던 셈이다.

그런데 같은 시간대에 돌멩이가 하나 더 그 연못에 떨어졌다고 생각해보자. 그 돌멩이도 나름대로의 동심원의 물결 구조를 가질 것이다. 돌멩이가 앞에 것보다 더 크다면 물결은 더 큰 동심원을 그리며 더 멀리 뻗어나갈 것이다. 그 반대의 경우라면 물결의 동심원도 작고 뻗어나가는 거리도 가까울 것이다. 여하튼 같은 시간대에 떨어진 두 돌멩이가 일으킨 두 동심원은 겹칠 수도 있고 겹치지 않을 수도 있다. 두 돌멩이가 떨어진 위치에 따라 달라질 것이다. 아주 가까운 곳에 떨어졌다면 많이 겹칠 것이고, 적당히 먼 곳에 떨어졌다면 적게 겹칠 것이고, 아주 먼 곳에 떨어졌다면 전혀 겹치지 않을 것이다. 동남아 왕국들의 지배 영역도 그와 같았다. 많이 겹칠 수도 있었고, 적게 겹칠 수도 있었고, 아예 겹치지 않을 수도 있었다. 겹치는 곳에는 주권이 두 개였다. 그곳 사람들은 두 주인을 섬긴 것이다. 그렇다고 두 국가에 늘 똑같이 충성을 바친 것은 아니었다. 주권이 강하지 않았기에 그 변방 사람들은 눈치를 보며 요리조리 자신들에게 유리한 쪽으로 충성을 바치며 생존을 모색했다. 동심원이 아예 겹치지 않은 곳은 개활지 무주권 영역, 다시 말해 주권이 미치지 않은 영역, 국가 밖의 공간이었다. 오늘날에는 사막마저, 심지어 북극과 남극도 국가 공간이 되었지만, 과거에는 그러한 무주권 영역이 제법 많았다. 대표적인 곳이 조미아였다.

생각을 더 밀고 나가 이번에는 크고 작은 여러 개의 돌멩이가 그 시간대에 연못에 떨어졌다고 해보자. 그리고 하나 더. 그 연못에는 흙과 수풀이 섞인 어떤 돌무더기가 띠를 이루며 솟아 있다고 해보자. 이번에는 여러 모양의 물결 동심원이 그 연못을 수놓을 것이다. 여러 개의 동심원이 겹치는 곳도 있을 것이며, 어떤 강력한 동심원은 주변의 작은 동심원의 물결을 잠재우며 흡수할 수도 있고, 여전히 그 동심원이 겹치지 않는 낀 곳이 있을 것이다. 이처럼 전근대 시기에는 크고 작은 왕국들은 저마다 힘에 따른 지배 영역을 갖고 있었으며, 그 지배권의 가장자리에서 여러 주권이 겹칠 수도 있고, 힘센 국가는 약한 국가를 삼킬 수도 있고, 여전히 무주권 영역이 도처에 존재했다. 그리고 중요한 관찰 하나 더. 어떤 물결이라도 그

돌무더기에 닿자마자 모양이 일그러질 것이고, 어떤 물결이라도 그 무더기를 오르기가 드물고 어려울 것이다. 조미아가 마치 이와 같았다. 힘센 국가가 아무리 그 곁에 자리 잡더라도 조미아를 오르기가 어려웠다. 조미아는 역사 시기 내내 국가 밖의 공간으로 남을 때가 많았다. 어떤 학자는 "산스크리트 혀가 해발 500미터에서 굳어버린다."라고 말했다(Wheatley 1975: 251).

평지에 있더라도 언제나 국가 영역이 되었던 것도 아니고, 더군다나 그 영역도 일정하지 않았다. 계절이 중요한 변수였다. 대략 대륙부 동남아(미얀마, 태국, 라오스, 캄보디아, 베트남)와 필리핀에서는 5월부터 10월, 필리핀을 제외한 도서부 동남아(인도네시아, 말레이시아, 브루나이, 싱가포르)에서는 10월부터 3월이 우기에 해당한다. 우기에는 비가 추적추적 날마다 내리고, 한번 쏟아질 때는 폭포처럼 내리붓는다. 오늘날에는 콘크리트와 아스팔트로 포장된 길이 많아 출입이 가능하지만, 과거에는 길이 질퍽해져 도무지 다닐 수가 없었다. 왕도 군사도 제대로 행차할 수 없었다. 국가 영역이 왕국의 핵심부로 줄어들고, 평지라 할지라도 변방이 되고, 기존의 변방이나 무주권 영역은 더 넓어졌다. 그러다가 건기가 되면 국가 영역은 다시 넓어지고, 변방과 무주권 영역은 줄어들었다. 동남아의 전근대 국가들은 계절 국가였던 셈이다.

변방에 거주하던 사람들이 눈치를 보며 살았다는 얘기를 했는데, 그 얘기를 좀 더 구체적으로 해보자. 만약 변방에 작은 수장이라도 통치자가 있었다면 그 통치자는 충성서약과 함께 조공을 바치며 종주국 군주의 지배를 받아들인다. 조공은 대개 변방의 특산물이었다. 태국 남부의 말레이 작은 수장국들의 경우에는 타이족 왕조에 금은목金銀木, 말 그대로 금과 은으로 치장한 나무를 만들어 바치기도 했다. 종주국은 그 답례로 왕실의 상징물이나 핵심부의 특산물을 베풀었다. 선물교환을 통해 충성과 보호가 교환되었던 셈이다. 이것을 조공체제라고 하는데, 알아두어야 할 것은 어디까지나 그 충성과 보호가 상징적이었다는 점이다. 현실에서 드러나는 모습은 제각각이었다. 조공국이 충성을 바쳤지만 제삼국으로부터 공격을 받을 때 종주국의 보호를 받지 못하는 경우도 많았고, 조공국이 충성을 제대로 바치지 않거나 여러 이유로 종주국의 심기를 거스를 경우 종주국은 조공국에 대규모의 군사를 보내 응징하기도 했다. 조공국이 늘 당한 것만은 아니었다. 종주국이 약한 기미를 보이면 반란을 일으켜 완전한 독립을 성취하려 했고, 새로운 종주로 삼을 만한 힘센 국가가 등장하면 그쪽에 충성서약을 하며 조공을 바쳤다. 심지어 종주국을 무너뜨리며 자기 지배 아래 두는 경우도 있었다. 태국의 아유타야 왕조와 캄보디아의 앙코르 왕조의 관계가 이와 같았다. 앙코르가 제국의 위용을 구가하던 시기(13세기)에 아유타야를 비롯해 타이족 왕조는 조공국의 신세였지만, 14세기 이후에 아유타야는 캄보디아 왕조를 조공국으로 만들어버렸다. 19세기 무렵 베트남 왕조가 남부까지 진출하자 캄보디아 왕조는 타이족 왕조와 베트남 왕조를 종주로 두는 신세가 되었다.

변방이나 무주권 영역에 거주하던 일반 사람들의 삶은 어땠을까? 우선 이 사람들이 왜 변방에서 살게 됐을까를 생각해보자. 많은 사람들이 원래부터 변방에 사람이 거주하고 있었다고들 생각해왔다. 다시 말해 왕국의 핵심부에는 주류 종족이, 변방에는 소수종족이 태곳적부터 존재해왔다는 것이다. 예컨대 오늘날 조미아에 여러 소수종족들이 거주하는데, 그 사람들이 원래부터 그곳에 살았다고 보는 것이다. 스콧(2015)은 다른 시각으로 본다. 조미아에 사는 사람들이 평지인의 후예라는 것이다. 왕국의 핵심부에 살던 평지인들이 국가만들기의 강압과 폐해에 못 이겨 조미아로 도망쳤다는 것이다. 전근대 국가들은 흔히 큰 강 유역에 자리 잡았는데, 그곳이 바로 벼농사를 짓고 사람을 끌어모으는 데 유리했기 때문이다. 벼농사를 장려한 것은 단위당 수확량이 많을뿐더러 언제 누렇게 무르익는지 눈에 뻔해 세금을 거두어들이기가 쉽고, 그 뻔한 곳에서 사람들이 일도 하고 마을을 이뤄 모여 사니 인력을 동원하여 군사력 따위로 활용하기도 쉽기 때문이다. 그 국가만들기 작업은 으레 강압적이었을 테다. 더군다나 흉년이 들거나, 이웃 국가와 전쟁을 계속 치르거나, 전염병이 돌면 신민들은 더 끔찍한 고통을 겪는다. 그리하여 국가 핵심부로부터 도망쳐 살길을 찾아간 곳이 조미아였던 것이다.

그렇게 거듭거듭 국가로부터 피해 온 사람들이 변방에 들어차 그곳에서도 사회를 이루며 살게 되었다. 그 사회의 특징이 어땠을까? 생계방식부터 살펴보자. 조미아 사람들은 벼농사를 맨 먼저 제친다. 평지에서 살 때 그것 때문에 국가에 메였고 지긋지긋한 삶을 살았기 때문이다. 혹시라도 벼농사를 지으면 누렇게 벼가 익을 무렵 국가가 조미아에 들이닥칠 수 있기 때문이기도 하다. 평지 국가에게 제 안방 문을 열고 불러들이는 일은 어불성설이다. 그래서 국가의 변방의 환경에 맞으면서도 국가의 눈에 띠지 않는 작물을 선택하는데, 대표적인 것이 카사바, 감자, 고구마 따위의 뿌리작물이었다. 더군다나 저장도 쉽고, 도망갔다가 언제든 돌아와 캐내서 먹을 수 있었다. 설령 벼농사를 짓더라도 한곳에 붙박이지 않고 옮겨 다니는 화전농법을 선택했다. 이 모든 생계방식이 국가를 피하려는 전략에서 비롯된 것이다.

사회체계는 어땠을까? 여기에서 좀 낯선 용어 두 개를 소개하고자 한다. 바로 "굼라오"와 "굼사"다. 미얀마 고원지대에 사는 카친족의 사회체계를 연구한 에드먼드 리치(2016)가 소개한 현지어 용어이다. 굼라오는 평등한 사회체계를, 굼사는 위계적 사회체계를 일컫는다. 리치는 사회구조를 하나 더 소개하는데 샨(평지에서 벼농사를 짓는 종족) 왕국 체계로, 이것은 그야말로 국가체계이다. 리치는 그 고원지대에서는 이 사회체계가 진동한다고 한다. 굼라오 사회체계에서 아나키즘의 삶을 살아가다가 특정 씨족집단이 결혼 등을 통해 지배적인 위치를 공고히 하는 굼사 체계로 이동하기도 한다. 역으로 굼사 체계에서 살다가 사람들이 그런 질서에 반기를 들고 거주지역을 옮겨 굼라오 사회체계를 구성하기도 한다. 간혹 굼사 사회체계에서 강력한 카리스마를 지닌 지배자가 굼사를 샨 왕국 체계 형태로 탈바꿈시키려는 시도도 한다. 성공하면 그렇게 되겠지만, 대개 실패하여 굼사로 돌아가거나 굼라오 지경으로까지 분화를 겪는다. 산악지대의 삶에 아나키즘 원리가 깊게 배어 있어 국가를 만들기가 여간 어려운 일이 아닌 것이다. 나는 "굼라오"의 발음 그 자체가 참 마음에 들어 내 호로 삼으면 어떨까 고민했다. 내가 조직한 어떤 학회에서 아침, 점심, 저녁 인사로 "굼라오"를 사용한 적도 있다. 한번 입으로 "굼라오" 하고 말해보시라. 달콤한 아이스크림이 입 안에서 살살 녹는 듯한 느낌이 들지 않는가? 그리고 아침, 점심, 저녁 인사로 사용해보시면 어떨까? 그럼 좀 더 민주적이고, 평등한 사회가 구현되지 않을까?

2) 식민 시기: 경계 획정과 인구 지배

동남아에 서구 세력이 등장하자 변방에 작동하던 만달라 체계가 더는 통하지 않았다. 서구 세력은 베스트팔렌조약 이후 국가 사이를 날카로운 경계선으로 가르던 관행을 그대로 갖고서 동남아에 진출했다. 처음에는 네덜란드의 동인도회사와 영국의 동인도회사가 무역하기에 유리한 거점 도시 위주로 식민지를 만들었으나 점점 회사가 아닌 국가가 주체가 되어 변방까지 장악하고 사람을 통치하는 본격적인 식민지를 운영해나갔다.

"영국이 시암(오늘날 태국)을 만났을 때" 어떤 오해가 발생했을까. 이 제목은《해리가 샐리를 만났을 때》라는 영화 제목에서 착안한 것이다. 영국은 1826년에 하부 미얀마Lower Myanmar를 장악하고 이웃한 시암에게 경계를 긋자고 제안하고, 시암이 머뭇거리자 계속 다그친다. 이 다그침에 못 이겨 시암이 다음과 같이 대답한다(통차이 2019: 136).

> 메익Myeik과 다웨Dawei와 떠닝다이Tanintharyi 지역의 경계에 관하건대, 시암과 버마 사이에는 그 어떤 경계도 확립될 수 없을 것이오. 하지만 영국이 이를 획정하기를 바라고 있소. 영국이 메익과 다웨와 떠닝다이 변방에 오랫동안 살았던 사람들에게 그 맞붙은 영토에 관해 알고 있는 바를 묻도록 합시다. 그리고 그 거주민들이 가리키는 것을 영국 점령지와 시암 점령지 사이의 경계가 되도록 합시다.

한 국가의 경계선을 감히 변방 사람들에게 물어서 정하자고 제안하다니 오늘날 관점에서는 굉장히 낯선 대답이다. 그러나 당시 만달라 세계관에서 살던 시암 조정으로서는 변방에 선을 긋자는 영국의 제안 그 자체가 굉장히 낯설었다. 영국으로서는 시암 조정이 당사자가 되어 국가 대 국가로서 경계 획정을 바랐겠지만, 만달라 세계관에서 그러한 관행이 전혀 없어 시암으로서는 굳이 경계를 긋자면 변방 사람들이 경계를 정하는 당사자가 되어야 한다는 생각이 이치에 닿았다.

시간이 지날수록 영국은 식민지를 늘려나갔고, 시암은 근대의 경계 긋기 관행에 익숙해져갔다. 시암이 왼쪽(미얀마)과 아래쪽(말레이시아)의 영국, 오른쪽(라오스, 캄보디아, 베트남)의 프랑스의 틈바구니에서 독립을 유지한 것을 알고 있고, 아시아의 대부분의 국가들이 식민지로 전락한 상황에서 독립을 유지했다는 사실에 놀랍다고 생각할 것이다. 오늘날 태국 사람들도 그것을 자랑스러워한다. 태국 사람들은 그러면서도 시암이 오늘날의 말레이 북부, 라오스, 캄보디아를 영국과 프랑스에 빼앗긴 것을 애통해한다. 그러나 그 애통은 사실 만달라 체제를 오늘날 근대국가로 오해한 데서 비롯되었다고 할 수 있다. 만달라 체제에서 시암은 치앙마이(란나), 라오스(란상), 캄보디아, 말레이 북부(끄다, 뜨렝가누, 끌란딴) 등의 종주였던 것이 사실이다. 그러나 그 조공국들의 영토를 직접적으로 지배하지 않았다. 선물관계와 충성서약을 통한 상징적인 지배였다. 그렇기에 떠닝다이 주변의 경계에도 관심이 없었던 것이다. 그러나 영국과 경계 획정에 관한 협의를 해나갈수록 시암은 근대국가의 문법을 터득해나간다. 경계선과 영토의 중요성을 깨닫고 중앙집권 관료제를 통해 지방을 통치해나간다. 조공국들을 시암의 지방으로 만들어버린 것이다. 다시 영토를 빼앗겼다는 애통의 문제로 돌아오면, 애통해야 할 당사자는 그러한 조공국들이다. 시암은 일부의 조공국들을 영국과 프랑스에 내주었지만, 사실상 여러 조공국들을 자신의 영토로 편입시킨 또 다른 식민 세력이었던 셈이다. 치앙마이가 오랫동안 시암의 일부였다고 생각할 수도 있겠지만 1893년에 이르러서야 공식적으로 시암의 한 지방이 되었으니 비교적 최근의 일이라 할 수 있다.

태국인들의 애통의 문제를 좀 더 들여다보자. 태국인들은 영토를 빼앗겼다는 것을 무엇을 보고 알 수 있을까? 지도이다. 서구에서 경계를 획정한 다음 지도에 그 경계를 표시하는 것이 특히 프랑스대혁명 이후 관행이 되었다. 프랑스, 영국을 비롯해 유럽의 여러 나라들이 지도를 제작하는 전문기관과 전문가를 양성했다. 시암이 영국과 프랑스와 경계 획정을 맺어나갈 때도 지도로써 시각화하는 작업이 병행됐다. 시암으로서는 전문 인력이 부족하니 초기에는 그 두 국가가 지도 만드는 작업을 수행했다. 그리하여 경계 획정을 하면 할수록 시암의 영토는 점점 지도 위에 부각되고, 20세기가 될 무렵 온 영토를 경계로 둘러싼 근대국가 시암이 지도 위에 완성되었다. 서구와 마주치면서, 만달라 세계관과 근대 세계관이 충돌하면서, 영토의 표상화 작업을 거치며 시암은 그렇게 신체처럼 지도에 등장한 것이다. 이제 사람들은 지도를 보고 영토 감각을 갖게 된다. 당초에 지도는 영토를 표상하는 기능을 수행했지만, 이제 지도는 사람들에게 영토를 느끼게 한다. 그래서 서구 열강에 의해 잘려나간 영토가 마치 사지가 잘려나간 몸처럼 아프다. 국민이라면 그 아픔을 함께 느낀다. 지도가 국민이라는 정치 공동체를 만들어내는 사태에 이른 것이다. 이것은 우리에게도 해당되는 말이 아닐까? 여하튼 이러한 감각과 감정은 굉장히 낯선 것이고, 근대국가가 되면서 생긴 것이다.

서구 식민지배를 받으며 변방이 국경이 되어가는 것을 보았다. 그럼 변방의 사람들은 어떠한 정체성 변화를 겪게 되었을까? 가장 두드러지는 변화는 종족성이 수면 위로 떠올라 집단과 집단을 가르는 데 큰 기준이 되었다는 점이다. 그 이전에도 물론 신체적 특성과 언어, 문화적 특성을 공유하는 종족집단이 존재했었다. 그러나 종족 정체성이 그리 두드러지지 않았다. 만달라 세계에서는 종족성보다는 지역성이 중요했다. 한 지역에 살면 카렌족이든 버마족이든 몬족이든 어울려 살며 같은 지역민으로서 정체성을 갖고 살았던 적이 많았다. 또한 평지에 살면 같은 불교도라는 정체성을 공유하기도 했다. 물론 불교를 믿지 않고 정령을 숭배했던 조미아 사람들 사이에 종족 정체성의 이동은 굼라오, 굼사, 샨 체제의 진동 사례에서 보듯이 흔한 일이었다. 산악에서는 카친족으로 살아갔지만 평지에 내려가 벼농사를 지을 때는 샨족으로 살아갔다. 핵심은 종족 정체성이 아예 없다는 것이 아니라 전근대 사회에서 도드라질 필요가 없었다는 것이다.

식민지배는 곧 인구 파악 작업과 더불어 진행되었다. 그리고 인구 분류의 기준은 종족이었다. 그래서 학자 겸 식민 관료들은 인구조사를 하러 산악지대를 돌아다니기도 했는데, 사람들이 너무나 다양하여 어지러움을 느낄 정도였다. 그러나 결국 몇 가지 특성을 자의적으로 뽑아내 버마족, 카렌족, 카친족 따위로 인구를 구분했다. 종족 간 통혼도 많았고, 어떤 종족인지 별로 의식하지 않고 살았었는데 이제는 버마족, 카렌족, 카친족으로 불렸다. 말레이시아와 싱가포르 등 다른 곳도 마찬가지였다. 처음에 식민 당국은 수많은 종족 범주를 만들어 파악하려고 했다. 그래서 말레이 종족도 여러 부류였다. 그러나 점점 범주는 단순해져 이른바 CMIO(중국인·말레이인·인도인·기타인Chinese Malay Indian Others)로 굳어졌다. 일단 범주가 마련되자 그 힘은 막강해졌다. 식민 세력은 그 범주에 입각하여 인구 통치를 해나갔다. 관료와 군사의 등용, 행정구역 설정 등도 그 범주에 기반을 두었다. 집단 소속감이 종족집단에 기반을 둔 것은 말할 필요도 없다. 종족집단들은 저마다 자기 종족의 결속력을 다지기 위해 친목 단체를 만들고, 인쇄물을 발간하고, 정치기구를 만들어 나갔다. 당시에 민족주의 사상은 동남아에도 이르러 종족집단으로 하여금 국가를 꿈꾸게 하기도 했다. 그러나 그 꿈을 꾸는 과정에서 종족집단들 사이에 갈등과 충돌이 벌어지기도 했다.

영국 등 식민 세력의 통치 방식이 그 갈등을 더 키우기도 했다. 예컨대 영국은 미얀마에서 식민지배를 확장하면서 카렌족의 도움을 많이 받았다. 영국의 등장은 카렌족으로서는 해방군과 마찬가지였다. 그간 카렌족은 미얀마와 시암의 왕조 사이에서 온갖 고초를 겪어왔던 차였다. 때마침 카렌족은 미국인 선교사의 활동에 힘입어 기독교를 받아들였고, 학교 교육의 확장으로 영어도 잘 구사하여 식민 당국이 행정 관료와 군사로 쓰기에 편했다. 그들을 활용하여 영국은 주류 민족인 버마족의 민족주의 운동을 제압하기도 했다. 영국은 평지에서는 직접 통치를 해나갔으나 변방 지역에서는 현지인 수장의 통치를 인정했다. 이러한 식민통치 유형은 "분리통치divide and rule"의 일환이었다. 당시 영국은 미얀마뿐 아니라 인도를 비롯한 세계 여러 나라를 분리통치 방식을 적용하며 식민지를 운영해나갔다. 변방의 지역민과 수장은 식민통치 기간 중에도 어느 정도 토착 정치 체계를 유지했던 것이다.

여기에서 카렌족의 기독교 개종에 대해서 좀 더 얘기해보자. 미국 최초의 해외 파송 선교사인 애도니럼 저드슨Adoniram Judson(1788~1850)을 들어본 적이 있는지 모르겠다. 저드슨은 최초로 미얀마어-영어 사전을 발간한 것으로도 유명하다. 저드슨은 1813년에 미얀마에 도착하여 불교도인 버마족을 대상으로 선교 활동을 했으나 별 성과를 거두지 못했다. 그러던 차에 영국 식민지가 된 하부 미얀마의 카렌족 선교로 방향을 튼다. 이때 초대 교회에서 발생했던 집단 개종 사태가 카렌족 가운데서도 일어났다. 왜 그랬을까? 카렌족의 신화가 결정적인 역할을 한 것이다. 카렌족은 유와Y'wa가 이 세상을 창조했다는 신화를 갖고 있었는데, 이것은 여호와가 이 세상을 창조했다는 성경의 창세기 이야기와 비슷했다. 저드슨을 비롯해 미국인 선교사들은 이것을 듣고 놀랐다. 이들이 혹시 잃어버린 이스라엘의 한 지파가 아닐까 생각했다. 그들을 더욱 놀라게 했던 신화가 또 하나 있다. 유와가 지식과 부, 능력의 비밀이 담긴 황금책을 카렌족에게 맡겨두었는데, 카렌족이 관리를 허술하게 하여 그것을 잃어버린 후 가난해지고 약해졌고, 훗날 백인 형제가 그 책을 갖고 되돌아오면 카렌족이 다시 부유해지고 강해질 것이라는 신화였다. 카렌족은 황금책을 성경으로, 백인 형제를 미국인 선교사로 생각하여 기독교를 쉽게 받아들인 것이다. 판본 간에 차이는 있지만 이러한 신화는 산악지대에 사는 여러 소수종족들 가운데 있고, 그들도 역시 식민 시기에 많이 기독교도가 되었다. 기독교가 전파되면서 변방의 종교 모자이크가 더 복잡해졌다. 기독교의 천년왕국 사상은 종종 변방에서 일어나는 반란에 사상적 기반을 제공하기도 했다. 기독교가 16세기 이후부터 퍼진 필리핀의 경우에는 예수의 수난시(파션pasyon)가 19세기 중후반에 발생한 반스페인 해방투쟁에서 지도자와 그를 따르는 자들에게 내면의 가르침이 되었다(Ileto 1979). 기독교가 언제나 원본을 유지하는 것은 아니었다. 불교는 물론 정령숭배와 섞여 혼합 종교가 종종 등장했다.

세계 자본주의의 물결도 변방에 본격적으로 들이닥쳐 그곳의 생활세계도 큰 변화를 겪었다. 특히 식민 세력은 조미아의 삼림과 광물자원을 개발했다. 영국 식민지 시기 미얀마를 다룬 조지 오웰의 소설 『버마 시절』에 등장하는 주인공 플로리를 비롯해 영국인들은 목재회사에서 일했던 인물들이다. 식민 세력은 버려진 땅이었던 메콩 델타와 에야워디 델타 지역을 수출용 쌀을 생산하는 곳으로 탈바꿈시켰다. 인도네시아를 지배했던 네덜란드는 강제 경작이라는 제도를 통해 현지인들에게 상업 작물인 고무나무와 사탕수수를 재배하게 했다. 서구 세력은 한편으로 동남아를 자본주의 체제 속으로 밀어붙이면서 다른 한편으로 중국과 무역을 확대하려 했다. 대륙 동남아 변방은 중국으로 들어가는 입구라는 지정학적·지경학적 이점을 갖고 있었다. 보통 우리가 알고 있는 실크로드는 아마도 중앙아시아를 통과하는 초원 실크로드일 것이다. 실크로드는 하나만 있는 것이 아니다. 벵골에서 인도 동북부를 거치고 미얀마 북부를 거쳐서 중국 윈난성으로 들어가는 경로, 안다만해에서 미얀마 모따마Mottama에 도달한 뒤 태국 국경도시인 매솟을 지나서 치앙마이 쪽을 통과하거나 라오스를 통과하여 중국 윈난성에 도달하는 경로 등도 실크로드에 들어간다. 말라카 해협을 통과하여 중국에 이르는 바닷길도 실크로드라고 부른다. 여하튼 서구 식민 세력은 중국으로 들어가는 길을 개발하려고 했다. 그래서 도로는 물론 철도까지 놓을 계획까지 구상했다. 메콩강에 로망을 갖고 있던 프랑스의 상인 겸 탐험가들은 온갖 고초를 무릅쓰고 하구에서부터 중국에 이르기까지 메콩강을 탐사했다(오스본 2018).

제2차 세계대전 중 동남아의 식민지배자가 일본으로 바뀌었다. 일본은 1942년 무렵 온 동남아를 장악했다. 동남아 사회는 여러 혼란을 겪었다. 다수의 현지인 민족주의자들은 일본에 협력했으나, 카렌족 등 소수종족들과 화인들은 게릴라 투쟁을 하며 일본에 맞섰다. 일본과 그를 등에 업은 현지인들은 그간 서구 식민 세력에 협력해왔던 사람들을 숙청했다. 그때의 앙금으로 카렌족은 더는 한 지붕 아래에서 종족과 살 수 없겠다고 마음먹은 것이다. 현지인 민족주의자들은 일본이 독립을 약속해주지 않자 제2차 세계대전 말기에 영국과 손을 잡고 승리의 주역으로 등장한다. 그리고 독립국가를 건설할 준비를 해나간다. 그러나 독립은 곧 내전의 시작이었다.

3. 변방과 정치: 국가 속의 국가

동남아에서 서구 식민 시기에 영토와 국경이 획정되었다고 앞서 말했다. 독립한 동남아 국가들은 그 유산을 물려받았다. 그러나 누가 국가의 주역으로 국가를 이끌어나가야 하고, 누가 국민이 되어야 하는가를 둘러싸고 첨예한 갈등이 벌어졌다. 어떠한 이념으로 국가를 이끌어나가야 하는가도 그 갈등에 불을 붙였다. 동남아 국가들 대부분은 그 혼란을 겪었다. 말레이시아와 싱가포르에서는 말레이와 화인들이, 미얀마에서는 카렌족 등 소수종족과 버마족이, 베트남에서는 좌파 세력과 우파 세력이 갈등을 겪었다. 미얀마의 소수종족들은 아예 자체의 국가를 건설하려고 했다. 실제로 이들은 국경 지역에 유사 국가를 건설했다. 가운데 평원 지역은 미얀마 정부가 장악했지만 그 둘레는 소수종족들이 장악했다. 그중에서 카렌족이 장악했던 동부 국경 지역은 제법 국가 체제를 갖춘 변방이었다. 꼬뚤레라는 국가 이름 아래 정부기구인 카렌민족연합KNU: Karen National Union(이하 KNU)과 군대도 갖췄고, 학교도 건설했으며, 세금도 징수했다. 국제적인 인정만 못 받았을 뿐 국가 기능을 수행해나갔다. 국가 속에 국가가 존재했던 것이다. 전통시대처럼 두 개의 만달라가 존재했던 것이다. 더욱 흥미로운 점은 그 만달라 영역이 전통시대처럼 계절에 따라 달랐다는 것이다. 건기에는 미얀마 정부군이 변방 깊숙한 곳으로 들어와 장악했다가 우기에는 물러났다. 마찬가지로 KNU의 영역이 건기에는 줄어들었다가 우기에는 늘어났다. 둘 모두 계절 국가였던 셈이다. 내 박사 지도교수인 아난다 라자(Ananda Rajah 1990)는 모순된 표현 같지만 두 국가를 "근대의 전통 국가modern-day traditional state"라고 불렀다.

나는 태국-미얀마 국경지대를 돌아다니며 "국가 속의 국가" 또는 "전근대 근대국가"를 체험할 때가 많았다. 내가 처음 치앙마이에서 산을 넘어 태국-미얀마 국경지대로 들어갔을 때가 1999년 12월이었다. 산을 넘는 중 수렵채집과 화전을 하는 카렌족을 많이 만났고 그들 중에는 미얀마에서 온 사람들도 많았다. 난민촌은 그야말로 국가 속의 국가였다. 행정구역상으로는 태국에 있었으나 전혀 다른 시스템으로 난민촌이 운영되었다. KNU는 1990년대 중반에 주요 근거지를 미얀마 정부군에 뺏기게 된다. 그래서 꼬뚤레에 살던 사람들이 국경을 건너 난민촌으로 들어왔다. 주요 근거지를 잃었지만 KNU는 여전히 미얀마 내부에서 게릴라 투쟁을 벌이며 세력을 유지하고 있었다. 모바일mobile 국가가 된 셈이다. 태국 땅에서는 난민촌이 일종의 국가 속의 국가였다. 그리고 미얀마의 모바일 국가와 태국의 난민촌 사이에는 연계가 구축되어 있었다. 나로서는 처음에는 잘 이해할 수 없는 현상이었다. 왜 내가 잘 이해할 수 없었을까? 나뿐만 아니라 대한민국에서 자란 사람들 대부분이 그 현상을 잘 이해할 수 없었을 것이다. 우리는 남북한 사이가 철조망 휴전선으로 철저하게 갈라진 분단국가에서 자라며 국경은 넘을 수 없는 것이고, 넘는 것은 곧 죽음이라고 생각하며 살아왔기 때문이다. 그렇기에 남과 북 정상이 경계에서 만나는 것이 그토록 큰 이벤트가 되는 것이다. 태국-미얀마 국경을 비롯하여 동남아의 여러 국경들이, 나아가 세계의 여러 국경들이 철조망으로 구분된 경우는 극히 드물다. 사실상 양 국경지대 사람들은 여권 없이 서로 왕래하는 경우가 많다. 국가기관은 국경지대에서 통용되는 통행권을 발급하며 왕래를 인정해주는 경우가 많다. 설령 그런 통행권이 없더라도 국경지대 사람들은 나름의 방식으로 양 국가를 오고 간다.

난민촌이 왜 국가 속의 국가인지 좀 더 자세히 살펴보자. 난민들이라면 그저 불쌍한 사람, 모든 것을 잃고 집을 떠난 사람으로만 알고 있는 경우가 많을 것이다. 그런데 카렌족처럼 미얀마 내부에서 국가 속의 국가를 운영해본 적이 있는 난민들은 물리적인 영토는 잃었어도 그 체계를 유지한 채 난민촌으로 오는 경우가 많다. 다만 난민촌 내부에서 정치 활동을 드러내놓고 하지 못해 KNU가 난민촌을 운영하지는 않고, 난민촌 자체의 행정조직인 난민위원회가 그 아래 교육부, 보건부 등을 두며 난민촌을 운영해나간다. 그러나 그 난민위원회가 KNU 영향을 받는다는 것은 공공연한 사실이었다. 꼬둘레에서 운영했던 학교가 난민촌으로 옮겨 왔고, 교사들도 옮겨 와 난민촌 학교에서 여전히 가르쳤다. 그러니 카렌족 정체성을 함양하는 민족주의 교육을 계속 실시할 수 있었다. 난민촌에 학교가 몰려 있다 보니 오히려 더 강하게 실시할 수 있었다. 태국 영토 안에 있었지만 난민촌은 카렌족의 고유성을 지켜나가는 국가 속의 국가인 셈이다.

게다가 이제는 태국 정부와 유엔난민기구UHNCR: United Nations High Commissioner for Refugees, 엔지오NGO가 적극적으로 개입하며 그 국가 속의 국가가 수용국 정부와 국제사회와 영향을 주고받으며 운영된다. 태국 정부는 출입과 안보를 책임지고, 유엔난민기구는 우리의 주민

센터처럼 난민들을 등록하고 관리하는 일을 해나가고, 엔지오는 의식주를 제공한다. 내가 국가 속의 국가를 너무 낭만적으로 보는 면도 있다고 지적할 수도 있겠다. 맞는 말이다. 수용국 국가의 영향력을 마땅히 고려해야 한다. 내가 2000년도에 3개월 정도 난민촌에 거주했을 때 난민촌 안보 문제가 큰 현안이었다. 미얀마 정부군과 KNU에서 떨어져 나온 군벌 세력이 90년대 후반에 미얀마 국경 쪽에서 난민촌을 포격했고, 그 후로도 암약하며 크고 작은 피해를 난민촌에 입히고, KNU 주요 정치 인사들이 암살을 당하기도 했다. 그러다 보니 태국 정부는 보안을 강화하여 난민들의 출입을 통제하고, 효율적인 관리를 위해 난민촌을 통폐합했다. 그러니 국가 속의 국가가 위축되기 마련이었다. 난민들도 보안에 극도로 민감했다. 그 시기에 내가 들어갔으니 나도 처음에 적응하기가 힘들었고, 난민들도 나를 선뜻 받아들이기가 어려웠을 것이다. 안보가 현안이 될 때 출입과 활동에 제약을 받으니 난민들의 생계 추구가 어려웠고 외부 구호에 대한 의존도 심해졌다. 그러나 매우 실용적인 탁신 정부가 들어서자 난민촌 태국 정부의 방침도 변했다. 경제발전이 현안이 될 때 난민들을 인적자원으로 쓸 수 있는 방안을 모색하기 때문이다. 그래서 엔지오들은 정부의 허락을 받아 난민들을 위한 여러 생계 추구 프로그램을 시행할 수 있었다. 따라서 국가 속의 국가도 활력을 얻을 수 있었다. 이처럼 난민들의 자율성은 수용국 국가가 안보에 관심을 갖느냐 아니면 경제에 관심을 갖느냐에 따라 큰 영향을 받았다. 과거 만달라 국가가 계절 등에 따라 지배 영역이 달라졌다면, 이제는 수용국의 정책에 따라 난민들 마음의 크기가 커졌다 작아졌다 반복을 했다.

유엔난민기구와 엔지오가 개입하니 국가 속의 국가는 초국적 거버넌스가 이뤄지는 장이었다. 나는 이 점을 굉장히 인상 깊게 관찰했다. 영토 국가가 없어도, 주권이 없어도, 국제사회와 난민 당사자의 협력으로 난민촌은 생산 활동에 제약을 받는데도 또 하나의 생활세계로 자리 잡아갔다. 유엔난민기구는 난민들이 생각하기에 비빌 수 있는 언덕이었다. 한 예를 들자면, 난민들은 주변 농촌 지역이나 도시에 나가서 "불법적으로" 일을 하다가 경찰의 단속에 걸리는 경우가 있는데, 그때 난민들은 유엔난민기구 등록증을 들이대며 자기는 그 기구의 관리를 받는 자라고 내세우는 것이다. 실제로 유엔난민기구의 중요하고도 귀찮은 일 중 하나가 그렇게 경찰의 단속에 걸린 난민들을 빼내와 난민촌으로 다시 데려다주는 일이었다. 엔지오는 난민들의 모든 필요를 채워주는 친구와도 같았다. 스무 개가량의 엔지오가 협의체를 만들어 보건, 교육, 식량 등 저마다의 영역에서 전문성을 발휘하면서도 서로 협력했다. 당시 나는 이런 거버넌스가 국가 체계를 넘어설 수 있는 미래의 거버넌스 체계일 것이라고 기대했다. 아마도 당시 나는 국가가 약해지고 있고, 엔지오가 국가를 대체하며 지구시민사회를 발전시켜나갈 것이라는 믿음을 갖고 있었던 것 같다. 그 믿음이 컸던지 난민촌을 일종의 대안 공동체로 바라봤던 것 같다. 난민 지도자들은 공동체 유지와 발전을 진심으로 고민했었고, 난민들은 어려운 조건에서도 열심히 살아가고 있었다. 난민촌은 엄연한 생활세계였다. 그것도 글로벌 생활세계였다. 난민촌 주변에 살던 일반 태국인들도 자녀 영어 교육을 위해 난민촌 학교에 보내고 본인들도 난민촌 클리닉에서 치료를 받을 정도였다. 나는 불경스럽지만 난민들이 이렇게 살아가도 괜찮겠다는 생각도 가끔 했다. 변방에서 초국적 거버넌스라는 꽃이 계속 피길 기대했던 것이다.

내가 가졌던 공동체에 대한 그 믿음이 나로서는 엉뚱한 이유로 깨졌다. 미얀마 정부의 탄압도, 태국 정부의 통제도 아니었다. 제삼국난민재정착 프로그램이었다. 2005년부터 유엔난민기구가 미국, 캐나다, 호주, 유럽의 여러 국가들과 더불어 난민들을 대규모로 데려갔다. 그 이전에도 난민들이 서구권 국가로 옮겨 갔지만 개별 차원이었다. 이제 난민들은 너나없이 난민촌을 떠나려 했다. 교사들을 비롯해 지도자들과 그 자녀들이 먼저 떠났다. 공동화현상이 벌어졌다. 난민촌 학교는 교사가 부족하여 허덕였고, 엔지오도 일꾼이 부족하여 활동을 제대로 수행할 수 없었다. 나는 난민들, 특히 난민 지도자를 만날 때면 공동체를 지키면 좋겠다고 역설했다. 그러나 지금 생각해보면 그들로서는 너무나 가혹한 얘기였다. 나도 당시에 섣부른 생각을 했다고 지금 뉘우친다. 나는 갈수록 한 개인의 "욕망"에 대해 더 생각하고 그것을 인정하게 되었다. 우리는 흔히 "난민은 이러해야 한다", "한국인은 이러해야 한다" 등 범주와 집단에 입각한 생각을 하기 쉽다. 그러면서 개인을 놓치기 쉽다. 모든 사람은 개별자이다. 개별자는 저마다 욕망을 갖고 있다. 난민촌에서 나름대로 국가 속 국가를 이루며 사는 것 같았지만, 다른 좋은 국가에 대해 알게 되고, 거기에서 자녀들에게 더 나은 기회를 주고 싶은 욕망을 품고 살아왔던 것이다. 그 욕망은 이동을 부추긴다. 사실 난민들은 살고 싶은 강력한 욕망을 갖고 있었기에 난민촌까지 왔던 것이다. 이미 몸속에 이동성을 장착했던 것이다. 그 이동성이 난민촌에서 제한을 당했지만 그 모색은 그치지 않았던 셈이다. 이제 새로운 기회가 왔으니 그것을 붙잡는 것은 당연한 일이었다. 그렇다면 공동체는?

내가 당시 난민들이 난민촌에 남으면 좋겠다는 생각이 짧았다는 것은 그 이후에 진행된 공동체의 진화를 보고 있기 때문이다. 지금 이 글을 쓰는 시점은 재정착 프로그램이 시작된 지 15년이 지난 무렵이다. 처음에 공동체는 난민촌 중심이었고, 그 연계가 미얀마와 태국에까지 이르는 수준이었다. 그러나 이제는 미국, 호주, 캐나다, 유럽, 일본, 심지어 한국에까지 확장됐다. 한국 정부가 2015년에 재정착 프로그램을 시작한 것을 알고 있는지 모르겠다. 그 첫 대상자로 내가 머물렀던 맬라난민촌의 카렌족 난민들 30명가량을 데려왔다. 나로서는 예사롭지 않은 사건이었다. 당연히 나는 이들이 도착하는 역사적인 날, 2015년 12월 23일 이들을 보기 위해 인천공항으로 갔다. 2016년과 2017년에도 같은 난민촌에서 비슷한 규모의 카렌족 난민들이 도착했다. 이들은 한국에서 공동체를 이루며 서로 도와가며 산다. 흥미로운 것은 여러 나라에 흩어진 카렌족들이 해당 수용국에서 공동체를 단단히 이루며 살 뿐만 아니라 서로 연합하는 활동을 해가 갈수록 발전시키고 있다는 점이다. 일종의 초국적 네트워크 공동체가 된 것이다.

4. 초국적 네트워크와 국경사회체제

초국적 네트워크 공동체를 조금 더 자세하게 살펴보자. 우선 네트워크는 상호 연관된 결절의 집합이라고 정의할 수 있다(카스텔 2003: 606). 그 네트워크를 통해 자본, 정보, 기술, 이미지, 소리, 상징들이 흐른다. 네트워크를 엮고 살아 있게 만드는 것은 그러한 흐름들이다. 나는 이것을 우리 몸에 비유해보고 싶다. 네트워크가 혈관이라면 자본, 정보, 기술 따위의 것들은 피의 성분들이다. 피가 혈관을 흐르며 우리 몸을 살아 있게 하듯이, 자본, 정보, 기술 따위가 네트워크를 타고 흐르며 공동체를 살아 있게 한다. 카스텔(2003: 537~541)은 네트워크의 층위를 세 가지로 구분한다. 첫째는 전자충격회로, 다시 말해 통신망/인터넷망, 둘째는 결절과 허브, 셋째는 엘리트의 공간이다. 다시 우리 몸과 관련하여 이해한다면, 전자충격회로는 혈관, 결절과 허브는 심장, 엘리트의 공간은 두뇌라고 할 수 있다. 이제 카렌족의 초국적 네트워크를 여기에 대입해보자. 세계 여러 곳에 흩어진 카렌족들은 일차적 층위인 정보통신망(인터넷)으로 엮여 있고, 그 초국적 네트워크에서 결절과 허브를 담당하는 이차적 층위는 태국과 미얀마의 국경지역이며, 그 네트워크를 운영해가는 관리 엘리트로서 두뇌의 역할을 하는 삼차적 층위는 카렌족 정치 지도자들이라고 할 수 있다.

혹시 "상상의 공동체"라는 말을 들어본 적이 있는지 모르겠다. 베네딕트 앤더슨(2018)이 민족nation을 그렇게 일컬었는데, 일상에서 서로 얼굴을 맞대지 않으면서도 한 공동체에 속했다고 상상하기 때문이다. 그러나 이제 인터넷망으로 연결된 카렌족은 페이스북에서 말 그대로 "얼굴 공동체"가 되었다. 페이스북은 일상이 되었고, 서로의 얼굴을 보며 소식을 주고받는다. 이들 각자가 수천 명의 페이스북 친구들을 갖고 있는 경우가 보통이다. 내가 이들을 방문할 때면 늘 페이스북 메신저를 통해 다른 나라에 살고 있는 이들과 영상통화를 하는 모습을 자주 봤다. 호주에서도, 노르웨이에서도, 스웨덴에서도, 한국에서도 물론 그런 장면을 자주 본다. 인터넷망은 이렇게 흩어진 공동체를 계속 묶어주고 살아 있게 만들어주는 혈관이 되었다.

초국적 네트워크에서 국경지역이 결절과 허브, 다시 말해 심장의 역할을 맡고 있다고 했는데, 그것도 좀 더 자세히 살펴보자. 이것 역시 내 체험을 담고 있다. 내가 맬라난민촌에 머물 때 미얀마에서 난민들의 가족과 친척, 친구들이 방문하는 것을 종종 보았다. 심지어 양곤에서도 왔다. 미얀마도 살기 어려워 난민촌에 와서 쌀과 소금 따위의 양식을 가족으로부터 받아 갔다. 맬라난민촌은 난민촌의 수도와도 같았다. 각종 행사가 이곳에서 열렸다. 엔지오도 이곳을 중심으로 구호활동을 전개했다. 이미 언급했듯이 주변의 태국인들

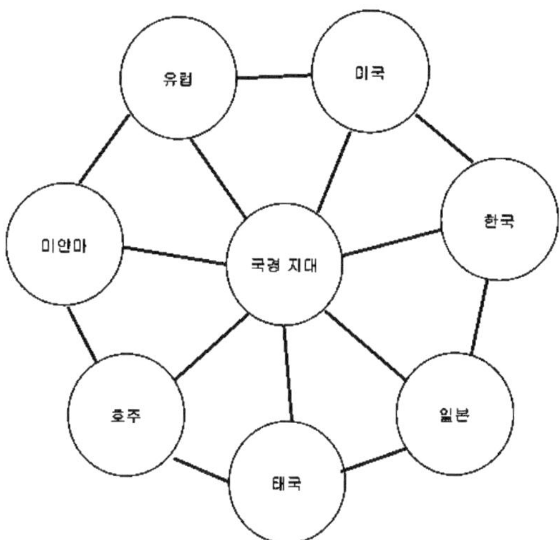

그림 1 카렌족의 초국적 네트워크

도 이곳의 학교와 병원을 이용할 정도였다. 해외에 재정착한 난민들도 이곳에 한동안 머무는 경우가 많았다. 정보와 돈과 물자가 이곳을 허브 삼아 미얀마로, 태국으로, 해외로 뻗어나갔다. 현대 만달라의 중심이 된 것이다.

나는 맬라난민촌과 더불어 매솟을 내 연구의 중심지로 삼으며 그러한 현상을 좀 더 체계적이고 총체적으로 이해할 수 있게 되었다. 국경도시인 매솟에 머물며 나는 난민뿐만 아니라 이주민까지 포함하며 국경지대의 사회체계를 이해하고 싶었다. 나는 기존 사회과학의 "사회" 개념이 너무나도 "국민"에 뿌리박혀 있음이 마음에 들지 않았다. 또한 너무나도 "균형"이나 "안정"을 중시하는 것도 마음에 들지 않았다. 내가 살고 관찰하던 국경지역은 기존의 사회체제 개념으로는 설명할 수 없었다. 나는 일단 기존의 사회체제 개념, 즉 행위자들의 상호작용 속에서 생겨나는 관계들의 망이라는 점은 받아들였지만, 그것을 딛고서 "국경사회체제"라는 개념을 생각해냈다. 누가 국경사회체제의 구성원인가? 나는 이주민, 그것도 미등록 이주민도 정당한 구성원이라는 점을 강조했다. 내가 2000년대 중반 매솟에 머물 무렵 태국인 인구는 10만 명이었는데, 미얀마인 인구는 정확한 통계는 없지만 20만 명이라고들 했다. 그 미얀마인 중 합법적 신분증을 소지하고 있는 인구는 6만 명도 되지 않았다. 이런 추세는 이 글을 쓰는 시점에도 계속되고 있다. 이렇게 미등록 이주민이 국경 인구의 거의 절반에 이르는데 이들을 무시하고 국경사회를 논한다는 것은 사리에 맞지 않는 일이었다. 이들이 없다면 국경사회는 결코 가능하지 않을 터였다. 태국 현지인들 대부분이 이들의 노동력에 힘입어 공장을 돌리고, 장사를 하고, 아이를 양육했다. 한 에피소드를 소개하고 싶다. 1997년 우리 나라를 비롯해 동아시아가 겪은 경제위기는 태국이 진원지였다. 태국 정부는 위기를 수습하는 차원에서 "불법" 미얀마인 노동자들을 추방하려고 했다. 그때 매솟의 태국인들은 가장 앞장서 정부의 그 방침에 극렬하게 반대했다. 미얀마인들이 없다면 매솟이 돌아가지 않을 것이라는 것을 알았기 때문이다. 이들에게는 불법과 합법이 그리 중요하지 않다. 사실 그 잣대는 국가의 것이고, 국가가 들어서서 국경선을 긋기 전에는 없었던 것이다. 매솟과 그 건너편 미얀마 국경지대는 국가가 들어서기 이전에 하나의 지역사회를 이루며 살아왔었다. 그리고 다시 만달라 세계관을 떠올려보면 변방이었던 이 지역은 오랫동안 자율성을 유지해왔고, 그 전통이 아직까지 면면히 흐르고 있다.

근대 사회과학은 균형과 안정을 중요시한다고 했다. 그러다 보니 사회를 정태적으로 보는 경향이 많이 나타났다. 그러나 국경사회체제에서는 흐름 곧 이동성이 그것을 생명력 있게 만든다. 그 이동성이 피와 같은 것이다. 피가 흐르지 않으면 죽듯이 이동성이 없다면 국경사회체제는 죽는다. 여기에서 좀 전에 네트워크에서 심장의 역할을 한다는 것과 맥이 닿는다. 미얀마 사람들은 국경을 넘어 매솟으로 일차 이주를 단행하고, 여기에서 일도 하고, 태국어도 배우고, 태국 사회에 적응하는 과정을 거친다. 그러나 여기가 끝이 아니다. 한번 이주를 단행하면 그 다음번 이주는 그리 어렵지 않다. 이들이 가닿고자 하는 곳은 방콕, 그리고 더 멀리는 말레이시아 쿠알라룸푸르이다. 이렇게 사람이 이동해버리면 매솟에는 공동화현상이 발생해야 한다. 그러나 곧 이들이 빠져나간 자리를 미얀마에서 새롭게 이주해 온 사람들이 메운다. 피가 돌듯이 이러한 순환이 끊임없이 발생한다. 그 흐름이 사회를 살아 있게 만드는 것이다. 피가 잘 돌아야 우리 몸이 건강하듯이 말이다. 그래서 이제는 사회를 보는 우리의 시각을 바꾸면 좋겠다. 균형과 안정을 무운동과 엮는 것이 아니라 흐름과 엮어야 한다. 진정한 균형과 안정은 활발한 신진대사 작용에 있다. 건강한 몸이 그렇듯이 말이다. 건강한 사회도 그렇다고 나는 본다.

이렇듯 매솟과 맬라난민촌은 서로 60킬로미터 떨어진 채 사람과 돈과 정보를 안팎으로 흩뿌리는 심장의 역할을 하고 있다. 나는 이러한 흐름을 더 잘 보려면 공식과 비공식을 통합해서 바라봐야 한다고 강조했다. 국경사회체제 구성원에서도 미리 비슷한 언급을 했었는데, 경제 영역에서 그것이 확연하게 드러났다. 내가 국경 연구를 하면서부터 좋아하고 자주 가는 곳은 "태국-미얀마 우정교"가 있는 머이Moei강 유역이다. 예전에도 그렇고 지금도 매솟에 머물 때면 바람도 쐴 겸 오토바이를 타고 그곳으로 간다. 그 길은 우리 나라까지 연결되는 아시안 하이웨이Asian Highway의 구간이기도 하다(경부고속도로를 타면 유심히 표지판을 관찰해보시라). 그곳에 가서 처음 만나게 되는 사람들이 미얀마 "밀수꾼"들이다. 나를 둘러싸며 "양담배 사시라", "비아그라 사시라", "위스키 사시라" 종용한다. 바로 옆에는 “허가 없이 상거래를 하면 엄벌에 처하겠다”는 경고 표지판이 서 있다. 내가 밀수꾼들과 실랑이를 벌이며 나아가는 사이 국경수비대원이 “행인 1”처럼 우리 곁을 지나간다. 이 얼마나 우습고도 역설적인 장면인가. 밀수꾼과 경고 표지판과 군인의 공존! 밀수꾼을 뿌리치고 좀 더 거슬러 올라가면 더 놀라운 장면을 보게 된다. 마늘, 고추, 양파, 게, 새우, 건어물, 선글라스, 기념품 따위를 아예 장터처럼 진을 치고 파는 미얀마 상인들을 보게 된다. 소위 블랙마켓인 셈이다. 그리고 이들에게서 물건을 사는 태국 현지인, 관광객을 보게 된다. 이 블랙마켓 옆 건물 안에는 공식 시장이 자리하며 기념품류, 전자제품, 악기 따위를 판다. 블랙마켓과 공식 시장이 나란히 붙어 있는 것이다. 밀수나 블랙마켓을 떠올릴 때면 음습한 느낌이 들 것이다. 우리의 TV 뉴스를 보면 밀수꾼들은 죄다 얼굴을 가리고 경찰에 끌려가고 밀수품은 범죄의 증거로서 테이블 위에 전시된다. 그런 이미지를 갖고 있던 나도 이렇게 버젓이 드러내놓고 장사를 하는 밀수꾼들을 보게 되니 너무나 의아했고, 이 현상을 설명해보고 싶었다. 나는 직접 세관과 이민국 주요 인사를 만나 이것을 물어보았다. 그들은 이것을 태국 말로 “위티 치윗”, 즉 삶의 방식이라고 하며 그냥 둘 수밖에 없다고 했다. 면면히 흐르는 변방 자체 문화의 힘을 국가가 아직까지 극복하지 못한 셈이었다. 물론 가끔 단속을 하기는 한다고 했다. 그러나 이들은 강 건너로 갔다가 다시 돌아와 장사를 한다고 했다. 나는 이들이 국가의 눈에는 불법이지만, 엄연히 국경사회체제의 일원으로서 국경 경제에 통합되어 있고 기여한다는 점을 강조하고 싶었다. 이것은 내 경험에서 우러나온 것이기도 하다. 나도 그들로부터 게를 종종 사서 맛있게 요리해 먹었다. 안다만해에서 잡힌 그 통통한 게는 몰라먀잉과 미야워디를 거쳐 국경까지 이르고 맨 마지막에 우리 집 식탁에 올랐던 것이다.

머이강 유역 얘기를 좀 더 해보자. 이제는 방향을 틀어 강둑을 따라 내려가면 물건을 실어 나르는 배를 보게 된다. 사람을 태우는 배도 있고, 어떤 때는 사람들이 큰 타이어 튜브에 걸터앉은 채 강을 건너는 장면도 본다. 아니 물건과 사람이 편히 지나다니라고 태국-미얀마 우정교를 세운 것 같은데, 이 불편한 짓을 굳이 왜 하는가? 다리로 건너는 게 빠를까, 아니면 이렇게 건너는 것이 빠를까? 정답은 이렇게 건너는 게 더 빠르다. 이 역시 내 경험에서 우러나온 것이다. 한번은 건너편 미야워디에서 조사를 할 필요가 있었다. 그래서 그곳에서 조사를 도와줄 미얀마인을 매솟에서 수소문해 알게 됐다. 그리하여 그와 내가 동시에 미야워디를 향해 출발했다. 나는 다리를 건너, 그는 배를 타고. 내가 이쪽과 저쪽에서 출입국 심사를 정식으로 받으며 다리를 빠져나왔을 때, 그는 벌써 도착해 나를 기다리고 있었다. 배를 타고 건널 때는 복잡한 출입국 수속을 밟을 필요가 없기에 더 빠르다. 또한 뱃삯이 비자나 통행증 발급 비용보다 더 싸다. 더 중요하게는 출입국사무소에 자신의 출입국을 굳이 알릴 필요가 없다. 물품이 건너가는 것 역시 마찬가지 원리다. 그런데 여기에는 추가 설명이 필요하다. 태국 쪽에서 나가는 상품은 대부분 세관 신고를 거친다. 태국 정부가 수출을 장려하려고 관세를

그림 2 국경 무역

거의 부과하지 않기 때문이다. 이쪽에서 나가는 물품은 공식 통관 절차를 거친다. 그런데 그 물품이 저쪽에서는 미얀마 정부 세관을 통과하지 않는다. 수입업자는 그 대신 한 카렌족 군벌에게 세금을 내야 한다. 그 군벌은 미얀마 정부와 협력하는 대가로 그 권리를 받았다. 이렇듯 미얀마 쪽에서는 비공식 또는 준공식 통관 절차를 거친다. 종합하자면 한 물품이 한쪽에서는 공식, 다른 쪽에서는 비공식 절차를 거친다. 다시 말하건대, 공식과 비공식을 통합해야 이러한 물건의 흐름을 제대로 알 수 있는 것이다.

5. 닫고, 잇고, 넘다: 지역 통합과 연계성

매우 시적이면서도 돈 냄새 풍기는 "전장에서 시장으로from a battlefield into a marketplace"라는 표현을 들어보신 적이 있는지 모르겠다. 1988년 태국의 찻차이 총리가 인도차이나(대륙부 동남아)를 그렇게 만들겠다는 포부를 밝히며 그 표현을 썼다. 세계사적인 냉전 해체의 물결이 동남아에도 이른 것이다. 중국이 훨씬 앞서 실용주의 노선을 걷고, 베트남도 그것을 따라 하고, 이웃 국가인 미얀마 군부도 대외 개방을 표방하면서 대륙부 동남아가 하나의 시장으로 막 발돋움하려 했다. 이 기회를 초국적 자본이 놓칠 리 없다. 지역금융기구인 ADB는 아예 지역의 판을 다시 짜며 시장을 만들기 위한 작업에 착수했다. 그리하여 "대메콩지역GMS"(이하 GMS)이 1992년에 등장했다. 이름이 알려주듯, 메콩강 유역 국가들의 협의체로서 대륙부 동남아 국가들 모두(미얀마, 태국, 라오스, 캄보디아, 베트남)와 중국(윈난, 광시)을 포함한다.

GMS가 등장하자 국경지역에 관심이 쏟아졌다. 이곳을 디딤돌 삼아 이웃국과 연결하고 더 멀리까지 나아가기 위해서였다. 이어놓으면, 경쟁력이 생기고, 공동체로 발전할 수 있을 터였다. 이것이 바로 GMS의 목표인 3C(connectivity[연계성], competitiveness[경쟁력], community[공동체])이다. ADB는 1995년에 교통종합계획을 수립하고 1998년에는 경제회랑economic corridor 개념을 내세우며 북남회랑, 동서회랑, 남부회랑을 우선 지정했다. 매솟은 동서회랑에서 중요한 결절지로 각광을 받았다. 나는 매솟에 갈 때마다 매번 엄청난 변화에 놀라곤 한다. 내 제2의 고향이 옛 모습을 잃어버리고 있어 아쉬움도 많이 느낀다. 한가한 논이 있던 매솟 둘레에 왕복 8차선 길이 들어서고, 방콕에서나 보던 로빈슨Robinson백화점을 비롯해 대형 쇼핑몰들이 그 도로 곁에 우후죽순 생겨났다. 동서회랑 구간인 딱Tak과 매솟을 잇는 도로도 계속 확장되었고, 2019년 10월에는 제2 태국-미얀마 우정교가 개통됐다.

나는 처음에는 GMS 연계성 프로젝트에 비판적인 태도를 취했다. 갑자기 메콩강을 들이대며 억지로 나라들을 엮는 게 뜬금없는 데다 위로부터 내리꽂는 지역만들기 행태였기 때문이다. 사실 미얀마에서 메콩강은 스치듯 지나가고, 태국에서도 동북부 쪽으로만 흐른다. 매솟과는 상관없는 강이다. 그런데 나는 그곳에 살면서, 그리고 계속 방문하면서 인공물이 자연물로 되어가는 변환의 과정을 경험했다. 그 과정에 앞장선 사람들은 지역의 사업가들이었다. 나는 처음부터 지역의 사업가들과 가깝게 지냈다. 집주인이 사업가였고, 나를 사업가들의 모임인 상공회의소에 자주 데려가 주었고, 그 과정에서 나랑 비슷한 또래의 사업가들과 친한 친구가 되어 아직까지도 소식을 주고받는다. 이들은 GMS를 "내 지역"으로 끌어들여 나갔다. 물론 이들도 외부 인사들이 매솟에 대해 이러쿵저러쿵 발전계획을 내놓으면 시큰둥하게 반응하긴 마찬가지다. 한 예로 중앙은행인 태국은행의 한 인사가 화려한 파워포인트 슬라이드를 사용하며 국경무역을 설명하자, 내 사업가 친구들은 쓸데없는 데 돈 낭비한다면서, 국경무역은 그렇게 공식적인 통계로서만 설명되지 않고, 은밀히behind the scenes, 테이블 밑에서under the table 처리되는 비공식/준공식 영역을 봐야 한다고 일갈했다. 사실 그 일갈이 내 머리를 통치는 영감을 주어 나는 그것을 내 학위논문과 그 이후의 학술지 논문(Lee 2015)에 중요한 개념으로 발전시켰다. 그러한 자존심을 갖고 있으면서도 그들은 세상 변화를 먼저 읽고 실용적인 태도로 대처해나가는 데도 뛰어났다.

자전거로 국경을 넘는다면 이 얼마나 멋진 일일까? 사업가들은 바로 이 아이디어를 실행에 옮겼다. 나름대로 태국(매솟)과 미얀마(미야워디)를 잇는 연계성 프로젝트인 셈이다. 나도 장기 현지조사 중 이 프로젝트에 참여하여 수천 명의 인파와 더불어 자전거로 국경을 넘은 적이 있고, 그 이후에도 사업가들과 함께 이제는 자전거가 아니라 차를 타고 이 행사에 참여한 적이 있다. 자전거 대열이 쉬는 곳이 미얀마 내 산업단지로 개발될 곳이었다는 점은 사업가들의 의도를 드러낸다. 실제로 매솟과 미야워디 상공회의소장들은 저마다 GMS와 그리고 아세안경제공동체 얘기를 하며 매솟과 미야워디가 협력하여 그 중심이 되자는 어조로 연설을 했다. 이들은 이처럼 변방이었던 이곳에서 지역협력의 꽃을 피우려 했다.

이들이 GMS를 "내 지역"으로 만들려고 실천한 또 한 가지를 보자. 이것은 정말 초국적 대장정에 해당한다. 이들 무리가 2009년 10월 19월에 매솟을 출발하여 동서회랑을 통해 태국 동북부, 라오스, 베트남, 더 나아가 중국 광시의 난닝까지 이른 뒤, 돌아올 때도 일부 구간 변동은 있었지만 비슷한 코스로 매솟에 10월 27일에 돌아왔다. 총 이동거리가 무려 4,200킬로미터였다. 이들은 이동 중 주요 도시의 상공회의소와 행사도 개최하고, 중국 난닝에서는 무역전시회에 참여하며 중국인 사업가들과도 협력을 모색했다. 내가 이 여정을 따라갔을까? 불행히도 함께하지 못했다. 내 친구들에게서 이 얘기를 전해 듣고, 파워포인트로 만든 여정 안내도도 건네받고서 내 마음은 흥분됐고, 나도 언젠가 이 경로로 여행을 꼭 해보리라 다짐했다.

이들의 이동성 실천 속에 GMS는 처음에는 낯설었더라도 익숙한 공간이 되어간다. 이 현상을 여전히 비판적으로 볼 수도 있다. 사업가들도 결국 ADB와 국가와 한 패거리가 되어 자본의 무한 증식을 도모하고 있지 않은가 하고 말이다. 그러나 몇 가지 점을 더 생각해보면 좋겠다. 일단 자본 내 경합 문제를 살펴보자. 지방 사업가들은 방콕 중심의 대형 자본가와 경합을 벌이기도 한다. 처음에 방콕 자본이 국경에 진출할 때 지방 사업가들의 완강한 저항에 부딪혔다. 그래서 진출 속도가 더디어지고, 규모도 통제되었다. 지금은 방콕 자본이 승리를 거두는 추세로 나아가고 있기는 하지만, 그래도 지역성을 지키려는 의지는 지방 사업가들 마음속에 자리 잡고 있다. 또한 지방 사업가들의 지역만들기는 지역민들의 경계 넘기를 쉽게 만든다. 자전거 행사 같은 경우에는 국경 통제를 그리 심하게 하지 않는다. 나도 그 혜택을 톡톡히 누렸다. 그러한 경계 넘기 속에 지역민들의 지역 범주 역시 확장된다. 지방 사업가들이 미들맨 역할을 하며 GMS와 아세안공동체에 대한 감각을 그들 가운데 뿌리내리는 데 기여하는 것이다.

그런데도 내가 애석해하는 것은 결국 돈이 국경의 주인이 되어가는 정도가 너무 심해졌다는 점이다. 이른바 지역협력과 연계성 시대에 돈이 제 세상을 만난 듯 휘젓고 돌아다니는 판이 볼썽사나울 때가 많다. 거기에 기름을 부은 게 공교롭게도 미얀마의 민주화였다. 2011년 떼인 세인 대통령이 취임할 무렵부터 미얀마는 과감하게 민주화 조치를 취했다. 양심수를 석방하고 상징적으로 아웅산 수찌 여사의 가택연금을 해제했다. 소수종족과도 화해를 도모했다. 그리하여 KNU와 2012년 1월에 정전협정을 체결했다. KNU 내에서 이에 대해 논란이 있기는 했지만, 국경지역에 평화가 찾아왔고, 전쟁은 과거의 일이 됐다. 평화의 시대란 곧 비즈니스를 편하게 할

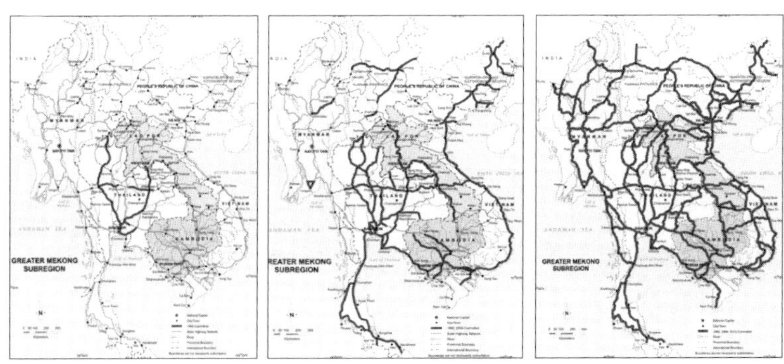

그림 3 GMS 도로망 발전

수 있는 시대에 다름 아니었다. 소수종족 군벌들이 국경지대를 비즈니스 무대로 만들려고 했다. 카지노를 세우고, 중국 자본을 끌어들여 광산과 목재를 개발하려 했다. 2017년 나는 GMS 동서회랑의 미얀마 구간을 체험해보고 싶어 매솟에서 미야워디를 거쳐 몰라먀잉까지 육로로 여행을 한 적이 있다. 그 구간 중 일부는 예전에는 내전 탓에 외부인의 출입이 금지된 곳이기도 하다. 그 여정에서 나는 이제 돈이 국경의 주인이 되고 있는 것을 절감했다. 그중에서도 중국 자본의 진출을 눈으로 확인했다. 소수종족 군벌들이 개발과 비즈니스를 통치 수단으로 활용하고 있었고, 그들 자신이 사업가가 되어가고 있었다. 이것이 평화의 결과라는 말인가? 그러나 1988년 찻차이 전 총리의 "전장에서 시장으로"라는 선언을 떠올리면, 씁쓸하지만 그 예견이 현실이 되어가고 있음을 인정할 수밖에 없다. 현대 만달라의 종주는 돈이고, 변방에서 돈 꽃이 무성히 피어나고 있다.

6. 어떤 꽃을 피울 것인가

지금까지 변방의 어제와 오늘을 살펴보았다. 이 끝머리에서 나는 미래를 위해 몇 가지 제안하고자 한다. 먼저 지식 탐구에 관한 이야기를 하고 싶다. 나는 틈새에서 바라보기를 실천해보자고 제안하고 싶다. 내가 서두에서 설명했듯이 조미아는 그런 모색 속에 등장했다. 틈새는 대상이자 방법일 수 있다. 대상이라는 말은 쉽게 와닿을

텐데 방법이라는 말은 그렇지 않을 수 있겠다. 혹시 "방법으로서 아시아"를 들어본 적이 있는지 모르겠다. 쉽게 풀이하자면 서구의 시각에서 벗어나 아시아의 시각으로 세상을 바라보자는 것이다. "방법으로서 틈새"도 그렇게 풀이할 수 있다. 틈새의 시각으로 세상을 바라보자는 것이다. 그러면 무엇이 보일까? 일단 틈새는 작고 가늘다. 그래서 틈새를 통해 보려면 우리 몸을 바짝 붙여야 한다. 우리가 사는 곳이나 일하는 곳에서 문틈으로 바라볼 때를 떠올리면 그 태도가 어찌해야 하는지 감 잡을 수 있을 것이다. 그리고 우리 눈을 크게 벌려 그 틈으로 바깥세상을 세심히 살펴야 한다. 그때 보는 세상은 좀 색다르게 보일 것이다. 틈새가 너무 작아 바깥세상을 볼 수가 없다면 틈새를 좀 더 벌리면 된다. 그리고 모양도 우리 눈동자처럼 바꾸면 된다. 그런 정도의 틈새를 만들기란 어렵지 않을 것이다. 이 말의 핵심은 세상을 잘 보기 위해서 틈새를 가꾸어가자는 것이다. 지금까지는 저 멀리서 틈새를 보려고 했다. 예컨대 10미터만 떨어져 있더라도 문에 뚫린 지름 1센티미터의 구멍 속을 볼 수 없을 것이다. 안 보이니 없는 거나 마찬가지였다. 변방이 그런 취급을 받았다. 그러나 이제 자리를 옮겨 틈새의 감각과 태도와 시각을 견지하며 세상을 바라봐야 하겠다. 우리가 요즘 많이 얘기하는 소수자 관점이 한 사례가 되겠다. 틈새는 불편할 수도 있다. 오래 보고 있으면 눈도 아프고 다리도 아플 수도 있다. 그마저도 틈새의 시각이라고 하자. 세상을 마냥 안락의자에 앉아서 볼 수만은 없지 않겠는가. 오히려 불편함이 훨씬 자연스럽고 인간답지 않겠는가.

또 하나, 틈새를 새롭게 바라보자고 제안하고 싶다. 앞선 제안이 바깥쪽을 향한 시선이었다면 이번 것은 틈새 자체를 향한 시선이다. 내가 국경사회체제를 소개한 것을 기억할 것이다. 이것을 확장하는 차원에서 틈새사회체제를 제안하고 싶다. 이 역시 만달라 전통의 계승이라고 하겠다. 잠깐 앞에 나왔던 얘기들을 떠올려보자. 과거에 변방은 무주권 영역이거나 다주권 영역이었고, 후자일지라도 자율성을 유지했고, 언젠가 왕조의 핵심 영역으로 발돋움할 수도 있다고 했다. 서구 식민 세력이 진출했을 때 변방에 국경선을 긋자 근대 국민국가가 태동됐다는 것도 기억하면 좋겠다. 다만 그것은 상징 작용에 불과하고 독립 이후에도 변방에서는 국가 속의 국가와 같은 현상이 존재했었고, 요즘 이른바 초국주의 시대에 변방은 지역협력과 연계성의 핵심이 되어가고 있음을 보았다. 숨 가쁘게 다뤄온 이 이야기들은 틈새사회체제의 속성을 드러낸다고 하겠다. 자율성, 유동성, 이동성, 운동성, 연계성 따위로 그 속성, 그 말랑말랑함을 포착할 수 있겠다. 틈새사회체제는 문지방사회체제라고도 할 수 있다. 문지방은 사실 인류학자들이 통과의례에 관한 연구에서 많이 사용하는 메타포이다. 그러나 인류학자들은 문지방을 위태로운 순간의 한 단계, 언젠가 해소되어야 하는 단계로 보았다. 역시 안정과 균형이 중요한 것이다. 그러나 내가 제안하는 틈새사회체제는 계속 문지방에 붙어 있는 사회체제라고 할 수 있다. 밖에서 볼 때는 위태롭고, 불안정하고, 애처롭기까지 하겠지만, 틈새사회에서는 운동이 안정이고, 흐름이 생명이다. 틈새사회를 한국 사회와 우리의 생활세계에 적용해보자. 남북한이 마주하는 곳이 틈새일 수 있고, 선주민과 이주민이 마주하는 곳이 틈새일 수 있고, 서울과 지방이 마주하는 곳이 틈새일 수 있고, 남성과 여성이 마주하는 곳, 이념과 이념이 마주하는 곳이 틈새일 수 있겠다. 그 틈새가 때론 위태롭게 보이겠지만, 그 틈새에서 교류와 생명과 환대의 꽃을 피워보자.

마지막으로 틈새의 인간학/윤리학을 제안하고 싶다. 인간人間이라는 단어 속에 틈새間가 들어가 있다는 것을 이미 알고 있을 것이다. 우리 모두는 누군가를 곁에 두고, 누군가와의 사이에서, 누군가에게 빚을 지며 살아간다. 우선 내 곁에 사는 자가 누구인지 알 필요가 있겠다. 국경지역과 난민촌에서 내 곁에 있던 많은 사람들 중 이른바 "국민"이 아닌 사람들이 많았다. 미등록 이주민이거나 무국적자가 많았다. 국가의 법 잣대로 재자면 추방되어야 할 자들이거나 없는 자들이었다. 그러나 국경이라는 틈새에서 이들은 엄연히 그 사회를 위해 기여를 하고 있었고, 나는 그 자리를 찾아주고 싶었다. 그래서 나는 다른 합법 여부를 묻는 잣대가 아니라 정당성 여부를 묻는 잣대를 사용했다. 정당성이란 무엇인가? 그 지역의 문화적 관습과 통념에 기반을 둔 옳음이라고 나는 생각한다. 그 정당성은 국가의 잣대와 불가피하게 부딪힐 수밖에 없다. 국경에서는 특히 그러하다. 만달라 전통이 면면히 흐르는 그곳에 매우 인위적인 국경선을 그었으니 충돌을 빚을 수밖에. "불법" 신분이지만 정당성을 갖춘 사람들의 자리를 찾아주는 것, 나로서는 윤리적인 실천이

기도 했다. 사실 내가 자리를 찾아주기 전에 틈새에 사는 사람들은 국민이든 아니든 서로에게 빚을 지며 지역사회를 이루고 살아가고 있었다. 사람과 사람 사이를 이어주는 것은 법이 아니라 환대의 빚이었다. 우리 주변에 불가피하게 그런 처지에 놓인 사람들이 많을 것이다. "불법"이지만 정당한 사람들 말이다. 이들을 범죄자라고 쉽게 단정하는 것은 곤란하다. 범죄는 불법이고 부당한 범주에 속한다. 불법이지만 정당한 영역이 바로 틈새의 영역, 많이 들어봤을 회색지대이다. 어찌 보면 우리 모두 잠재적 틈새인이고 회색인이다. 우리 모두 잠재적 국가체계로 이루어진 세계에서 특정 국가의 법률에 근거하여 법적 지위를 부여받아 "합법인"으로서 살아가고 있다. 그러나 이 거버넌스가 영원할 것이라고 누가 장담하겠는가. 현재 지구촌 여기저기에서 발생하는 난민 사태와 이주의 물결은 그 체계를 흔들고 틈새를 내고 있지 않은가? 그러니 우리 모두 잠재적 틈새인이라고 깊이 자각하고, 우리 속에서 현재적 틈새인으로 살아가고 있는 자들을 환대하며 그들 존재의 정당성을 인정하고 자리를 찾아주는 꽃을 피우면 어떨까? "굼라오"라는 인사를 서로 나누면서. 굼라오!

리치, 에드먼드. 2016. 강대훈 옮김. 『버마 고산지대의 정치 체계: 카친족의 사회구조 연구』. 서울: 황소걸음.

바바, 호미. 2002. 나병철 옮김. 『문화의 위치: 탈식민주의 문화이론』. 서울: 소명출판사.

스콧, 제임스. 2015. 이상국 옮김. 『조미아, 지배받지 않는 사람들: 동남아시아 산악지대 아나키즘의 역사』. 서울: 삼천리.

앤더슨, 베네딕트. 2018. 서지원 옮김. 『상상된 공동체: 민족주의의 기원과 보급에 대한 고찰』. 서울: 길.

오스본, 밀턴. 2018. 조흥국 옮김. 『메콩강: 그 격동적인 과거와 불확실한 미래』. 과천: 진인진.

임지현 엮음. 2004. 『근대의 국경, 역사의 변경: 변경에 서서 역사를 바라보다』. 서울: 휴머니스트.

카스텔, 마누엘. 2003. 김묵한·박행웅·오은주 옮김. 『네트워크 사회의 도래』. 서울: 한울.

통차이 위니짜꾼. 2019. 이상국 옮김. 『지도에서 태어난 태국: 국가의 지리체 역사』. 과천: 진인진.

함민복. 1996. 『모든 경계에는 꽃이 핀다』. 파주: 창작과비평사.

Anderson, Benedict. 1972. "The Idea of Power in Javanese Culture". Claire Holt (ed.). *Culture and Power in Indonesia*. Ithaca: Cornell University Press. 1~70.

ADB (Asian Development Bank). 2002. *Building on Success: A Strategic Framework for the Next Ten Years of the Greater Mekong Subregion Economic Cooperation Program*. Manila: ADB.

Ileto, Reynaldo. 1979. *Pasyon and Revolution: Popular Movements in the Philippines*. Quezon: Ateneo de Manila University.

Lee, Sang Kook. 2015. "Behind the Scenes: Smuggling in the Thailand-Myanmar

Borderland". *Pacific Affairs* 88(4): 767~790.

Rajah, Ananda. 1990. "Ethnicity, Nationalism, and the Nation-State: The Karen in Burma and Thailand". Gehan Wijcycwardene (ed.). Ethnic Groups across National Boundaries in Mainland Southeast Asia. Singapore: Institute of Southeast Asian Studies. 102~133.

van Schendel, Willem. 2002. "Geographies of Knowing, Geographies of Ignorance: Jumping Scale in Southeast Asia". *Environment and Planning D: Society and Space* 20(6): 647~668.

Wheatly, Paul. 1975. "Satyānrta in Suvarrnavīpa: From Reciprocity to Redistribution in Ancient Southeast Asia". Jeremy Sabloff and C. C. Lamberg-Karlovsky (eds.) *Ancient Civilization and Trade*. Albuquerque: University of New Mexico Press. 227~283.

6장

공공의 건강을 다시 생각하기

동남아시아와 지역 보건의 새로운 가능성들

서보경

1. 의료보험이 한국의 자랑이라면

한국의 자랑으로 많은 사람들이 의료보험을 꼽는다. 미국에서는 의료보험이 없으면 간단한 골절이나 응급실 방문 한 번으로도 수백, 수천만 원을 내야 할 수도 있다는데, 모든 국민이 의료보험의 혜택을 받을 수 있는 한국에서는 매달 일정 금액의 보험금을 내기만 하면 몇 번이고 원하는 때에, 어느 병원이든 갈 수 있다. 과연 현재 한국의 의료보험이 모든 국민에게 충분한 보장성을 제공하고 있는지는 논쟁의 여지가 크지만, 한국은 과도한 의료비 지출에 따른 경제적 파탄을 막기 위한 여러 안전망을 구축하고 있으며, 광범위하게, 때로는 불필요한 수준에서까지 피보험자의 자유로운 선택을 보장한다. 그리고 이 자랑스러운 의료보험 재정을 좀먹는 존재들로 외국인, 이주노동자, 난민과 같이 국민건강보험의 "국민"에 포함되지 않거나 포함되어서는 안 되는 사람들에 대한 우려와 분노가 공공연히 표출되기도 한다.

한국의 수준 높은 의료 환경에 대한 자부심은 꼭 "우리 것" 지키기의 차원에만 머물지는 않는다. 우리보다 못한 환경에 있는 사람들을 돕고자 하는, 특히 경제적으로 한국보다 덜 발전했다고 여겨지는 국가에서 벌어지는 해외 봉사나 원조 활동에서 역시 의료와 관련된 활동은 빠지지 않고 등장한다. 미얀마, 태국, 베트남과 같은 동남아시아의 국가들이 한국 의료봉사단의 주요 기착지로 자리 잡은 지 이미 오래이다. 의료 혜택에서 소외된 사람들, 특히 우리 주변의 가난한 이웃의 고통을 덜고자 하는 이 "선한" 의도들을 주목해야 하는 이유는 이러한 도움 주기의 흐름이 매우 익숙한, 그러나 동시에 문제적인 발전의 논리를 따르고 있기 때문이다. 과학기술의 산물이자 자원으로서 보건의료는 경제적으로 발전된 선진국에서 완성되고, 경제성장이 뒤처진 국가들은 이러한 발전의 경로를 뒤따라야 하며, 이미 벌어진 격차를 메우기 위해서는 선진국의 원조나 민간 봉사가 이뤄져야 한다는 것이다.

이 글에서 나는 좋은 보건의료를 상상하고 만들어가는 과정이 꼭 이러한 발전론적 서사를 따르지 않는다는 것을 동남아시아의 지역적 경험을 통해 보여주고자 한다. 과학기술 체계로만 의료를 생각한다면 좋은 의료는 최첨단의 기술과 신약으로 무장한 상태로 상상될지 모른다. 그러나 보건의료는 한 사회의 정치적, 역사적, 문화적 변화 과정 속에서 만들어지며, 우리가 의료의 좋고 나쁨을 판단하고 개입하는 방식은 훨씬 더 다양해질 수 있다. 이 글에서 나는 태국의 보건의료 개혁을 소개하고, 의료 공공성의 확보가 만성질환과 전염성질환의 영역 모두에서 얼마나 중요한지를 논의하고자 한다. 태국이 의료보험을 도입하는 과정은 더 많은 선택을 보장하는 방식이 아니라 의료 자원의 공공성을 지켜내는 방식으로 의료보험을 발전시킬 수 있는지에 대해서 중요한 화두를 던져준다. 동남아시아의 넓은 지리적 범위와 인구의 다양성, 특히 국경을 넘나드는 유동성의 오랜 경험은 감염병의 통제와 대응에서 역시 시사하는 바가 크다.

갈수록 깊어지는 계층적, 지역적 불평등과 건강 격차의 문제, 또 전 지구적으로 빠르게 퍼져나가는 신종감염병의 확산은 "우리 모두의 건강"이라고 할 때 그 "우리"에 포함되어야 하는 사람들의 범위 역시 크게 확장될 수밖에 없다는 것을 뜻한다. 동남아시아의 지역적 경험을 충분히 이해하는 일은 글로벌 헬스global health, 즉 전 지구적 차원의 건강을 상상하고 만들어가는 데에 중요한 출발점이 될 것이다. 저개발 상태에 머물러 있는 이국적 공간이 아니라, 생명 연쇄망 속에서 함께 의지하고 살아가기 위해 서로 배우고 알아야 하는 이웃으로서 동남아시아의 면모를 드러내고자 한다.

2. 태국의 보편적 의료보장 보험

보편적 의료보장universal health coverage은 국제보건기구WHO에서 선결 과제로 꼽는 의제이자 UN의 지속가능한개발목표SDG: Sustainable Development Goal 3.8에서도 매우 중요한 위치를 점하고 있다. 전 세계적으로 건강을 증진하는 데 가장 우선적으로 고려해야 하는 것은 보편적 접근권, 즉 모든 사람들이 필수적인 의료 서비스를 공평하고 효과적으로 이용할 수 있어야 한다는 것이다. 공공의료보험은 이러한 보편적 의료보장을 이룩하는 가장 확실한 방법이지만, 여전히 많은 나라들이 이를 수립하는 데 어려움을 겪고 있다. 국제보건기구는 여전히 전 세계적으로 4억 명 이상의 사람들이 기본적인 의료 서비스에 전혀 접근할 수 없으며, 전 세계 인구의 40퍼센트에 달하는 사람들이 아무런 사회보장의 혜택을 받지 못하고 있다고 추산한 바 있다(WHO/World Bank 2015, 2017). 지속가능한개발목표에서 보편적 의료보장을 우선적으로 강조하는 이유 역시 이러한 심각한 불평등 상태에 대한 개입 없이 전반적인 공중보건의 증진과 삶의 질 향상을 이룩할 수 없기 때문이다.

미국과 같이 부유한 나라에서도 여전히 전체 인구의 10퍼센트에 가까운 사람들이 아무런 의료보험 혜택을 받지 못하고 있다는 점을 고려할 때(Berchick, Hood and Barnett 2018), 지난 20년간 태국의 성과는 매우 눈부시다. 태국은 2002년 1인당 국민총소득GNI이 채 2,000달러가 안 되는 경제 상황 속에서도 전 국민을 포괄하는 의료보험 체계를 구축한다. 새로운 의료보험 체계를 도입하기 전에도 태국은 빈곤층을 위한 공공의료 체계를 일부 갖추고 있기는 했지만, 의료보장율은 70퍼센트 정도로 정체되어 있었다. 약 1,800만 명에 달하는 사람들이 의료보험의 혜택을 받지 못하는 상황에 놓여 있었던 것이다(Viroj Tangcharoensathien et al. 2011, 2014). 그러나 전 국민 의료보험의 도입 후에는 소득과 관계없이 모든 국민이 의료보험의 적용을 받게 되었다.

태국의 이러한 획기적인 성과는 보편적 의료보장이 경제성장을 먼저 이룬 후에야 가능하다는 통념을 정면으로 반박한다. 태국은 당시 심각했던 아시아 금융 위기의 여파 속에서도 의료보험 전반에 대한 개혁을 단행했다는 점에서 전 세계의 주목을 받은 바 있다.

세계은행World Bank 총재인 김용은 태국의 사례가 공적 의료보험의 도입이 개발도상국의 경제 수준에서는 불가능하다는 비관적 전망에 대한 훌륭한 반박 사례라고 이야기한 바 있으며(Kim 2013), 노벨 경제학상 수상자인 아마르티아 센은 태국의 경험이야말로 아시아, 아프리카의 개발도상국들에서도 접근 가능한 의료 시스템의 확충이 충분히 가능하다는 점을 입증하는 훌륭한 사례라고 강조한 바 있다(Drèze and Sen 2013; Sen 2015). 모든 시민들이 비용을 걱정하지 않고 의료 시스템에 접근할 수 있게 하는 것이야말로 균등한 경제 발전을 위한 초석이 되기 때문이다.

태국에서 짧은 시간 안에 보편적 의료보장을 달성하기까지의 과정은 물론 나름의 모순과 한계를 가지고 있다. 앞서의 상찬들이 의료보장에 전 국민 모두를 포함시키기 위한 태국의 실용주의적 방식과 정책 추진력에 대한 것들이라면, 그 반대편에는 의료 시장화의 그늘이 드리워져 있다. 태국은 공무원 의료보험이나 공식 부문 노동자만이 가입 가능한 사회보장보험에 가입할 수 없는 사람들을 모두 포괄하는 수 있는 공적 의료보험 체계를 만드는 한편, 기존의 민영화된 의료 시장의 유지와 확대를 가능하게 하는 정책을 동시에 적용했다. 의료 시장의 전 지구화와 신자유주의화라는 큰 흐름 속에서 자국의 의료 시장 일부를 완전히 민간화하고 외국인 환자의 유치 및 이윤을 위한 투자를 허용하면서, 동시에 인구의 상당수를 차지하는 도시 및 농촌 빈민이 경제적 부담 없이 이용할 수 있는 공공 의료보험 체계를 만들어낸 것이다. 그리고 이러한 양분화 전략은 태국의 심각한 빈부격차를 그대로 반영한다고 할 수 있다. 부유층과 외국인이 주로 이용하는 영리 병원과 도시 및 농촌 빈민들이 최소한의 비용으로 이용할 수 있는 공공 병원이 동시에 존재하게 된 것이다.

태국의 보편적 보장 보험은 한국처럼 가입자가 매달 일정 금액의 보험료를 내는 방식이 아니라 일반 세수를 통해 운영되며, 소득이나 재산과 관계없이 직장 보험이나 공무원 보험이 없을 경우 이용할 수 있다. 이 제도는 시행 초기에는 30바트30baht 의료보험이라고 불리기도 했는데, 한번 방문할 때 한국 돈으로 1,000원이 조금 넘는 30바트만 내면 질병 종류와 관계없이 치료를 받을 수 있다는 점을 강조하기 위해서 이런 이름을 붙인 바 있다. 보편적 보장 보험의 경우 응급 상황이 아닌 경우 민간 병원을 이용할 수 없으며, 공공 병원 네트워크를 통해서만 외래 및 입원 진료를 받을 수 있다. 즉, 환자 본인이 의료기관을 자유롭게 선택할 수 없으며 한국으로 따지면 면 단위에 있는 주거지 근처의 마을 병원에서 먼저 진료를 받고, 중증인 경우에는 진료 의뢰를 통해 2차 및 3차 병원을 이용해야 한다. 이때, 주요 만성질환은 물론 기본적인 암 치료, 심장 수술, 미숙아 치료와 같은 중증 질환, 정신과 치료에 이르기까지 광범위한 의료 서비스의 혜택을 비용 걱정 없이 받을 수 있다.[1]

1 30바트 공동 부담금은 현재는 더 부과되지 않고 있다. 보편적 보장 보험은 치료 서비스, 건강 증진, 질병 예방, 재활에 필요한 전 부분을 포괄하며, 제공하는 치료 서비스의 범위가 광범위하기는 하나 모든 치료가 보장되는 것은 아니다. 혈액 투석과 같이 한국에서는 일반적으로 적용되는 치료가 비용 통제와 지역적 형평성의 문제로 인해 제한적으로 제공되기도 한다.

소득이나 직업에 관계없이 누구나 이용할 수 있도록 일반 세수로 운영되는 의료보험을 도입하는 정책은 태국 내에서도 큰 논쟁을 불러일으킨 바 있다. 이 제도는 무엇보다 빈곤층에게 영합하여 선거에서 표를 더 얻으려는 일종의 대중 추수주의 정책의 일환으로 여겨져서 태국 내의 복잡한 정치적 갈등 속에서 여러 비판을 받기도 했다. 그러나 이 정책은 무엇보다 과다한 의료비 지출에 따른 경제적 파산을 효과적으로 방지하고, 이를 통해 빈곤 발생률을 감소시키는 긍정적인 효과를 전국적으로 일으킨 바 있다. 또한 이 정책은 과거 빈곤 정도를 평가하고 그에 따라 무상 의료 혜택을 주던 방식에서 벗어나서 소득과 관계없이 모든 사람들이 공적 의료보험에 접근할 수 있게 했다는 점에서 의료접근권을 폭넓게 보장한다. 즉, 자신이 빈곤층이라는 사실을 증명할 필요 없이, 누구나 공공 의료 시설을 이용할 수 있도록 한 것이다. 결국 이 정책은 태국 인구의 가장 큰 구성비를 차지하는 농촌 거주자 및 도시 빈곤층에게 광범위한 지지를 받으며, 지난 20년간 태국에서 시행된 정책 중 가장 긍정적인 효과를 거둔 정책으로 평가받기도 한다.

태국이 이처럼 짧은 시간에 공공 의료 서비스를 통한 보장 범위를 확대할 수 있었던 이유로 종종 당시의 정치적 상황이나 특정 정치인의 역할이 크게 강조되기도 하지만, 사실 이는 반쪽짜리 설명이라고 할 수 있다. 태국의 많은 보건 행정가들과 전문가들은 일찍부터 보편적 의료보장의 정책 수립을 준비해왔으며(Harris 2017), 이를 실현하는 과정에서 사회운동 진영이 기여한 바 역시 매우 컸기 때문이다.

한국과의 비교에서 무엇보다 주목해야 할 점은 태국의 보편적 의료보험이 공공 병원 인프라를 기반으로 하고 있다는 점이다. 한국의 의료보장이 민간의 공급에 주로 의존하고 있는 것과 다르게, 태국은 정부가 운영 주체로 마을 단위의 보건소에서 면 단위의 1차 병원, 다시 시군 단위의 2, 3차 종합병원을 연결함으로써 공공 의료 서비스 전달 체계를 확립했다. 또한 시설뿐만 아니라 보건의료 인력 역시 공공성을 유지해왔다. 공공 병원 및 보건소에 일하는 대다수의 의사와 많은 수의 간호사들은 공무원과 유사한 지위를 부여받으며, 국가가 제공하는 복지 서비스의 제공자로서 스스로의 역할을 자임하고 있다.

물론 이러한 공공 병원 체계에 기반한 의료 서비스는 여러 불만과 불편을 포함한다. 환자들은 정부가 지정한 의약품 리스트를 통해서만 필수 의약품에 접근할 수 있으며, 의약품에 대한 선호는 반영되지 않는다. 보편적 의료보험 체계에서 활용되는 의약품의 상당수는 태국의 국영제약회사가 제조하는 복제 의약품이며, 많은 사람들이 이에 대한 불신을 표현하기도 한다. 복제 의약품에 대한 불신은 과학적 근거를 가지고 있다기보다는, 다국적 제약회사의 의약품 광고와 민간 병원의 차별화 전략 속에서 "선택할 수 없음"에 대한 불만이 두드러지는 양상이라고 할 수 있다. 긴 대기 시간 역시 종종 이야기된다. 마을 단위의 1차 병원은 많은 환자로 붐비기 일쑤이며, 이는 2, 3차 병원에 가면 더욱 심해진다. 원하는 치료를 언제

받을 수 있을지 예측하기 어렵기도 하다. 그리고 언제 자신의 차례가 올지 모른다는 불안은 질병의 고통을 더욱 가중하게 마련이다. 특히 언제든 돈만 내면 갈 수 있는 민간 병원이 동시에 존재할 때, 이러한 공공 병원에서의 기다림은 돈이 없어서 민간 병원에 갈 수 없는, 즉, 선택할 수 없는 사람들의 박탈감을 더욱 심화시키기도 한다(Seo 2016). 민간 병원에서는 돈만 낸다면 원하는 의약품과 치료 서비스를 받을 수 있다는 막연한 기대감 속에서, 공공 병원은 종종 낙후된 곳, 부실한 곳으로 역전되어 상상되기 때문이다.

태국의 보편적 의료보장은 다른 모든 국가의 의료보장 방식과 마찬가지로 완벽하지 않다. 태국이 "모두의 건강health for all"을 달성하기 위해 가장 우선에 둔 것은 빈곤층과 비공식 부문의 저소득층이 경제적 부담 없이 이용할 수 있는 의료 서비스의 영역을 공공 기관을 통해 확충하는 것이었다. 이는 한국과 같은 시장형 공급 구조, 즉 재원은 공공이 조달하되 공급은 민간이 하는, 그래서 의료 기관의 선택에서 환자의 폭넓은 자율성을 보장하는 것과는 매우 다른 방식이다. 한국에는 태국과 같이 건강보험의 적용을 일체 받지 않는 영리 병원은 존재하지 않지만, 거의 대부분의 의료 서비스가 민간 제공자를 통해 제공된다는 점에서 의료 공공성의 구조가 매우 취약하다고 할 수 있다(김창엽 2013). 한국은 의료 서비스의 공급은 시장 경쟁 논리에 의존하고 있으며, 대부분의 의료기관이 사적으로 소유된다. 이와 반대로 태국은 공공 의료기관이 불만의 대상이 되기도 하지만, 전체 의료 서비스 배분에서 압도적으로 큰 비

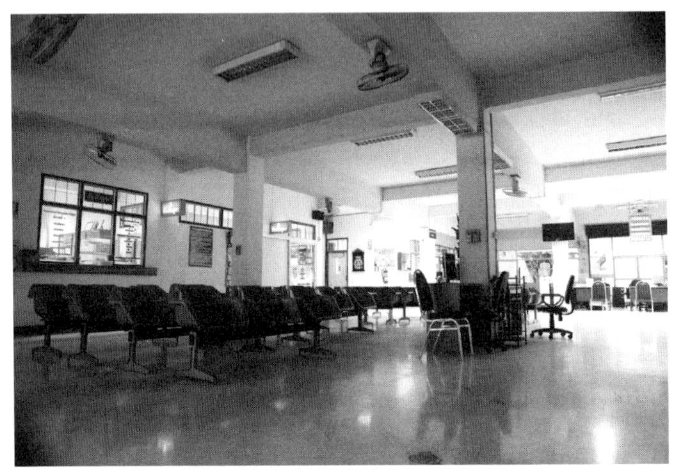

그림 1 치앙마이에 있는 한 공공 병원의 외래 환자 대기실 모습.
아침 8시면 앉을 자리가 없이 사람들로 가득 찬다.

중을 차지한다. 한국에서 공공 병원 기관이 전체의 5퍼센트를 넘지 못하고 있는 것에 비해(김창엽 2013: 106), 태국은 전체의 75퍼센트가 공공 병원이다(WHO 2015).

3. 만성질환과 의료 공공성

태국과 한국은 모두 보편적 의료보장을 헌법에 명시하고 이를 시행하고 있지만, 매우 다른 방식으로 이 목표에 도달하고 있다. 이 차이는 우리에게 무엇을 말해주는 것일까? 태국의 성취는 그저 개발도상국 나름의 적응 방식에 불과한 것뿐일까? 태국에서 사람들이 어떻게 공공 병원을 이용하는지 들여다보면, 또 여기서 보편적 의료보장의 원칙이 어떻게 확장되고 있는지 살펴본다면, 우리는 이 질문에 조금 다른 답을 내릴 수 있을지도 모른다.

내가 2년에 걸쳐 장기간 현지조사를 실행한 치앙마이의 한 시골 마을 병원에서는 일주일에 3일만 고혈압, 당뇨병 클리닉을 연다. 당일 아침 병원은 오전 7시부터 고혈압, 당뇨병 약을 받으러 오는 환자들과 정기검진을 받으러 오는 노인 환자들로 문전성시를 이룬다. 병원에서는 대기 시간을 줄이기 위해 마을회관으로 만성질환 팀을 파견하기도 하지만, 이런 노력에도 병원은 매번 붐비게 마련이다. 아침 6시부터 집을 나선 환자들도 11시는 넘어서야 겨우 처방약을 받아서 병원 밖을 나설 수가 있다.

환자들은 오랜 시간 동안 기다려야 한다는 점이 지루하지만, 아무것도 안 하고 이 시간을 그냥 흘려보내는 것만은 아니다. 이 시긴 동안 병원에서는 고혈압 및 당뇨병 환자들을 위한 식단 교육, 운동 교육을 짜 넣어서 검사와 처방 이외의 활동을 조직하기도 한다. 또 이 시간 동안 같은 마을에서 온 환자들은 서로의 안부를 묻는 시간도 갖고, 집에서 할 수 있는 간단한 운동을 배우기도 한다. 보편적 의료보험을 이용하고자 하는 사람들은 반드시 자기가 사는 지역에 할당된 병원에 가야 하기 때문에, 한 지역에서 오랫동안 일한 의료진들, 특히 간호사들은 환자들의 상태를 비교적 상세하게 파악할 수 있다. 내가 장기간 참여관찰 연구를 진행한 병원에서 간호사들은 만성질환 클리닉에서 매우 중요한 역할을 담당했는데, 고혈압 환자 중에 신장질환 발생의 위험 요소가 두드러지기 시작한 환자들은 다음 날에 있는 신장질환 관련 클리닉에 오도록 안내하기도 하고, 당뇨병 환자 중에 약을 거르는 환자를 발견할 경우, 간호사, 약사, 영양사가 함께 모여 가정방문을 가기도 한다. 환자가 특정 검사나 운동 프로그램을 요구하지 않더라도, 해당 지역민의 건강 향상을 위해 필요하고 해야 하는 일들을 지역 기반의 1차 의료기관 내에서 적극적으로 제공하고 있는 것이다.

한국의 농촌 지역에 살고 있는 만성질환 환자들은 훨씬 더 간편하게 처방약을 받을 수 있다. 가까운 동네 병원에 갈 수도 있고, 원한다면 서울에 있는 큰 병원에 가서 진료를 받고 처방약을 받을 수도 있다. 태국처럼 서너 시간을 병원 대기실에서 허비하는 일은 거의 일어나지 않을 것이고, 정해진 날짜에 관계없이 자신이 편한 때에 병원을 방문할 수도 있을 것이다. 그러나 이러한 편리에도 불구하고 지역을 기반으로 하는 1차 의료의 붕괴 속에서 환자들은 점점 더 각자도생의 굴레에서 벗어나기 어려워진다. 병원의 선택도, 건강관리도, 식습관 개선도 모두 환자의 몫이며, 치료의 효과 역시 개인의 책임일 뿐이다. 건강관리를 이웃이나 지역 커뮤니티 안에서 타인과 함께 경험할 기회를 갖기도 쉽지 않다. 검사 수치를 확인하고 처방전을 주는 것 이외에 의료진이 다른 개입을 하는 것을 기대하기 어렵다. 특히 동네 병원보다는 더 큰 병원, 종합병원을 선호하는 한국의 현상은 의료진과 환자 사이의 거리를 더 멀게 만든다. 환자들이 몰리는 대학병원에서 의료진이 태국의 마을 병원에서 하는 예방이나 건강 증진의 역할을 하기를 기대할 수 없을뿐더러, 가능하지도 않기 때문이다.

태국의 시골 마을에 사는 노인 환자들은 비슷한 지역적 조건에 놓인 한국의 환자들보다 아마 경제적으로 훨씬 어려운 상황에 놓여 있을 테지만, 이들이 치료받을 권리 그리고 건강을 누릴 권리의 차원에서 역시 더 열세에 놓인 것만은 아닐 수 있다. 한국과 태국 모두 대도시에 의료기관이 몰려 있는 것은 유사할 수 있지만, 한국의 농촌 지역에서 공공 의료의 공백은 더욱 심각한 상황일 수 있기 때문이다. 고령화와 농촌 지역의 급속한 인구 감소에 따라 심화된 한국의 지방 소멸 위기는 의료의 위기를 동반하고 있다. 함양이나 합천과 같은 서부 경남 지역은 분만을 할 수 있거나, 야간에 응급 의료를 제공할 수 있는 의료기관이 극히 드물어서 응급의료분야 의료취약지로 분류되고 있다.[2] 한국의 시장형 모델에서는 충분한 수요가 없는 곳에는 공급도 자연스럽게 사라지게 되며, 이에 따라 지역민에게 꼭 필요한 보건의료 서비스도 증발해버리고 마는 것이다. 태국의 많은 공공 병원들은 비록 꾸밈새는 허름할지라도 지역민을 위한 다양한 1차 의료를 제공하고 있으며, 많은 경우 응급상황에 대처할 수 있는 숙련된 의료인이 당직 근무를 서는 응급실을 24시간 운영하고 있다. 수익을 내야만 하는 민간 기관이 아니라 공공 기관으로 지역에 꼭 필요한 기본적인 보건의료 자원을 제공하는 인프라의 기능을 수행하고 있는 것이다.

태국의 공공 병원에서 제공하는 만성질환 치료 과정 역시 한국에 비하면 그 외양이 초라해 보일 수 있다. 환자들은 무더운 날씨에 에어컨도 나오지 않는 딱딱한 나무의자에서 오래 기다려야 하고, 주로 복제 의약품을 처방받으며, 관리 차원에서 클리닉에 올 경우 간호사들을 통해서 주로 진료를 받고 의사와 상담하는 시간은 매우 짧을 수 있다. 따라서 태국에서 경제적으로 여유가 있는 중산층 이상의 사람들은 공공 병원보다는 민간 병원을 더 선호하며, 민간 병원을 이용할 수 있는 사보험을 여러 개 가입하기도 한다. 그러나 이 겉으로 보기에는 보잘것없는 공공 병원에 와야만 하는, 올 수밖에 없는 사람들이 더 많다. 반나절에 가까운 대기 시간에도 불구하

2 프레시안, "'지역의료' 대책, 충분할까?" http://www.pressian.com/m/m_article/?no=265884

고 마을 병원을 이용하는 사람들의 대부분은 수입이 일정치 않은, 민간 병원을 이용할 경우 비용을 감당할 수 없는 사람들이고, 보편적 보장 보험은 바로 이러한 경제적으로 취약한 상황에 놓인 사람들에게 필요한 의료 서비스를 제공하는 것을 목표로 한다.

한국 역시 저소득층을 대상으로 국가의 세금으로 의료 지원을 제공하는 의료급여제도를 갖추고 있지만, 이러한 제도는 기초생활수급자가 될 만큼 가난하지는 않지만 여전히 소득이 충분하지 않은 사람들을 충분히 보호하지 못한다. 의료급여제도가 있음에도 불구하고 의료비 부담 등으로 치료를 포기하는 사람들이 여전히 많다. 태국은 누가 얼마나 가난한지 입증하게 해서 혜택을 받을 사람을 따로 미리 선별하기보다는 소득과 관계없이 도움이 필요한 사람들이 언제든 이용할 수 있는 공공 영역을 만들고, 이를 통해 국민 모두를 포괄하는 안전망을 제공하고 있다.

고혈압이나 당뇨병과 같은 만성질환은 이러한 공적 안전망의 필요성을 더욱 뚜렷하게 드러낸다. 일례로 한국은 OECD 회원국 가운데 두번째로 당뇨병으로 병원에 입원한 환자가 많은 나라로 집계된 바 있다.[3] 당뇨병과 같이 일상에서 관리를 잘 해나가면 되는 질병이 이렇게 높은 입원율로 이어진다는 사실은 한국의 만성질환 예방 및 관리가 제대로 이뤄지지 못하고 있다는 문제를 반영한다. 만성질환에 대한 관리가 제대로 이뤄지지 않게 되면 건강상의 큰 위

3 http://www.hani.co.kr/arti/society/society_general/917325.html

협이 되는 것은 물론 이에 따른 의료비 지출 역시 커질 수밖에 없다. 작은 병을 키워 큰 병을 만들고 있는 것이다. 태국의 공공 병원에서 만성질환 클리닉을 따로 만들어 노인 환자들에게 정기검진을 제공하는 이유 역시 여기에 있다. 환자들을 미리미리 살펴서 심각한 상태로 발전하는 것을 막는 것이 전체 의료보험 재정의 운용에서 더 비용 효율적이기 때문이다.

한국에서 당뇨병과 같은 만성질환으로 인해 입원하는 사람들의 숫자가 늘고 있다는 사실은 계층적 차이, 의료비에 따른 빈곤화 문제와 함께 생각할 때 더욱 우려스럽다. 한국개발연구원에 따르면 2013년 한국에서 전체 소득에서 의료비가 차지하는 비중이 10퍼센트 이상인 가구를 조사했을 때, 셋 중 하나는 고혈압이나 당뇨병 환자를 포함하고 있다고 한다(윤희숙 2013).[4] 소득 대비 의료비 지출이 지나치게 높은 경우를 "재난적 의료비"라고 부르는데, 이는 병을 치료하느라 다른 데 필요한 소비를 줄이거나 저축을 할 수 없게 되는 곤란한 상황이 지속되고 있는 상태라고 할 수 있다. 한국의 본인부담금 제도에서 개별이 만성질환에 지불해야 하는 치료비는 거의 비슷하지만, 저소득층 가구에서 이러한 비용을 장기간 지출하는 것은 한 가정에 재난을 불러올 만큼 큰 부담이 될 수 있다. 결국 한국의 의료보험 보장 체계는 한편으로는 당뇨병과 같은 질환으로 병원에 입원할 수 있을 만큼 2, 3차 의료 서비스에 접근할 여지는 크

4 한겨레, "41만 가구, 의료비 쓰려 전세금 헐었다" http://www.hani.co.kr/arti/PRINT/572235.html

게 열어두고 있기는 하지만, 예방적 조치를 충분히 제공하지 못하고 있으며, 질병에 따른 빈곤화를 충분히 막을 만큼의 안전망을 담보하지도 않고 있는 실정이다.

4. 공공의 건강

무엇이 더 좋은 시스템일까? 이 질문에 한국과 태국 사람 모두 해당 사회의 어떤 위치에 서 있느냐에 따라 매우 다른 답을 내릴 수밖에 없을 것이다. 서울이나 방콕과 같은 대도시에 살고 있는, 직업과 소득이 안정된 사람들에게 지정된 병원에 가서 오랜 시간을 기다려야 하는 공공 병원 체계는 불만족스럽기 이를 데 없을 것이다. 시간이 곧 돈인 자본주의 사회에서 긴 대기 시간은 악몽이며, 소비자로서 내가 원하는 병원에서 원하는 의사를 만나는 선택의 자유가 없다는 것을 어떻게 받아들일 수 있겠는가? 그러나 직업이 일정치 않은 도시의 가난한 사람들, 의료 자원이 충분하지 않은 농촌에 살고 있는 사람들에게 공공 병원 제도는 지역에서 삶을 지속하는 데 가장 중요한 자원을 제공한다. 기다림이 길더라도, 치료 과정에서 나의 선호보다는 정해진 가이드라인과 의료진의 판단이 더 우위를 점할 수밖에 없다고 하더라도, 그래도 돈 걱정 때문에 병원에 가는 것을 미루거나 치료를 받지 않는 일이 공공 안전망이 있을 경우에는 덜 일어나게 된다. 의료보험이 있어도 여전히 병원비가 큰 걱정인 많은 가난한 사람들에게 태국과 같은 공공 병원 제도는 오히려 지금보다 더 큰 안정감을 가져다줄지도 모른다.

늦은 퇴근길에 한밤중에도 휘황찬란하게 빛나는 세브란스병원을 멀리서 바라볼 때마다, 나는 연구를 위해 2년 가까운 시간을 보낸 치앙마이의 마을 병원을 종종 다시 생각하게 된다. 이 병원은 겉으로 보기에는 대단치 않은 2층짜리 콘크리트 건물로 총 여섯 명의 의사 중에 전문의라고는 소아과 의사 두 명밖에 없는 60병상 규모의 중소 병원에 불과했지만, 그 안에는 소박하지만 제 역할을 하는 신생아집중치료실을 갖추고 있었다. 치앙마이 지역에서 발생하는 전체 미숙아 환자의 치료를 치앙마이 대학병원이 다 담당할 수 없는 상황에서, 병상 부족에 대처하기 위해 오랜 기간의 준비 끝에 한 해 약 90여 명에 가까운 미숙아 환자를 치료하는 지역의 핵심적인 공공 의료 인프라가 만들어진 것이다. 미숙아 치료는 여러 달에 걸쳐 이뤄지고, 필요한 의료기기와 약제 모두 고가이지만, 이 역시 보편적 의료보험을 통해 모두 무상에 가깝게 제공된다. 이 병원의 환자 중 상당수가 미얀마에서 온 이주노동자이거나 신분 증명이 없는 고지대 사람들 또는 난민들인데, 이들의 아이 역시 의료보험의 가입 여부와 관계없이 이 신생아집중치료실에서 동일한 치료를 받을 수 있었다. 물론 이러한 의료보험이 없는 사람들에 대한 예외적 적용은 결과적으로 병원에 적자를 안길 수 있다. 그러나 병원의 의료진들은 보험이 없는 환자를 외면하기보다는, 환자가 누구이든 간에 공공 병원은 모두를 위한 곳이 되어야 한다는 당위를 따르고자

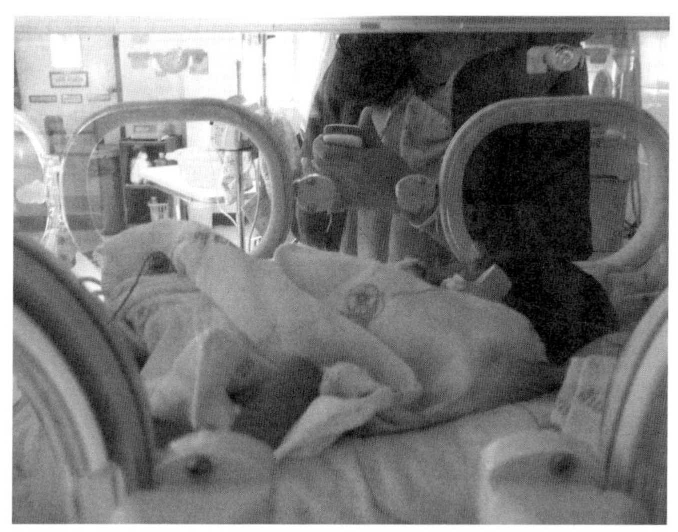

그림 2 내가 장기간 연구한 공공 병원 신생아집중치료실의 모습

했다. 마을 병원은 국가가 운영하는 기관이며, 보편적 건강 보장은 국가의 약속이기 때문이다(Seo 2017).[5]

지역과 계층의 차이, 시민권의 유무, 자유로운 선택이라는 자본주의적 가치와 개인의 선택이 늘 최선을 의미하지는 않는 의료라는 자원의 특수성, 그리고 의존이라는 인간 공통의 조건은 "모두의 건강"이라는 목표가 엄청나게 복잡한 갈등과 긴장을 내포하고 있다는 것을 보여준다. 보편적 의료보장이라는 목표를 두고 한국과 태국이 내린 각기 다른 선택 역시 지난한 정치, 경제, 사회적 투쟁과 역사적 변수들 속에서 만들어졌다. 태국 역시 의료의 시장화와 신자유주의화에서 자유롭지 못하며, 전 지구적 의료 투어리즘에 따른 민간 병원의 성장은 공공 영역에서 훈련된 의료진의 유출을 부른다는 점에서 현재의 시스템에 큰 위협이 될 수 있다. 또한 정규직 노동자가 가입하는 보험, 공무원 보험, 그 외 일반을 모두 포괄하는 보장보험으로 나눠져 있는 상황에서 보험 간의 격차 역시 중요한

---

5 등록된 외국인 노동자의 경우 보험 가입이 가능하며, 보편적 보장 보험과 유사하게 공공 병원을 자유롭게 이용할 수 있다. 고지대에 살고 있는 소수종족들의 경우에 신분 증명을 하지 못해 해당 지역에서 이미 여러 세대에 걸쳐 장기간 거주하였음에도 불구하고 완전한 태국 시민권을 보장받지 못하는 경우가 있는데, 이러한 사람들의 의료접근권을 보장하기 위한 기금을 정부가 마련하여 지원하고 있다. 그러나 미등록 노동자나 신분 증명이 없는 사람들의 경우 공공 의료 서비스에 접근하는 데 여전히 다양한 어려움이 있으며, 공공 병원들 역시 소재 지역의 등록 인구에 따라 재정을 지원받기 때문에 의료보험이 전혀 없는 사람들의 이용이 늘어날 경우 재정 적자의 어려움을 겪을 수밖에 없다. 이러한 상황에서 무엇보다 주목해야 할 점은 태국의 많은 공공 병원들이 유연성을 발휘하여 의료 서비스에 접근하기 어려운 취약층을 포괄하기 위해 애쓰고 있다는 점이다. 단순히 법적 제도뿐만 아니라 공공 의료기관에서 일하는 보건 의료인들이 의료 공공성을 어떻게 해석하고 실천하려고 하는지가 실제 현장에서 중요한 차이를 만들어낸다. 공공 의료를 단순히 재정적 차원이 아니라 문화적 제도로 이해해야 하는 이유가 여기에 있다. 관련해서는 Seo(2020)를 볼 것.

문제로 제기되고 있다. 공무원 의료보험의 혜택을 받는 사람들은 환급제도를 통해 민간 병원을 이용하거나 더 많은 혜택을 누릴 수 있는 데 비해, 그 외 일반을 포괄하는 보장보험에는 여전히 많은 제약이 따르고 있기 때문이다.

태국의 보건 전문가들은 의료보험 개혁의 과정에서 한국과 대만을 비롯한 아시아 주변국의 경험을 주위 깊게 살폈으며, 한국과는 사뭇 다른 방식으로 의료 공공성을 확보해냈다. 우리는 과연 동남아시아의 성취와 변화를 얼마나 알고 있을까? 한국의 영리 병원 설립 논의에서 메디컬 투어리즘의 확대와 그에 따른 경제성장을 기대하는 방식, 또 아세안 협력에서 의료를 다루는 방식은 동남아시아를 일종의 잠재적 수요로 상상하는 양상에서 크게 벗어나지 못하고 있다. 한국과 같은 최첨단 의료 설비를 갖추지 못한 동남아시아 각국의 환자들이 한국에 몰려오기를 바라는 속내를 못내 감추기 어렵다. 최근의 의료 봉사의 형식 역시 이 흐름 속에 달라지고 있는데, 과거처럼 오지 산간에 가서 구호 활동을 하기보다는 한국의 최신 장비를 동남아시아 도시의 병원에 직접 가져가거나 수술법을 보여주는 방식으로 바뀌고 있는 것이다. 그러나 시장을 확장하고 첨단 기술을 수출하고자 하는 의지만으로는 적절한 지역 협력을 끌어낼 수 없다. 시장주의적 팽창이 아니라 공공성의 차원에서 한국은 동남아시아라는 이웃과 어떤 일들을 함께할 수 있을까?

5. 신종감염병의 전 세계적인 확산이라는 새로운 위기 앞에서

이 글을 마무리하고 있는 때에 벌어진 신종코로나바이러스의 전 세계적인 확산은 한국과 동남아시아를 비롯한 주변국과의 관계를 건강의 측면에서 다시금 생각하게 한다. 확산 초기에 지금 당장 모든 중국인의 입국을 막아야 한다는 목소리가 높아졌던 일이 무엇보다 징후적이다. 이와 더불어 한국에 오면 무료로 치료를 해주기 때문에 감염된 외국인들이 한국으로 몰려올 거라며 의료보험의 무임승차자로 외국인을 설정하고 혐오의 감정을 퍼트리는 이야기들이 기승을 부리기도 하였다.

전면적 입국 금지와 같은 방식은 일종의 심리적, 정치적 효과를 낼 수는 있을지언정 감염병 통제에서 가장 효과적인 방식도 아니고 장기적으로 지속 가능한 조치도 아니다. 무엇보다 이러한 조치는 감염병 유행이 발생한 국가의 경제와 사회구조에 더 큰 혼란을 발생시키는 것은 물론, 결과적으로 일종의 처벌 기제로 작동함으로써 해당국이 질병 발생 정도에 대한 정확한 정보를 제공하지 않도록 유도하고, 국가 간의 투명한 정보 교류와 협력을 어렵게 한다. 또한 감염 통제만큼 중요한 것은 감염자의 치료이다. 치료하지 않고 쫓아내는 방식은 결과적으로 더 많은 감염을 유발할 뿐이다.

새로운 감염병들이 이처럼 빨리 확산될 수 있었던 이유는 우리가 인류 역사상 가장 높은 수준의 연결성과 이동성을 가지고 살아가고 있기 때문이다. 특히 아시아 내에서 우리가 최근까지 경험한 연결의 범위와 속도는 불과 20여 년 전만 해도 상상도 할 수 없는 수준이다. 한국의 K-Pop스타를 보러 태국과 인도네시아, 말레이시아의 젊은이들이 직접 인기가요 방청석에 오고, 베트남의 다낭은 대한민국 경기도 다낭시라고 불릴 정도로 휴가철이면 한국 사람으로 가득 차 있다. 한국의 단체 관광객들은 원시림이 보존되어 있다는 중국 내륙의 험준한 장가계 산림 공원을 이삼일 만에 다녀오고, 마찬가지로 태국과 중국의 농촌에 사는 사람들이 이제는 고베의 온천에 가고 남이섬과 홍대와 제주도를 다녀간다. 문제는 우리가 아주 짧은 순간에 이룩한 이 엄청나게 빠른 이동성의 루트들이 단순히 관광의 차원에 머물지 않는다는 것이다. 언제든 멀리, 빠르게 이동할 수 있는 삶은 신자유주의적 세계화라는 조건하에서 이미 "좋은" 삶의 양식이 되었다.

그리고 이러한 삶의 양식은 생물학적 과정에 역시 엄청난 변화를 일으켰다. 항공 여행을 기반으로 하는 인구 이동은 인간과 병원균의 공진화 과정에서 이전과는 비교할 수 없이 빠른 속도로 병원균의 변이와 전이를 가능하게 했다. 역사학자인 윌리엄 맥닐(2005)은 인류가 인간과 병원균의 공진화 과정에서 총 세 번의 역사적 변화를 거쳤다고 주장한 바 있다. 신석기 혁명, 고대 유라시아 세계의 탄생, 16세기 근대 세계 체제의 형성을 거치면서 종으로서 인류는 생물학적으로 끊임없이 재통합되었다. 인간 내의 미생물 기생체들이 엄청나게 광범위한 수준에서 상호 교환되었으며, 인간 내의 병원체 레퍼토리 역시 더욱 유사해졌다. 즉, 인간과 동물 모두에서 나타나는 감염증과 질병이 더욱 많아지는 거대한 생물학적 흐름을 우리는 이미 거쳐온 것이다. 많은 감염병학자들은 네번째 변화로 신자유주의 세계화를 꼽는다. 우리는 인류 역사상 그 어느 때보다 빠른 속도로 새로운 바이러스의 유형들이 종을 넘나드는 진화를 가속화하면서 전 세계적으로 확산될 수 있는 생태학적 연결망을 만들어냈다.

따라서 신종코로나바이러스보다 훨씬 더 독성이 강한 병원체가 퍼질 가능성은 언제나 있다. 조류인플루엔자(H5N1)가 그중 하나인데, 아시아는 여기서 국적과 관계없이 시한폭탄을 함께 안고 있는 운명 공동체라고 해도 과언이 아니다. 1997년 이후 동남아시아는 물론 한국과 중국에서 조류인플루엔자는 지속적으로 발생하고 있으며, 2004년 태국에서 처음으로 인간 대 인간 감염으로 인해 사망자가 발생한 것으로 추정된다. 인플루엔자 바이러스의 빠른 변이 능력과 그에 따른 백신 접종의 어려움을 고려할 때, 우리는 언제 발생할지 알 수 없는 치명적인 조류인플루엔자 이형의 위협 앞에 모두 함께 놓여 있는 것이다.

이때, 전염성질환의 유행을 마치 "후진국"에서 생겨난 문제가 별 탈 없이 잘 살고 있는 우리에게까지 덮쳐오는 것으로 생각하는 방식은 아무런 문제도 해결하지 못한다. 동남아시아와 같이 더운 나라 사람들은 위생 관념이 없어서 병을 더 잘 퍼트릴 거라는 생각은 지독한 인종주의적 편견에 불과하며, 실제로 이러한 문제를 발생시키는 구조적 모순을 손쉽게 가려버린다. 조류인플루엔자는 가금류를 좁은 공간에서 엄청나게 많이 키우는 공장식 축산업의 발전과 습지 환경의 파괴가 합쳐지면서 만들어진 생태적 결과물이며,[6] 한국을 비롯한 아시아의 거대 자본은 공장식 축산화와 도시화의 확대, 그에 따른 습지 공간의 파괴라는 원죄에서 그 누구도 자유롭지 못하다. 한국식 치킨이야말로 세계 최고라며 1인 1닭의 육식 소비를 K-Wave라며 부추기는 동안, 더 많은 닭이 아시아 전역에서 밀집 사육되며 우리 모두는 더욱 인수공통감염병의 위험 앞에서 취약해질 수밖에 없다.

신종감염성질환의 유행은 결국 우리의 경제 활동과 문화적 교류, 소비가 엄청나게 높은 수준에서 긴밀하게 연결되어 있음에도 불구하고, 이러한 경제 규모와 그 영향력에 상응하는 공중보건 체계는 부재하는 현실과 긴밀하게 연결되어 있다(데이비스 2008: 181). 중국의 신종감염병 대처 방식에 전 세계가 영향을 받은 것처럼, 동남아시아 각국이 얼마나 효율적으로 조류인플루엔자에 대응하느냐에 따라, 얼마나 신속하게 방역과 치료를 제공할 능력을 갖추느냐에 한국은 물론 전 세계가 영향을 받는다. 태국의 국영 제약회사가 관련 백신과 의약품을 충분히 생산해낼 수 있을지, 인도네시아가 얼마나 효율적인 인플루엔자 감시 체계를 만들어내는지,[7] 베트남의

6 농지 확보를 위해 댐을 건설하거나, 도시 면적을 넓히는 과정은 필연적으로 습지를 파괴한다. 이로 인해 철새와 같은 야생 조류들이 관개수로나 농지로 이동해서 방목하는 가금류와 만나는 접촉점이 더 많아지게 되는데, 이러한 상황에서 고밀도 사육이라는 현대의 공장식 가금류 생산 방식은 바이러스의 병독성을 더 강화하고, 조류인플루엔자가 발생할 수 있는 최적의 환경을 만들어낸다. 자세한 내용은 데이비스(2008)를 볼 것.

의료진들이 감염성질환의 통제와 치료에 얼마나 잘 훈련되어 있는지 여부에 바로 우리 모두의 건강, 글로벌 헬스의 미래가 달려 있는 것이다. 특히 미얀마와 라오스, 캄보디아와 같이 의료 시설이 충분하지 않고 공중보건 인프라가 제대로 갖춰지지 않은 국가들은 더욱 큰 위험 앞에 놓여 있으며, 이러한 국가들의 향후 발전 정도에 따라 전 지구적 재난의 규모가 달라지게 된다. 현재의 생태적, 보건적 환경은 단순히 자국의 보건의료 수준을 얼마나 높일 것인지의 차원을 넘어, 인접국들의 상황을 파악하고 증진시킬 수 있는 국제협력의 능력을 필수적으로 요구하고 있는 것이다.

6. 결어: 함께 살기의 방식으로 의료와 건강을 생각하기

우리가 매우 소중하게 여기는 존재들의 안전은 역설적이게도 국경 밖으로 쫓아버릴 수 있다고 여겨지는 존재들에게, 그리고 멀리 있는 듯하지만 사실은 이미 너무 많은 면을 맞대고 있는 이웃 국가들에게 달려 있다. 보험의 가장 기본적인 원리는 위험을 혼자 감당하지 않고, 함께 나누어 지고 간다는 것이다. 한국의 의료보험제도의 본질 역시 바로 여기에 있다. 우리는 의료와 질병의 문제를 더는 일국적 차원이 아니라 말 그대로 글로벌하게 생각해야 하는 중요한

---

7 인도네시아의 농민, 과학자, 정책수립가들이 조류인플루엔자에 어떻게 대응해왔는지에 대해서는 Lowe(2010)를 볼 것.

시점에 서 있다. 감염성질환의 유행 발생 그 자체는 국지적이라고 하더라도 그 여파는 언제나 글로벌하며, 국민과 외국인, 시민과 비시민의 경계에 매달려 누구를 먼저 쫓아내야 할지, 어떻게 밀어내야 할지부터 생각해서는 지금 우리에게 닥친, 또 앞으로 닥쳐올 위기에 대응할 수가 없다.

의료 공공성은 생명과 건강의 유지에 필수적인 재화를 국적이나 시민권 같은 자격이 있어야 주어지는 특권으로 여기거나 자선으로 나눠주는 선물 혹은 꼭 돈을 주고 사야만 하는 상품으로만 다루지 않고, 모든 이들이 마땅히 누려야 하는 권리의 산물로 배분하고자 하는 노력을 통해 만들어진다. 공공의 산물로 의료 자원을 나눌 수 있을 때, 우리 모두가 더 안전해지고 건강해질 수 있다. 동남아시아를 비롯한 여러 이웃 국가들과 어떻게 협력해나갈 수 있을지 역시 바로 이 공공의 감각으로부터 새롭게 생각해볼 수 있을 것이다. 이웃의 국가들이 어떻게 건강권의 확보를 위해 애쓰고 있는지, 태국과 같은 지역의 튼튼한 성취를 함께 헤아려보면서 지금 한국의 문제가 무엇인지 새롭게 바라볼 수도 있을 것이다. 또한 신종감염성질환의 유행 앞에서 한국의 발전된 기술과 역량을 어떻게 지역의 협력자들과 함께 나눌 것인지를 당장의 경제적 이익보다는 국제 연대의 관점에서 사려 깊게 고민해야 한다. 고립과 배척, 깔보기나 혐오가 아니라 공생의 감각이 그 어느 때보다 중요한 시대이다.

김창엽. 2013. 『건강할 권리: 건강 정의와 민주주의』. 후마니타스.

데이비스, 마이크. 2008. 『전염병의 사회적 생산: 조류독감』. 돌베개.

맥닐, 윌리엄. 2005. 『전염병의 세계사』. 이산.

Berchick, Edward, Emily Hood, and Jessica C. Barnett. 2018. "Current Population Reports". In *Health Insurance Coverage in the United States: 2017*. Washington, DC.: U.S. Government Printing Office.

Harris, Joseph. 2017. *Achieving Access: Professional Movements and the Politics of Health Universalism*. Ithaca, NY: Cornell University Press.

Kim, Jim Yong. 2013. "World Bank Group President Jim Yong Kim's Speech at World Health Assembly: Poverty, Health and the Human Future". World Bank. Accessed on 13 September 2015. http://www.worldbank.org/en/news/speech/2013/05/21/world-bank-group-president-jim-yong-kim-speech-at-world-health-assembly.

Lowe, Celia. 2010. "Viral Clouds: Becoming H5N1 in Indonesia". *Cultural Anthropology* 24(4).

Sen, Amartya. 2015. "Universal Healthcare: The Affordable Dream". *The Guardian*, January 6.

Seo, Bo Kyeong. 2016. "Patient Waiting: Care as a Gift and Debt in the Thai Healthcare System". *The Journal of Royal Anthropological Institute* 22(2).

______. 2017. "Caring for Premature Life and Death: The Relational Dynamics of Detachment in a NICU". *Medical Anthropology: Cross-Cultural Studies in Health and Illness* 32(1).

______. 2020. *Eliciting Care: Health and Power in Northern Thailand*, Madison: University of Wisconsin Press.

Viroj Tangcharoensathien, Anne Mills, and Toomas Palu. 2015. "Accelerating

Health Equity: The Key Role of Universal Health Coverage in the Sustainable Development Goals". *BMC Medicine* 13:101.

Viroj Tangcharoensathien, Supon Limwattananon, Walaiporn Patcharanarumol, Jadej Thammatacharee. 2014. "Monitoring and Evaluating Progress towards Universal Health Coverage in Thailand". *PLoS Med* 11(9): e1001726. https://doi.org/10.1371/journal.pmed.1001726.

WHO. 2015. *The Kingdom of Thailand Health System Review*. WHO.

7장

풋내기 인류학자의 국제개발협력 알아가기

필리핀 빈곤 지역에서의 ODA를 사례로

정법모

1. 들어가며

국제개발협력 분야에서 한국은 수원국에서 공여국으로 전환한 유일한 국가라는 점을 자랑스럽게 표방한다. 실제로 2009년 OECD 산하 개발원조위원회DAC의 회원국이 됨으로써 국제사회에서의 역할과 기대도 커졌다. 한국의 개발협력에 있어 동남아 지역은 매우 중요하게 여겨졌으며 실제로 25퍼센트 정도의 공적개발원조ODA(이하 ODA)가 동남아 지역에 집중되고 있다. 하지만 개발협력 역사가 짧은 만큼 한국의 대對동남아 ODA에 대해서는 여러 비판이 제기되고 있다. 본고에서는 한국의 동남아 ODA의 현황이나 쟁점에 대해서 필리핀을 중심으로 살펴보고자 한다. ODA가 모든 개발협력을 대표하는 것은 아니지만, 국가 단위의 대외 관계를 대변하며 정책 수립의 방향이나 기준이 된다는 점에서 의의가 있을 것이다. 다만, 본고에서는 양적 통계나 정책 중심이 아니라, 필리핀 빈곤 지역에서의 개발 사업에 대한 개인적인 경험을 토대로 ODA를 소개하고, 개발 현장에서의 인류학자의 역할에 대한 개인적인 의견을 서술해보고자 한다.

2. 동남아의 개발과 ODA 사업

도시 빈민에 대한 관심으로 대학원 과정을 시작했지만 논문을 써야 할 시점에서 현지조사지를 선택하지 못했던 나에게, 한 선배는 필리핀을 제안했다. 2001년 필리핀에서 빈민운동 활동을 하던 지인이 있어 마닐라 빈민 지역에 일주일 정도 다녀온 것이 전부였던 나에게는 다소 막막한 제안이었다. 결국 필리핀이 빈곤 문제를 보는 데 적절한 사례라고 생각했고, 도시 빈민 지역의 아동교육에 관심 있던 차에 한국의 한 민간단체가 탁아 사업을 할 예정이라는 이야기를 듣고 연구지역으로 결정했다. 빈민 지역의 아동을 대상으로 한 프로그램이 지역사회와 주민에 어떠한 파급효과를 미칠지가 연구의 주된 관심사였다. 하지만 2002년 현지에 도착하자마자 해당 프로그램이 개소를 코앞에 두고 취소되었다는 소식을 듣게 되었다. 어쩔 수 없이 새로운 주제를 택할 수밖에 없게 되었을 때, 해당 지역을 소개한 지인은 지역 주민의 거주와 생계를 위협하던 요인으로 호수 주변에 건설될 제방 문제를 일러주었고, 이때 ODA 프로젝트에 대해서 듣게 되었다. 일본의 ODA 사업으로 라구나Laguna 호수 주변에 제방을 건설하는 사업이었는데, 한국의 대우인터내셔널이 일본, 중국 기업과 함께 제방 건설에 참여하고 있었다. 당시에 한국에서 ODA는 생소한 주제였고, 나도 잘 알지 못하는 상태였다. 마을 곳곳에 공사를 알리는 표지판이 서 있었는데, 일본 국기가 들어가 있거나 이 사업을 유치한 필리핀 대통령 얼굴이 들어가 있는 광경은 나에게는 매우 생경한 것이었다. 내가 마을에서 마주한 입간판(그림 1)에는 당시 대통령인 글로리아 마카파갈 아로요Gloria Macapagal Arroyo의 프로젝트라는 표현과 함께, 시공을 맡은 한국

그림 1 라구나 제방 프로젝트를 알리는 입간판

의 대우, 재정 지원을 맡은 일본국제협력은행JBIC(이하 JBIC)을 명시한 것이 눈에 띈다. 외국 은행의 차관을 받은 것을 수원국 대통령의 프로젝트라고 자랑스럽게 표명하는 것도 이해가 되지 않았으며, ODA에 대한 이해가 없었던 당시에는 필리핀-일본 협력 프로젝트라는 이름하에 양 국가의 국기가 크게 표시되어 있는 것도 낯선 광경이었다. 사실 지금 시점에서 동남아시아 어느 도시의 지하철, 도로, 항만, 공항 등에서 유심히 보면 이런 정도의 입간판은 아니지만, 외국 정부의 협력 자금으로 시공되었음을 알리는 조그만 현판은 쉽게 찾을 수 있다.

라구나 제방 건설 사업은 메트로 마닐라 상권의 중심지이자 중산층 거주 지역인 마카티Makati나 파식Pasig 지역을 호수의 범람으로 인한 침수로부터 보호하고, 제방 위로 도로를 건설하여 교통체증을 해소하는 것을 목적으로 하고 있었다. 하지만 이 제방을 건설하기 위해 호수 주변의 가옥은 철거되고, 제방이 건설된 이후에는 인근 어민이 호수에 접근하는 것이 불가능하기 때문에, 퇴거를 앞둔 도시 빈민이나 어민은 집단적으로 반대하고 있었다. 도시 빈민의 역동성이나 주민 조직 및 NGO 단체의 활동을 볼 수 있다는 점이 나에게는 큰 관심사였지만, 국제적인 개발협력 현장은 지켜볼수록 너무 복잡한 곳이었고 작은 마을에도 셀 수 없는 이해 당사자들이 충돌하는 장이었다.

NGO 조직가를 따라 주민 조직 활동을 참여관찰하던 어느 날, 어민들과 함께 JBIC에 방문한 적이 있다. [그림 2]에서처럼 나름

그림 2 일본국제협력은행에 방문하는 어민 리더들

외출 복장을 한 어민과 함께 필리핀 금융의 심장부인 마카티 시내에 들어가니 어촌 풍경과는 너무 다른 광경에 놀랐던 기억이 난다. JBIC 사무실은 높게 솟은 씨티은행 건물에 자리하고 있었다. 어민이나 지역 주민 생계를 위협하는 프로젝트에 자금을 지원하는 JBIC에 대한 항의의 메시지를 전하는 것이 당일 방문의 목적이었다. 하얀색 와이셔츠 바람의 일본인 간부가 몇 마디 말을 듣고는 사색이 되어 바로 떠나지 않으면 경찰을 부르겠다고 한 모습이 뚜렷하게 기억에 남는다. 개발도상국의 인프라 개발을 위해서 차관을 제공하는 부서에서 일하는 이 일본인 직원은, 기이하게 구성된 이 방문단을 어떻게 기억하고 있을까? 아무리 동떨어진 곳out of the place에서도 글로벌한 이해 당사자들의 충돌friction이 일어난다는 칭의 이야기처럼(Tsing 2004) 필리핀 어딘가의 빈민 지역에는 필리핀 정부, 다국적기업, 시민단체, 주민 조직, 한국 및 일본의 환경운동 활동가 등이 부딪치고 있었고, 그 복잡하고 분열된 장을 인류학 석사 논문을 작성하고자 하는 한 풋내기가 관찰하고 있었던 것이다.

[그림 3]과 같이 필리핀의 한 빈곤 지역에서 본 대우의 중장비, 공사 현장에 붙은 필리핀과 일본의 국기, 씨티은행 건물에서 만난 일본인 직원 등, 국제개발협력에 지식이 일천하던 나에게 개발협력사업은 하나하나의 단상으로 기억되었다. 논문을 썼던 당시에도 개발협력사업, 또는 ODA가 어떤 맥락에서 시행되고 해당 국가에 영향을 주게 될 것인지를 온전히 이해하지는 못했지만, 내가 봤던 이러한 단상은 동남아에서 일어나고 있는 ODA 사업을 이해하는 데

그림 3 라구나 제방의 시공자인 대우의 중장비

하나하나의 단초가 될 것이라 생각한다.

1) 필리핀 내 일본 ODA 사업: 공여국의 경제적 이익을 위한 ODA

2000년대 초반 한국의 ODA는 시작 단계였지만 동남아 지역에서 일본의 ODA는 매우 오랜 기간 시행되어온 시점이었다. 일본은 1955년부터 ODA 사업을 시작해서 꾸준히 사업 총액을 늘려, 1989년에서 1991년 기간 동안에는 세계 최대의 공여국이었을 정도로 개발협력 분야에서 큰 역할을 해왔다. 동남아 지역에서 일본의 ODA는 제2차 세계대전의 피해 보상 차원에서 시작하여 경제 인프라를 구축하는 데 주력하였다. 하지만 이 과정에서 자국 기업이 참여하는 것을 차관 제공의 조건으로 삼는 등, 이른바 구속성 원조tied aid 성격이 강하여 국제사회의 비판을 받아왔다. 이러한 일본 ODA의 몇 가지 특성은 비단 일본과 필리핀의 문제가 아니라 국제개발협력 분야에서 큰 쟁점이 되며, 일본의 궤적을 대부분 따라가고 있는 한국 ODA를 논할 때 중요한 이슈가 된다. 즉 일본은 70년 넘게 동남아 지역에서 ODA 사업을 선도해왔는데 이에 대한 비판점을 후발 주자인 한국이 대부분 공유하고 있다는 점에 주목해야 한다. 첫째, 일본의 ODA는 유상원조의 비중이 높다는 평가를 받았다. 댐, 도로, 항만 등 인프라 사업에 대한 프로젝트 비중이 매우 높으며, 이러한 사업은 차관 형태로 제공되기 때문에 수원국에서는 원금 이외에 이자까지 상환해야 할 부담을 지게 된다. 둘째, 일본의 ODA는 자국의 경제적 이익을 위해서 이용된다는 비판을 많이 받아왔다. ODA가 자국 기업의 투자를 용이하게 하거나 실제 사업 과정에 일본 기업이 참여하게 한다는 비판을 받는 것이다. 일례로, 라구나 호수 제방 건설 사업에는 한국이나 중국 기업도 포함되어 있었지만 일본 기업이 절대 다수를 차지했다. 자유로운 입찰 절차를 통해야 하는 국내외 규정이 있지만, 일부 사업의 경우는 자국 참여 비율을 정하는 방식으로 조건을 제시하는 경우도 있기 때문에 국제사회에서 쟁점이 된다. 이러한 조건부 지원을 구속성 원조라고 칭하는데 이러한 성격의 원조가 높은 비중을 차지할수록 원조의 순수성을 잃게 된다. 셋째, 일본의 원조는 다자간multilateral 원조보다는 양자간bilateral 원조의 비중이 높았다. 세계은행이나 UN과 같은 다자간 협력기구를 통한 원조가 다자간 원조라고 할 때, 양자간 원조는 공여국과 수원국 양자 사이의 협의를 통해 지원되는 방식을 이야기한다. 만약 한 국가 전체 ODA 중, 양자간 원조의 비중이 높다면, 공여국이 수여국에 인도적인 목적 이외에도 정치, 외교, 경제적인 압력을 행사할 수 있는 수단으로도 이용할 수 있기 때문에 이 역시 원조의 진정성을 의심할 수 있는 여지가 있다. 실제로 일본 정부가 동남아에서 수행한 ODA는 정치, 외교적인 영향력을 확대하기 위해 이용되었다는 비판을 받고 있다. 넷째, ODA를 실행하는 기관에 대한 분절성과 비효율성이다. 라구나 제방 건설 사업의 경우처럼 인프라 건설 사업을 전담하는 기구는 JBIC였다. JBIC가 일본의 유상원조를 담당하는 기구라 한다면, 무상원조를 담당하는 기구는 일본국제협력단JICA이었다. ODA가 이와 같이 이분화된 것은 보다 효율적이고 유기적인 원조를 어렵게 하며, 인도적 목적보다는 경제적 목적을 우선시한다는 이미지를 심어준다. 일본은 위와 같은 문제를 인식하여 2008년 ODA 사업을 전담하는 기구를 JICA로 일원화하였다. 반면, 일본과 매우 유사한 지원 구조를 가진 한국 정부는 현재까지도 경제개발협력기금EDCF(이하 EDCF)과 한국국제협력단KOICA(이하 KOICA)으로 이분되어 공적개발원조를 수행하고 있다. EDCF가 기획재정부 산하 기관인 반면, KOICA는 외교부 산하에 있어서 부처 간 협조가 쉽지 않다는 점이 지적되기도 한다. 시행 기관의 분절화 문제는 한국 ODA를 논할 때 지속적으로 비판을 받고 있는 점이지만, 책임부서의 통합은 수없이 언급될 뿐 아직까지는 별 진전이 없다.

2) 필리핀 내 한국 ODA 사업: 역사 및 현황

필리핀을 비롯한 동남아시아 지역에서 공여국으로서의 한국의 개발 역사는 그렇게 길지 않다. 한국에서 개발도상국의 공무원을 초청하는 프로그램이나, 개발도상국에 태권도, 한국어, 농수산 분야 전문지식을 전수하기 위해 자원봉사단을 파견하는 사업은, 심지어 한국이 원조를 받던 시기에도 진행되어왔다. 1960년대에 한국 정부는 이미 개발도상국의 훈련생을 초청하는 사업을 시작했고, 1970년대와 1980년대 중반까지, UN을 포함한 국제기구와 협력하여 개도국에 장비와 기자재를 공여하거나, 공무원을 대상으로 한국 개발 경험을 전수하기 위해 연수사업을 실시하기도 했다. 하지만 한국의 본격적인 개발협력사업은 1987년에 EDCF가 수립되고 1991년 KOICA가 설립된 이후라고 볼 수 있다. 크지 않은 규모로 시작된 한국의 개발협력사업에서 동남아시아는 매우 큰 비중을 차지하고 있다. 1987년 이후 2013년까지 아세안 회원국들에 대한 원조 총액은 24억 달러에 달해 누계 기준으로 최대 수혜 지역이라고 할 수 있으며, 한국 원조의 4분의 1 이상이 아세안 회원국에 지원되고 있다. 일례로 2013년의 경우 한국 ODA의 24.3퍼센트가 동남아 지역에 집행되었다(Kwon 2015). 동남아에 대한 원조가 높은 비중을 차지하는 것은 지리적, 문화적 유사성 때문일 수 있으나, 경제적 요인이 크게 작용했다고 볼 수 있다(정미경 2012; Kwon 2013). 동남아 지역의 ODA에 있어서 특기할 것은 미얀마, 캄보디아, 라오스와 같은 최빈국보다는, 발전 가능성이 높고 실제 경제성장률이 높은 베트남, 인도네시아, 필리핀 등이 수혜를 많이 받았다는 점이다.

한국 ODA는 일반적으로 다음과 같은 특징을 보인다. 첫째, 절대적인 규모에 있어서 양적으로 적다. 여전히 국제 기준, 특히 OECD 개발원조위원회DAC: Development Assistance Committee 기준에서 정한 목표 수치보다 양이 적다. 2015년 개최된 정부 산하의 제22차 국제개발협력위원회에서는 지속가능개발목표SDGs 달성에 기여하기 위해 ODA/GNI 비율을 2020년까지 0.20퍼센트, 2030년까지 0.30퍼센트를 목표로 의결하기로 했으나, 한국은 2018년 기준으로 0.14퍼센트에 그치고 있다(KOICA ODA 교육원 2016: 392). UN이 권고하는 기준치는 0.70퍼센트이다. 둘째, 한국 ODA는 유상과 무상으로 이원화되어 있다. 다른 선진 국가에 비해 유상원조 비중이 높았으나 점차 비율이 낮아져 2018년도 기준으로는 유상원조가 37.2퍼센트, 무상원조가 62.8퍼센트를 차지하고 있다. 특히, DAC 심사단은 2012년 동료평가에서 상대적으로 유상차관 비중이 높다는 점과, 유상차관을 취약국이나 고채무빈국HIPCs: Highly-Indebted Poor Countries에 제공하는 것을 문제로 지적했다(이혜경 2013: 38). 또한 ODA를 담당하는 기관이 다원화되어 있어, 부처 간의 경쟁이 심화될 수도 있고 효율적으로 원조를 집행하기도 힘들다는 단점이 있다. 실제로 2005년 시점에서는 40개의 지자체 및 지방부서가 ODA를 집행하고 있어 이로 인해 일관된 ODA에 대한 통합과 조정이 필요하다는 문제가 제기되었고(손혁상 · 최정호 2008: 148), 2008년, 2012년, 2017년에 있었던 DAC의 동료평가에서도 30개가 넘는 조직이 산발적으로 관리하는 것을 조정하여 국제개발협력위원회와 같은 협의체를 구성하여 계획 및 예산에 대한 권한을 강화할 것을 권고하였다. 셋째, ODA 예산 집행에 원칙과 이념이 부재하고(권율외 2006; 이태주 2003; 조한승 2005), 한국 기업의 해외 진출에 과도하게 이용되어왔다는 점도 지적되었다.

한국의 대동남아 ODA는 1996년 2,042만 달러로 전체 ODA의 24퍼센트를 차지한 이래 25퍼센트를 넘고 있다. 지리적으로 가깝고 동남아시아 지역에 저소득국이 많은 것이 큰 원인이겠지만, 실제 한국의 동남아 ODA 내용을 살펴보면 경제적, 정치적, 외교적 목적이 크게 작용하고 있다는 점을 알 수 있다. 2000년대 이후 한국 정부는 라오스, 베트남, 인도네시아, 캄보디아, 필리핀을 중점 협력국으로 선정했다. 이른바 CLMV(캄보디아Cambodia, 라오스Laos, 미얀마Myanma, 베트남Vietnam) 국가에 대한 무상원조가 1990년대 중반 이후 증가한 것은 수교 이후 외교 협력을 증진시키기 위해서인 것으로 보인다. 1990년대 중반 이후에는 체제전환국으로의 한국 기업 진출이 많아지면서, 인도네시아, 베트남, 미얀마, 캄보디아, 필리핀 등이 한국의 중점 협력국이 되었다. 1987년에서 2013년 기간 동안 한국의 대동남아 ODA 중 베트남은 41.3퍼센트, 캄보디아는 16.5퍼센트, 인도네시아는 15.9퍼센트, 필리핀은 11.1퍼센트, 그리고 라오스는 8.3퍼센트를 차지했다. 급속한 경제성장을 이룩한 베트남에 현재까지도 한국 ODA 비중이 높다는 점은 한국의 ODA가 인도주의적 목적 외에 경제적, 외교적 목적이 강하다는 점을 보여주는 하나의 예이다. 양적인 측면뿐만 아니라, 아세안 지역에서 유상원조의 비중이 더 높다는 점이나 인프라 건설 비중이 높다는 점도 개발로 창출되는 경제적 측면을 중심하고 있다는 점을 보여준다.

필리핀에서 한국은 여러 분야에 있어 개발협력의 주요한 파트너 국가로 인식되고 있다. 특히 교통 분야는 한국과 필리핀 양자의 이해관계가 잘 맞아떨어지는 분야 중 하나이다. 필리핀의 2016년 글로벌 경쟁력 보고서에 따르면, 조사 대상 총 138개국 중, 항공수송 인프라 116위, 항만 인프라 113위, 도로 인프라 106위, 철도 인프라 89위를 기록하는 등 교통 인프라 구축이 미흡한 점이 외국인 투자의 걸림돌이 된다는 점이 많이 거론되며, 따라서 현 정부도 GDP의

5퍼센트를 이 분야에 투자할 것을 약속하는 등 인프라 구축을 가장 중대한 경제개발 목표로 두는 원인이 되었다. 공항 건설이나 개선 사업, 도로 건설 사업, 철로 재건 사업 등 필리핀에서 한국 정부가 교통 분야에 투자를 많이 한 배경이 되고 있다.

3. ODA 사업과 지역사회에 대한 영향, 그리고 인류학자

2002년에 석사논문을 위해 조사했던 라구나 호수 지역 부근에서 2006년 큰 홍수가 일어나 사상자가 많이 났다는 소식을 들었다. 9만 헥타르에 달하는 라구나 호수를 모두 제방으로 막기 위해서는 100킬로미터 이상의 제방이 현실적으로 필요하나, 실제 건설된 라구나 호수 제방의 길이는 9.8킬로미터였다. 이 제방은 마닐라의 주요 중산층 거주 지역이며 상권의 중심지인 마카티나 파식 인근에 설치되었다. 공교롭게도 이 지역은 홍수의 피해를 크게 겪지 않았으며, 제방이 건설되지 않은 호수 주변 지역은 큰 피해를 입었다. 그렇다면 이 제방 건설 사업은 성공적인 것으로 보아야 할까, 아니면 실패로 보아야 할까? 결론적으로 이야기하면 누구에게는 성공이고, 다른 사람에게는 실패가 될 것이다. 그렇다면 개발협력의 효과를 논할 때, 단순히 성공이냐 실패로 평가하는 것보다 누구를 중점적인 수혜 대상으로 볼 것인지의 문제가 더 중요하다는 점을 알 수 있다.

다시 찾아간 라구나 호수에는 인공 구조물이 많아지면서 호수 인근에는 부레옥잠Water Hyacinth이 많이 늘었다. 인공 건축물이 물의 흐름을 막으면 일반적인 어류나 식물은 어종이나 개체수가 줄어들지만, 부레옥잠은 더 많이 번식하게 된다. 또한 인위적인 경계가 생기면서 호수 주변에서 어업이나 농업으로 생계를 유지하던 주민들은 더는 호수에 접근할 수 없음을 의미하게 된다. 라구나 호수 인근 마을에 다시 찾아갔을 때, 시멘트 벽으로 막혀 더는 인근 주민이 어업을 위해 호수로 들어갈 수 없다는 것을 알게 되고는 한참 동안 벽을 멍하니 쳐다보았던 기억이 난다. 부레옥잠이 증가하는 것은 인간이 인위적으로 자연에 개입한 역사를 증명하는 하나의 표상이다(Tsing 2015). [그림 4]에서처럼 라구나 호수 주변에는 부레옥잠이 급속히 늘어났으며, 사업의 주관부서인 공공사업도로부DPWH는 인근 주민의 호수 출입을 막고 있었다. 인공 건조물이 누구에게는 꼭 필요한 것일 수 있지만, 다른 사람에게는 삶을 위협하는 요인이 되었을 것이다.

2004년 나는 석사를 마치고 시민단체 활동가로서 필리핀에 다시 방문하게 되었다. 시민단체 간 국제 연대 업무를 맡고 있었던 그때, 또 하나의 개발협력 사업 현장을 접하게 되었다. 이제는 한국 정부도 본격적으로 해외 원조를 시작할 때였고 그중의 하나가 필리핀 남부 통근철도 사업이었다. 한국 정부가 ODA 사업으로 마닐라를 관통하는 철로를 재건하는 사업을 지원하게 되었는데, 쟁점은 철로 주변에 있는 3만 가구 이상의 빈민 가옥이 철거되어야 한다는 점이었다. 필리핀 정부는 이들을 위해 원거주지에서 30~40킬로미

그림 4 라구나 호수에 급속히 증가한 부레옥잠

터 떨어진 카부야오Cabuyao란 지역에 이주 단지를 조성했고, 2004년부터 철로 주변 주민을 이주시키기에 이르렀다. 빈민에 대한 철거를 우려하던 필리핀 빈민운동 단체들은 한국 단체에 도움을 요청했으며, 이에 따라 나는 한국 대사관이나 한국 기업과 필리핀 주민이나 활동가가 만나는 자리를 마련해야 할 때가 종종 있었다. 이런 자리에서 나를 비롯한 사람들은 앉아야 할 자리를 선택할 때부터 고민이 되었다. 보통은 "필리핀 단체 옆"에서 한국 측 사람들을 마주 대하는 자리로 정했다. 한국 기업 당사자가 미팅이 끝나고 나가는 자리에서 우리를 "국익에 도움이 안 되는 사람들"이라며 한마디 하고 떠났다. 다른 자리에서도 한국 정부의 프로젝트에 대해 우려의 목소리를 내는 한국 활동가에게 "애국심이 없는 사람"이라고 지칭한 적이 있었다. 단체 활동을 하면서 나는 필리핀에서 박사과정에 진학했고, 결국 이 복잡한 개발 현장에 자발적으로 깊숙이 들어가게 되었다.

이 철로 재건 사업으로 인한 이주민을 수용하던 카부야오를 현지조사 지역으로 선정했고, 그곳에서 2009년 4월부터 6개월 이상을 거주했다. 빈민들에 대한 원거리 이주가 빈민들의 삶에 어떠한 영향을 끼치는지에 대한 조사를 목적으로 했다. 나는 필리핀대학에서 공부하는 박사과정 학생이었지만 주민들에게는 단체 활동가로 인식되기도 했다. 내가 소속되었던 단체가 대규모 지역개발 프로그램을 진행하고 있던 상황이기도 해서, 주민 조직 활동가들은 나를 "Sir"라는 호칭을 붙여 불렀다. 주민들은 나에게 한국 정부의

그림 5 한국 ODA 자금을 통해 공급된 한국산 기차와 재건된 마닐라 통근철로

입장이나 정확한 프로젝트 내용에 대해 많이 물어봤으며, 나는 그 때마다 잘못된 정보는 바로잡고 때로는 한국 정부 입장을 대변해야 했다. 개발 사업이 있는 현장에서 가장 곤혹스러운 질문은 해당 사업에 대하여 찬반 입장을 묻는 것이었다. 뭔가 행동을 해야 하는 활동가라면 선명한 찬반 입장을 정해야 하는 상황이 생기지만, 나는 연구자이기도 했기 때문에, 대부분 절차적 오류에 대해 비판하거나 소수자에 대한 보호 필요성을 이야기하는 정도로 대답했던 기억이 난다.

박사과정에 있으면서 필리핀 선생님이나 동료 대학원생은 내가 필리핀 빈민을 연구하는 이유를 종종 물었다. 한국에서부터 빈곤에 관심을 가졌고 최근에는 한국 정부의 필리핀 개발협력 프로그램도 증가하여 관심을 갖게 되었다는 것이 일반적인 나의 대답이었다. 필리핀 연구자나 학생 중에도 이른바 인류학의 "전통적인" 방법으로, 빈민 지역에 장기 거주하면서 빈민을 연구하는 사람은 예전에 비해 드물었다. 논문을 심사하는 과정에서 심사위원들은 자신도 점차 잊어가던 빈민가의 모습이나 빈민의 관점을 기록했다는 점과, 공여국인 한국 정부나 기업 담당자의 입장을 들을 수 있었던 점을 대체로 긍정적으로 평가했다. 남부 통근철도 사업은 한국의 시민단체가 떠들썩하게 비판한 덕분에 필리핀 내에서보다 한국에서 더 알려진 사업이 되었다. KOICA에서 ODA 관련 교육 과정을 들었을 때, 강사 중에 한국 ODA 사업을 평가하면서 남부 통근철도 사업을 부정적인 사례로 드는 경우를 종종 봤다. 이 사업에 대해

들어봤느냐는 질문에 박사 논문 작성을 위해 현지조사를 했다고 대답하자 강사가 오히려 당황했던 기억이 난다. 한국에서도 ODA 영향에 대한 장기적인 모니터링을 수행하는 연구자가 많지 않기 때문에 정책 수준이 아니라 실제 현장에서의 영향을 경험적으로 보여주는 연구는 흔하지 않다. 연구의 희소성이나 필요성에는 공감을 받는 편이지만 실제 정책 변화나 사회 분위기의 전환을 위해서는 현지 빈민들의 목소리가 얼마나 대표성이 있는지, 그리고 이른바 "객관성"이 있는지를 질문하던 사람은 많았다.

사석에서 동료 학생 중 한 명이 빈민을 믿을 수 있냐고 물은 적이 있다. 개발에 대한 이익을 위해 언제든 입장을 바꿀 수 있고, 필리핀 정부 기관에서 자주 거론하는 이른바 "전문 스쿼터professional squatter"도 많다는 전제하에 질문한 것으로 보인다. 빈민임을 이용하여 이익을 챙기면서 이주 단지를 제공해도 다시 무단 점거 생활을 하는 사람을 지칭하는 용어로 사용되는 말이다. 나는 예스, 노보다 "I want to believe."라는 대답을 택했다. 인류학자 중에는 인류학자의 역할로 소수자의 목소리를 대변하고 인권침해가 발생하는 여러 현장에서 목격자witness로 역할을 해야 한다고 주장하는 학자가 다수 있다(Bringa 2016; Scheper-Hughes 1995). 학자로서 최대한 객관적이고 과학적인 분석을 하는 것이 책무이겠지만, 다수의 이야기와 이해관계가 충돌하는 지점에서 연구자는 어떤 실재reality를 선택할 것인지에 대해 고민할 수밖에 없다.

그림 6 경찰에게 어민의 시위 취지를 설명하는 활동가
(라구나 제방에 반대하는 어민이 수십 척의 배를 모아 필리핀 대통령 궁까지 가려 했을 때, 해양경찰이 이를 저지하자 한 NGO 활동가가 시위의 취지를 설명하는 모습이다. 사진에 담긴 해양경찰의 불신 가득한 시선이 주민 조직이나 이를 지원하는 활동가나 연구자를 바라보는 외부의 시선일 수 있다고 생각한다.)

4. 편들기와 실천 인류학

> A certain Jong Bob Mo, a self-proclaimed Korean anthropologist and land researcher, who claimed that the project is dangerous to the people because of possible natural disasters, is innocent of the entire project plan. His motive is highly suspicious. He is also a troublemaker who knows nothing about the project.
>
> (정법모라는 자칭 한국 인류학자이며 토지 연구자라는 사람은 이 프로젝트가 앞으로 닥칠 자연재해로 주민들에게 위험을 끼칠 수 있다고 주장했다. 하지만 그는 이 프로젝트에 대해서 전혀 모르는 사람이다. 그의 목적은 매우 의심스럽다. 그는 이 프로젝트에 대해서 아무것도 모르는 트러블 메이커이다.)
>
> (Panaynews Philippines 2014. 07. 26.)

필리핀의 지역신문에 내가 실명으로 언급된 적이 있다. 필리핀 일로일로Ilo-ilo 지역에 한국 정부의 ODA 지원을 통해 다목적댐이 건설될 예정이었는데, 내가 댐 건설로 인해 수몰될 토착민 마을에 필리핀 시민단체와 함께 방문했을 때였다. 며칠간 해당 지역을 방문하여 주민대표를 만났으며 그 결과를 지역 미디어에 공유하는 자리가 마련되었다. 나는 간담회 장에서, 토착민의 의사결정 과정이 법에서 정한 절차를 온전히 따르지 않았고 수몰될 지역 사람들에 대한 이주 대책이 불분명하다는 점을 이야기했었다.

박사학위를 마치지 않았을 때였고 현재까지도 인류학자라는 지칭을 망설이는 나에게 신문은 "자칭 인류학자"라고 명명했고 어떻게 들었는지 모르겠지만 토지 연구자라고 덧붙이기도 했다. 자연재해에 대해 언급한 부분은 내가 아니라 동석한 다른 활동가가 이야기한 것이기도 했다. 장기간 경제적으로 정체에 빠진 일로일로라는 지역이 국제적 지원을 통해 새롭게 도약할 수 있는 기회라고 생각한 많은 지역 주민에게, 개발 사업을 비판하는 것이 불편하게 느껴졌을 수도 있다. 그리고 소수이기는 했으나 비판적 입장에 동조하는 현지 언론도 있어서 이러한 지역사회의 비판을 대수롭지 않게 생각할 수도 있었다. 하지만 "해당 지역에 대해서 잘 알지도 못하는 사람"이면서, "수상한 목적"을 가진 채 프로젝트 수행을 방해하는 "트러블 메이커"로 인식되는 것은, 해외 현장을 조사하는 연구자, 특히 여러 이해 당사자의 의견이 충돌하는 개발 현장에서 언제든 나에게 던져질 수 있는 질문이라는 점은 주목해야 했다.

남부 통근철도 사업에 대한 비판이 시민사회에서 많이 제기되자, 2007년 한국 정부는 아시아개발은행의 이주 전문가를 고용하여 사업에 대한 모니터링을 진행했다. 모니터링에 참가한 대부분의 주민들은 이 사업에 대해서 긍정적으로 평가했으며 인권침해와 같은 사례가 목격된 바가 별로 없다고 대답했다. 내가 지역에 가서 들었을 때와는 사뭇 다르게 조사된 것이다. 일로일로의 댐 건설에 대해서도 한국의 수출입은행은 이 분야 전문 업체에 모니터링 용역을 의뢰했고 이 업체는 역시 비슷하게 해당 사업이 지역 주민들로부터 긍정적인 평가를 받고 있다고 보고했다.

2018년 4월, 일로일로 지역의 시민단체 활동가와 주민대표가 한국에 찾아와서 수출입은행에서 간담회를 가졌을 때 나도 참여한 적이 있다. 이 자리에서 주민의 목소리가 제대로 반영되지 못했다고 주장하는 필리핀 사람과 한국 시민단체의 주장에 대해, 수출입은행으로부터 공식적으로 모니터링 역할을 맡은 이주 전문가는 자신도 현장에서 다양한 사람들의 의견을 청취하며 허투루 보고서를 만들지 않는다는 점을 역설했다. 누구의 이야기가 맞는 것인가 하는 질문이 다시 떠오르는 지점이다. 이 간담회에 참여한 필리핀 주민과 활동가에 대해, 일로일로 지역의 신문과 지자체 의회는 소수의 불온적인 좌파 주민이 한국에까지 가서 지역의 의견을 왜곡하고 발전을 저해한다고 원색적으로 비난하기에 이르렀다. 사실 개발 사업에 반대하는 주민 지도자나 활동가가 초법적 살해extrajudicial killing를 많이 당하는 필리핀에서 위와 같은 비난과 위협은 그냥 넘겨버릴 문제는 아니다. 개발에 반대하는 사람은 국익에 반대하는 사람으로 언제든지 덧씌워질 수 있기 때문이다.

수출입은행과의 미팅 이후에 시민단체가 주관한 공개간담회 자리에는 나도 한 명의 발표자로 참가했다. "한국 ODA는 왜 필리핀 주민을 울리는가"라는 제목하에, 댐 건설에 반대하는 주민 리더와 시민단체 활동가의 발제가 내 발표와 함께 있었다. 위의 제목이 필리핀에서 활동하는 개발협력 종사자의 노력을 훼손한다는 지적을 여러 곳에서 받았다. 결국, 당일에는 "유상원조" 사업에 중점을 둔 것이라고 부제를 더하면서 조정했다.

그림 7 할라우강 다목적댐에 반대하는 메시지를 전하기 위해 온 필리핀 주민

연구자로서 나는 일련의 개발 사업 현장에서 객관적이지 않은 의견에 동조하고 있으며, 섣부른 지식과 경험으로 개발 사업을 방해하는 “트러블 메이커”가 맞는가? 그리고 번번이 한국 기업이나 정부가 관여하는 국제 개발 사업에 딴지를 거는 “비애국자”인가? 여전히 해외 지역 연구자, 그리고 특히 개발 사업 관련 현장을 주로 방문하는 연구자에게 위와 같은 질문은 늘 함께한다. 빈민이나 토착민의 목소리가 개발의 이익을 주장하는 사람에 비해서 실제로 소수일 경우도 많이 있다. 따라서 연구자로서의 정체성은 많은 경우 자신이 어떠한 위치를 점해야 하고 어떤 목소리에 동조할 것인지 선택하는 문제로 이어질 때가 많다. 객관적인 과학 지식이 존재하고 이성적으로 바른 소리를 내는 것이 학자라고 말하기 쉽지만, 이해관계가 첨예하게 대립되는 현장에서 이 “객관”과 “합리”는 도전을 받는다.

개발 현장에서 나오는 여러 주인공의 목소리는 동일한 힘을 가지고 있는 것이 아니다. 권력관계에서 하위에 있는 이해 당사자의 목소리는 언제든 쉽게 묻히고 만다. 소수의 목소리가 힘을 얻기 위해서는, 정의나 사회적 가치 차원에서 많은 사람들로부터 동의를 얻을 수 있어야 할 것이다. 당장은 권력관계나 이해 당사자 사이의 경쟁에 의해 소수의 목소리가 묻히더라도, 장기적으로 국가나 사회의 발전이나 사회적 가치에 부합하는 것이라면 소수자 집단의 목소리를 대변하고 외부 사회에 전달하는 존재가 필요할 것이다. 연구자의 여러 역할이 있겠지만, 특히 이해관계가 첨예하게 부딪치는 개발 현장에서 소수 집단에 대한 목격자 역할을 하는 것도 중요하다는 것을 새삼 느낀다.

최근에 한국 기업이나 정부가 해외 사업을 추진하는 과정에서 토착민이나 비공식 주민의 의견에 귀를 기울이지 않고 사업의 편의성이나 효율성을 이유로 정해진 절차를 무시하거나 우회했다가 결국에는 사업 자체가 유예되거나 취소되는 경우가 번번이 생기고 있다. 정부에서 정한 개발 사업에 대한 세이프가드safe guard를 엄격하게 따르지 않는 경우도 많다. 개발 사업으로 인해 지역사회 주민의 생계나 인권이 침해당하지 않도록, 투명한 정보 공개와 적절한 보상이나 이주 정책을 실시하도록 절차나 규정을 명문화한 것이 세이프가드이다. ODA에 대한 비중을 빠르게 늘리고 있는 한국 정부의 정책 변화에 비하여, 유상원조에 대한 세이프가드를 제정한 것은 2017년일 정도로 매우 더디다. 이러한 절차나 규정이 실제 현장에서 얼마나 잘 지켜지고 있으며 실효성이 있는지를 판단하기 위해서는 단기간의 방문 조사나 인터뷰를 통해서는 불가능할 때가 많다. 실제로 개발협력 사업이 지역사회에서 어떠한 영향을 미치고 있는지에 대한 모니터링이나 연구가 필요하다는 점은 개발협력 관계자나 관련 학회에서 많이 제기된다. 하지만 해당 국가에 대한 지역 전문성을 갖춘 관련 학자가 많지 않고, 장기간의 현지조사가 현실적으로 허락되지 않는 경우가 많다. 앞으로 인류학 전공자가 많이 진출할 수 있는 분야로 보인다. 인류학자는 실제 개발 사업에 참여하여 사업을 계획, 집행, 평가하는 일을 맡을 수도 있고, 한 발 떨어져 사업의 과정을 장기적으로 관찰하면서 지역사회나 주민에게 주는 영향을 분석하는 역할을 맡을 수도 있다.

5. 나오며

인류학자는 탄생한 시기부터 어떻게든 사회문제에 관여되어왔고 그들이 연구하는 대상들의 목소리를 대변했다. 하지만 그들이 사회문제에 대해 보다 실천적인 태도를 취하는 데에는 여러 가지 딜레마가 존재한다(Low 2010). 많은 경우 인류학자가 어떤 실천적인 태도나 위치를 점할 것인지의 문제로 이어진다. 더는 “문화상대주의” 또는 “도덕적 상대주의moral relativism”가 세계의 문제를 다루는 데 있어 유효하지 않다고 논쟁적으로 주장하는 학자도 있다(Scheper-Hughes 1995: 410).

본고에서는 이해관계가 매우 다르고 여러 가지 진실이 충돌하는 개발협력 현장에서 개인적인 경험을 바탕으로 실제 어떠한 조건들이 연구자로서의 정체성을 흔들고 있는지를 반추해보고자 하였다. 학문으로서의 과학성과 객관성에 지나치게 천착하기보다는 실천적 태도로서 자신의 위치를 드러내고 그 정당성이나 합리성을 설득해나가는 방법을 택하는 것도 한 방법일 수 있음을 제안하고자 한다.

권율·김한성·박복영·황주성·홍수연. 2006. "우리나라 대외원조정책의 선진화 방안: 국제개발협력 패러다임의 변화와 한국 ODA의 개혁과제". 대외경제정책연구원(KIEP) 연구보고서 06-03.

손혁상·최정호. 2008. "한국의 대아세안 공적개발원조정책: 경제협력과 개발협력의 이중주".『동남아시아연구』 제18권 2호.

이태주. 2003. "한국의 대외원조정책에 대한 인류학적연구: 선진국만들기와 발전담론".『비교문화연구』 9(1).

이혜경. 2013. "한국 동료검토 결과와 한국 ODA의 과제". 국제개발협력. 2013년 제1호. 28~44.

정미경. 2012. "공적개발원조의 지원형태와 참여유형: 베트남, 캄보디아, 라오스 중심 연구".『비교경제연구』 제19권 제1호.

정법모, 2017. "Development-induced Dislocation and the Social Capital of the Poor".『비교문화연구』 23(1): 299~347.

조한승. 2005. "한국의 공적개발원조: 지구촌의 책임 있는 이웃이 되기 위하여".『평화연구』 13.

코이카 ODA 교육원. 2016.『국제개발협력: 입문편: 더불어 사는 세상을 위한 소중한 첫걸음』. 시공미디어.

Bringa, Tone, 2016, "From the War Zone to the Courtroom: The Anthropologist as Witness". *Engaged Anthropology: Approaches to Social Inequality and Difference*, Cham: Palgrave Macmillan, pp. 23~40.

Kwon, Yul. 2015. "ASEAN-Korea Development Cooperation: Towards a Regional Partnership for Sustainable Development". In Lee, Choong Lyol et al. *ASEAN-Korea Relations: Twenty-five Years of Partnership and Friendship*. Korean Institute of Southeast Asia. Seoul: Nulmin.

Low, Setha M., 2010. "Engaged Anthropology: Diversity and Dilemmans". *Current Anthropology* 51(S2): S203~S226.

Scheper-Hughes, Nancy. 1995. "The Primacy of the Ethical: Propositions for a Militant Anthropology". *Current anthropology* 36(3): 409~440.

Tsing, L. Anna. 2004. *Friction: An Ethnography of Global Connection*, Princeton University Press.

Tsing, L. Anna. 2015. *The Mushroom at the End of the World: On the Possibility of Life in Capitalist Ruins*. Princeton University Press.

8장

인도네시아의 이슬람 이야기

이슬람화와 사회종교적 영향력의 확대

김형준

1. 종교의 중요성

연구비자를 받고 인도네시아에 입국한 후 거주지 신고를 하며 느꼈던 생경함은 종교 때문이었다. 작성할 서류에는 국적, 출생일, 성, 직업과 같이 우리에게도 익숙한 항목 외에 종교가 추가되어 있었다. 게다가 그 방식이 객관식이어서 이슬람교, 개신교, 천주교, 힌두교, 불교 등 5개 종교만이 답안으로 제시되어 있었다. “기타”가 없는 객관식 문항은 종교가 없던 나를 난감하게 만들었다.

1967년에서 1998년까지 30여 년 동안 인도네시아를 통치한 수하르또 대통령은 공산당과의 투쟁을 통해 정권을 획득했고 반공 이데올로기에 기반을 두고 독재 정권을 유지했다. 이로 인해 무신론자에게는 공산주의자라는 낙인이 찍혀 있었다. 이를 알고 있던 나로서는 신고서 작성이 종교적 정체성을 고정해야 하는 순간임을 직감할 수 있었다. 다른 종교보다 친숙하다는 이유로 선택한 불교는 지금까지도 인도네시아에서의 내 종교로 유지되고 있다.

외국인을 대상으로 한 종교 정책은 현지인에게 더욱 강력하게 적용되었다. 주민등록증을 포함한 거의 대다수 행정 서류에는 종교를 묻는 항목이 포함되며, 이를 문제시하는 시민사회의 움직임은 정치적 탄압의 대상이 되었다. 종교적 정체성에 대한 강제는 수하르또의 작품이지만, 이를 뒷받침할 환경은 인도네시아의 독립과 함께 형성되었다.

제2차 세계대전 중 인도네시아를 일시적으로 식민화한 일본의

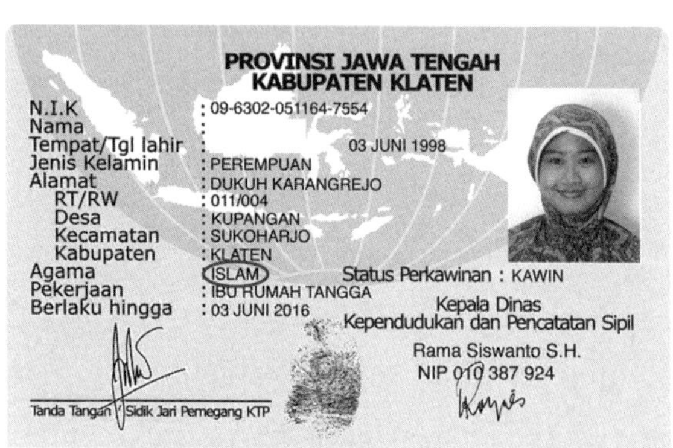

그림 1 인도네시아 주민등록증에 표시된 종교.
Agama가 종교를 의미하며, 이슬람이라고 표시되어 있다.

패망을 앞두고 전개된 독립 준비 과정에서 종교 논쟁이 발생했다. 국민의 절대다수가 무슬림이기에 이슬람 국가를 건설해야 한다는 입장과 타종교도의 존재를 인정하는 다원적 국가를 만들어야 한다는 입장이 대립했다. 이를 타개할 방안으로 제시된 절충안이 국가의 다섯 가지 근본이념을 일컫는 "빤짜실라"였고, 그중 첫번째가 "유일신에 대한 믿음"이었다.[1]

국가가 유일신에 대한 믿음에 기반을 두고 있다는 원칙이 의미하는 바가 무엇인지는 명확하지 않고 이를 둘러싼 논쟁이 지금까지 계속되고 있다. 하지만 간과할 수 없는 사실은 이로 인해 무신론이 불법화되었다는 점이다. 인도네시아 사람이라면 당연히 종교를 가져야 하고, 종교에 대한 부정은 국가에 대한 부정이라고 여겨졌다. 공인된 종교 중 하나를 선택하도록 강제하는 일은 양심과 인권이 개입하기 어려운 문제로 전환했다.

거시적 수준의 정치 담론이 즉각적인 효과를 가져오지는 않지만, 그것에 장기간 노출될 때 개개인의 인식에 영향을 미치게 된다. 애매모호한 표현임에도 종교에 기반을 둔 국가라는 이념이 계속 강조됨에 따라 종교는 개인의 정체성을 규정하는 중요한 요소로 자리 잡게 되었다. 물론 여기에는 국가정책뿐 아니라 아래에서 설명할 종교적 변화 역시 영향을 미쳤다.

---

1 빤짜실라는 인도네시아 헌법 전문에 실려 있는 국가이념이다. "빤짜"(다섯)와 "실라"(원칙)라는 이름이 의미하는 것처럼 빤짜실라는 다섯 가지 원칙으로 구성되어 있다. 유일신에 대한 믿음, 공정하고 교화된 인본주의, 인도네시아의 통합, 대표자들 간의 협의에 기초한 민주주의, 사회정의. 많은 논란이 있어왔지만, 현재까지도 빤짜실라는 국가이념으로서의 위상을 유지하고 있다.

일상에서 종교가 차지하는 중요성은 인도네시아 사람을 처음 만날 때 확인할 수 있다. 처음 만나 주고받는 질문은 보통 주요 관심사를 반영한다. 이름이 무엇이고 어느 나라에서 왔는지, 어떤 직업을 가졌고 어디에 묵고 있는지, 결혼은 했고 아이는 있는지 등은 인도네시아 사람이 나에 대해 알고 싶어 하는 정보였다. 이와 함께 빠지지 않는 질문은 종교로서, 종교가 무엇이냐는 질문에 불교도라고 답하는 내 대응은 첫 만남의 필수 코스로 자리 잡았다.

종교에 더해 우리의 관심사와 크게 차이 나는 점은 나이이다. 처음 만난 자리에서 나이를 묻거나 이를 추정할 질문을 하는 인도네시아 사람은 많지 않으며 알려준 나이를 기억하는 사람 역시 거의 없다. 이는 다양한 방식으로 상대방의 나이를 추정하려는 우리와는 차이를 보인다. 이런 측면에서 본다면, 인도네시아 사람에게 있어 종교는 우리에게 있어 나이가 차지하는 정도의 중요도를 지녔고 개인을 규정하는 핵심 요소로 작용한다고 말할 수 있다.

일상에서 종교가 차지하는 중요성은 인도네시아만의 특징이 아니며, 대다수 동남아 국가에도 적용될 수 있다. 이를 보여줄 좋은 예는 무신론자의 비중이다. 2014년 조사(Pew Research Center)에 따르면 그 비율은 베트남(29%)과 싱가포르(16%)에서만 유의미한 정도이며, 나머지 국가에서는 1퍼센트 미만이었다. 종교적 믿음을 표명해야 할 강압적 분위기로 인해 이 자료가 현실을 있는 그대로 보여주지는 못하지만, 이러한 강제의 존재 자체는 종교적 믿음이 당연시되는 환경이 정착되어 있음을 시사한다.

표 1 동남아 국가의 종교 비율

	다수 종교(비율)	무신론(비율)
동티모르	기독교(99.6)	0.1
필리핀	기독교(92.6)	0.1
라오스	불교(66.0)	0.9
미얀마	불교(80.1)	4.0
싱가포르	불교(33.9)	16.4
태국	불교(93.2)	0.3
캄보디아	불교(96.9)	2.0
베트남	토착종교(45.3)	29.6
말레이시아	이슬람(63.7)	0.7
브루나이	이슬람(75.1)	0.4
인도네시아	이슬람(87.2)	0.1

종교의 공적 역할은 각 국가의 헌법을 살펴봐도 알 수 있다. "모든 말레이 사람은 무슬림이어야 한다"와 같이 이슬람의 특별한 위상이 인정되기도 하고, "타이 사람이 오랫동안 믿어온 불교"와 같이 온건한 표현도 존재한다. 나라마다 차이가 있고 일부 국가의 헌법에는 특정 종교명이 언급되어 있지 않지만, 종교가 국가 운영과 국민의 삶에서 필수적인 요소임이 동남아 대다수 국가에서 법적으로 인정되고 있다.

우리 사회와 인도네시아, 나아가 동남아 사회를 구분해주는 중요한 차이 중 하나는 종교이다. 종교는 사회생활의 중요한 요소로 자리 잡았으며, 그 외적인 표현 역시 쉽게 찾을 수 있다. 하루에 다섯 차례 예배 시간을 알리기 위해 울려 퍼지는 모스크의 마이크 소리, 거리에서 만나는 히잡 쓴 무슬림 여성, 발리의 거리 곳곳에 놓인 나뭇잎과 꽃으로 채워진 힌두교적 제물 바구니 등과 같이 일상에서 쉽게 접할 수 있는 모습은 종교가 인도네시아 사람의 삶에 필수적인 요소로 자리 잡고 있음을 느끼게 한다.

2. 이슬람 이전의 종교: 힌두불교

인도네시아 인구는 2억 5,000만 명 이상이며, 매년 300만 명 정도 증가한다. 전체 인구의 87퍼센트 정도가 이슬람을 믿고 있으며, 개신교도와 천주교도가 10퍼센트 정도, 힌두교도와 불교도가 2.5퍼센트 정도를 차지한다. 2억이 넘는 무슬림 인구로 인해 인도네시아는 세계에서 가장 많은 무슬림이 거주하는 국가라는 영예를 차지해왔다.

13~14세기에 유입되었고, 15~16세기를 거치며 본격적으로 수용된 이슬람은 발리섬과 그 동부의 도서 지역(누사 뜽가라Nusa Tenggara)을 제외한 인도네시아 전역에 뿌리를 내렸다. 대다수 지역에서 이슬람은 무력에 의존하지 않은 채 확산했는데, 아랍과 인도의 무슬림 상인과 교역을 하던 해안 지역의 통치자가 먼저 개종하고 일반인이

뒤따르는 것이 일반적인 모습이었다.

이슬람으로의 개종이 광범위하게 이루어진 이유는 기존 종교의 대체재가 아닌 보완재로 수용되었기 때문이다. 즉, 이전의 종교적 믿음과 관행을 유지하면서 새 종교를 받아들일 수 있었기에 개종에는 커다란 변화가 요구되지 않았다. 이런 방식이 가능했던 이유는 이슬람 도입 이전의 종교인 불교와 힌두교의 특성과 연관되었다.

다른 동남아 국가와 마찬가지로 인도네시아는 인도와 긴밀한 국제교역 네트워크를 구축했다. 기원전·후에 시작된 교류를 통해 인도의 종교가 자연스럽게 유입되었고 고중세 왕국의 정치이념으로 자리 잡았다. 불교와 힌두교의 특징을 잘 보여주는 대상은 대규모로 축조된 건축물이며, 이를 대표하는 유적이 중부 자바에 있는 보로부두르Borobudur와 쁘람바난Prambanan 사원이다.

8~9세기에 건축된 불교 사원인 보로부두르의 규모는 보는 이를 압도한다. 가장 아래쪽 기단은 가로세로 120여 미터의 정사각형 모양이며, 그 위에 오 층의 사각형 테라스, 삼 층의 원형 테라스, 정중앙의 원형 탑이 차례로 쌓여 있다. 사각형 테라스에는 관람객이 걸어 다닐 수 있는 폭 2미터의 복도가 있고, 복도 양편에는 부조가 조각되어 있다. 부조의 수는 2,600여 개며, 원형 테라스에 있는 72개를 포함하여 500여 부처상이 존재한다.

기단, 정사각형 테라스, 원형 테라스는 불교의 세 가지 세계를 형상화해서 각각 욕망의 세계, 물질의 세계, 무형의 세계(불교 용어로는 욕계, 색계, 무색계)를 의미한다. 높은 층으로 올라갈수록 깨달음의 단계가 상승하는데, 부조의 내용 역시 그에 걸맞게 일상과 업, 부처의 탄생과 수행, 깨달음을 차례로 표현한다.

공중에서 보로부두르를 보면 사각형 안에 동심원이 겹겹이 놓여 있는 모습을 찾을 수 있다. 이를 힌두불교에서는 만달라mandala라 부른다. 산스크리트어로 "본질적인 것"을 의미하는 만달라는 깨달음을 상징화한 것으로도, 우주의 중심축인 메루산과 만물의 세계로 구성된 세계관을 형상화한 것으로도 해석되었다. 실천적인 차원에서 만달라는 신비주의적 수행을 돕는 역할을 했다. 명상 과정에서 수행자는 만달라의 이미지를 떠올리며 마음을 통일하고 깨달음의 길을 추구했다. 이러 의미에서 보로부두르 사원의 형태는 신비주의적 경향의 힌두불교가 중세 인도네시아에 강한 영향을 미쳤음을 추정하도록 한다.

보로부두르에서 동남쪽으로 40여 킬로미터 떨어진 곳에는 8세기경에 건립된 쁘람바난 힌두 사원 단지가 위치한다. 시바 신에게 봉헌된 가장 높은 사원의 높이는 50여 미터인데, 구전설화에 따르면 이를 중심으로 천 개의 사원이 건립되었을 정도로 거대한 사원의 군집을 이루었다고 한다.

보로부두르와 쁘람바난 같은 거대한 힌두불교 구조물은 인도네시아 자바뿐 아니라 동남아 곳곳에 흩어져 있다. 미얀마 버간의 불탑 군집 지역 그리고 캄보디아의 앙코르와트는 중세 힌두불교 유적이 어느 정도까지 대규모로 건립될 수 있었는가를 예시한다. 이런 유적이 어떤 과정을 통해 건축되고 무엇을 상징하는지와 같이 상

그림 2 보로부두르 사원

상력을 자극하는 질문만큼이나 흥미로운 사실은 그것이 19세기 서양인에 의해 "재발견"되었다는 점이다.

"[18세기에 이르면] 자바 사람들은 보로부두르가 있었다는 사실을 잊은 것처럼 보였다. [...] [네덜란드 건축가] 코넬리우스가 200여 명의 일꾼과 함께 한 달 반에 걸쳐 주변의 수풀을 자르고 태우고 흙을 치운 뒤에야 사원의 윤곽이 드러났다."(Miksic 2012: 17)라는 기록처럼 보로부두르 사원은 시간이 흐르면서 현지인의 기억에서 사라져갔다. 앙코르와트의 경우 사정이 나은 편이었지만 이 또한 현지인의 삶에서 유리되기는 마찬가지였다. 거대한 건축물이 수백 년 동안 버려졌다는 사실은 동남아 역사의 수수께끼인데, 힌두불교와 토착 왕국의 관계가 이를 부분적으로 설명해줄 수 있다.

근대화 이전 대다수 인도네시아 지역은 울창한 산림으로 덮여 있었다. 이는 거주 공간을 제한함과 동시에 새로운 거주지 설립을 용이하게 했다. 화전을 통한 처녀림 개척이 불가능하지 않았기 때문이다. 토지가 아닌 사람이 희소 자원인 조건에서 정치체계는 물리력만으로 유지될 수 없었다. 견디기 힘든 압력을 받으면 미개척지로 도망가버릴 일반인을 왕국의 일원으로 묶어놓기 위해서는 물리력과 함께 자발적 복종이 요구되었다. 이는 문화적 방식을 통해 이루어졌고, 여기에 이용된 핵심 자원이 힌두불교였다.

힌두불교적 정치관에 따르면 소우주인 인간세계는 대우주인 신의 세계를 반영한다. 왕국의 통치자는 인간의 모습을 취한 최고신이었다. 신으로서의 통치자의 위상은 신비적이고 초월적인 힘을 통해 표출되고, 이 힘은 유무형의 방식으로 확인될 수 있다고 믿었다. 일반인을 뛰어넘는 통치자의 자질, 태도, 행동은 신성을 확인할 무형의 수단이었다. 유형의 수단으로는 다양한 요소가 이용되었다. 자연재해와 같이 우리가 상상할 수 있는 것뿐 아니라 성스러운 힘을 가진 사람이나 물건의 소유와 같이 익숙하지 않은 것도 있었다. 이런 유형적 요소 중 하나는 왕국의 수도였다.

왕이 최고신이라면 왕의 공간은 신의 세계를 구현해야 했다. 궁전과 수도는 신의 세계를 모방하여 건축되었는데, 건축물의 크기와 웅장함은 왕의 신성과 비례했다. 규모가 크고 세련된 건축물을 짓기 위해 동원되는 인적, 물적 자원은 왕의 신성이 일반인에 의해 인정되고 있음을 반영하는 것으로 이해되었다. 이처럼 "문화적 지배"에 기반하여 정치적 정당성을 확보하는 동남아 전통왕국의 특성을 기어츠는 "극장국가theater state"라는 개념을 통해 설명했다.

기어츠는 문화적 지배의 방식으로 건축물에 더해 의례를 거론했다. 신에 대한 의식을 정교하고 화려하게 거행할수록 신으로서의 통치자의 위상이 더욱 확고해질 수 있다는 것이다. 의례와 건축물 같이 표현적이고 상징적인 자원에 의존하여 정치적 정당성을 확보해내려는, 다른 식으로 말하면 통치자의 주요 관심이 경제적, 군사적 힘이나 중앙집권적 행정체계가 아닌 신비적이고 종교적인 힘의 축적과 과시에 놓여 있는 정치체계를 그는 "극장"이라는 말로 표현했다.

극장국가의 성격을 띤 동남아 중세 왕국에서 수도는 핵심이었다.

그림 3 클리퍼드 기어츠의 『극장국가 느가라』 번역본 표지

수도의 힘이 강해지면 더 넓은 지역이 왕국에 통합되었고 그 힘이 약해지면 영향력이 축소되었다. 이러한 유동적 상황으로 인해 동남아 중세 국가는 우리에게 익숙한 고정된 영토를 지닌 정치체계가 아니었다. 학자들은 수도의 구심력에 따라 왕국의 경계가 변화하는 체계를 "은하계적 정치체계galactic polity", "만달라"라고 불렀다. 이 개념은 중앙과 지방의 관계를 행성과 위성에, 지방의 배반을 궤도 이탈에 비유하여 설명했다.

극장국가, 은하계적 만달라 체계에서 기존 왕국의 멸망은 우리와는 다른 결과를 초래했다. 정치 변동은 보통 더욱 강력한 신비적 힘을 축적한 지도자의 출현으로 촉발되었다. 새로운 세력이 기존 왕국을 공격하여 수도를 함락하면 이는 과거의 왕이 신이 아니며 진정한 신이 나타났음을 증명하는 것으로 받아들여졌다. 새 왕국은 이전 왕국의 수도를 유지하는 대신 새로운 수도로 거주민을 옮기는 전략을 채택했다. 희소 자원이 사람이고, 왕국의 경계가 유동적인 상황에서 과거의 수도를 유지하는 것이 큰 의미를 갖지 않았기 때문이다.

새로운 왕국의 전략은 보로부두르 사원의 재발견을 일정 정도 설명한다. 새로운 수도로 인구가 이동한 후 보로부두르가 있던 과거의 수도는 황폐해졌다. 자바 왕국의 정치적 중심지가 동부로 이동함에 따라 보로부두르를 관리할 인적자원은 급속히 축소했다. 사원의 망각에는 빈번한 화산폭발과 열대우림적 식생 역시 일정한 역할을 했다. 한 번의 화산폭발로 수십 미터의 화산재가 쌓이기 때문이다. 이처럼 정치문화적, 종교적, 환경적 요인의 상호작용에 따라 거대한 사원의 존재가 망각될 수 있었다.

중세 왕국이 수용한 힌두교와 불교는 신비주의적 성향을 띠었다. 인간의 모습을 취한 신으로서의 정체성을 주장하기 위해서는 초월적 힘이 요구되었고 이를 축적할 다양한 신비주의적 관행이 발전했다. 이러한 힌두불교의 특성은 신속한 개종이 가능한 환경을 제공함으로써 이슬람의 수용과 확산에 영향을 미쳤다.

3. 이슬람의 도입과 특성

이슬람은 아랍과 인도, 동남아를 잇는 교역 루트를 통해 유입되었고, 해안도시를 중심으로 수용되었다. 당시 전파된 이슬람이 종교적 의무와 율법보다 신비적 경험을 중시하는 수피즘Sufism적 경향을 강하게 띠었기 때문에 개종을 위해 커다란 변화가 요구되지 않았다. 아랍어 기도문을 외우고 할례를 하는 것 정도가 중시되었고 예배나 금식 같은 의무는 강조되지 않았다.[2]

힌두불교는 현세의 욕구를 충족할 신비적 힘의 원천이었다. 이슬람 역시 신비적 힘을 축적하고 표현할 기제로 수용되었다. 신비적 힘을 매개로 힌두불교와 이슬람의 전통이 혼합될 수 있었음을 보

2 신화적 성격을 띤 민간전승에서 전해오는 개종 절차에 대해서는 김형준(2009a)을 참조할 것.

여주는 좋은 예는 이슬람 왕국 통치자의 직함이다.

자바에서 가장 강력한 이슬람 왕국이던 마따람Mataram의 기틀을 다진 왕은 술탄 아궁Sultan Agung이었다. 재위 기간 동안(1613년~1645년) 그는 "Sultan", "Adi Prabu", "Pendeta", "Susuhunan", "Panembahan" 등의 직함을 이용했다. 술탄은 그가 이슬람 국가의 통치자임을 드러냈다. Agung, Adi Prabu, Pendeta는 산스크리트어 표현으로 "큰", "최고 왕", "사제"를 의미했다. 토착어 Susuhunan과 Panembahan은 "숭배의 대상"이라는 의미를 지녔다. 이러한 직함은 그가 이슬람 국가의 통치자임과 동시에 힌두불교 전통에서의 최고 왕으로서 숭배의 대상임을 시사했다. 종교적 차이는 초월적 힘이라는 공통분모 속에서 커다란 중요성을 갖지 않았다.

개종한 일반인의 삶에서도 이슬람은 이전 종교와 조화롭게 공존할 수 있었다. 이를 보여줄 자료는 의례로서, 종교적 기원과 관계없이 다양한 상징이 혼재되어 이용되었다. 예를 들어 전통 자바 사회의 의례에서 사용된 기도문은 아래와 같이 시작했다(Jay 1969: 209).

> 선지자 무함마드, 아담과 이브, 쌀을 관장하는 여신 스리Dewi Sri에게 존경을 표합니다. 그리고 자바의 대장장이 신, 대지와 물의 신, 마을의 신, 마을을 세운 사람의 영혼, 마을의 숲을 처음으로 제거한 사람의 영혼, 마을 사람의 공통 조상의 영혼에도 존경을 표합니다. 우리 마을을 지키는 지신, 네 방위와 중앙에 거주하는 초자연적 존재에게 존경을 표하고 제물을 바칩니다.

기도문에서는 서로 다른 기원을 가진 초자연적 존재가 차별 없이 불렸다. 이슬람의 선지자, 토착 여신, 죽은 이의 영혼, 땅과 물의 정령은 모두 함께 인간의 삶에 간여한다고 믿었다. 일반인들은 "모스크에 가서 알라에게 호소하고 때로 힌두 신을 경배하면서도 [...] 보이지 않는 정령과 죽은 조상의 영혼을 숭배"(Supatmo 1943: 4)하는 데 있어 모순을 느끼지 않았다. 이들 모두는 초자연적 힘을 가진 존재라는 동질성을 지녔다.

정치 엘리트와 마찬가지로 일반인 역시 신비적 힘의 축적에 많은 관심을 가졌다. 전자에게 있어 이 힘이 정치적 정당성을 뒷받침했다면 후자에게 그것은 실용적 차원의 이익과 연결되었다. 일반인들은 일상의 모든 문제를 신비적 힘을 통해 해결할 수 있다고 믿었고, 초자연적 존재를 통해 이 힘을 추구하려고 노력했다.[3]

신비적 힘을 얻을 추가적 원천으로 수용된 이슬람은 수백 년의 기간을 거치며 조금씩 일상에 침투했다. 이슬람력이 토착 달력과 함께 이용되었고, 아랍어 어휘가 일상어가 되었으며, 아랍어 구문이 감탄사로 자리 잡았다. 통과의례에도 이슬람이 스며들었다. 이슬람식 관행이라 여겨지는 할례가 남자아이 성인식의 핵심이 되었고, 이슬람식 서약이 결혼식의 필수 절차로 자리 잡았다. 장례식에서 시신은 메카 쪽을 향하고 흙과 직접 접촉할 수 있도록 매장되었다.

이슬람식 관행의 도입은 다른 종교 전통을 배척하면서 진행되지

3 신비적 힘에 대한 일반인의 믿음과 관행에 대해서는 김형준(2012a: 246~269)을 참조할 것.

그림 4 혼합주의적 성격의 전통의례

그림 5 전통 양식과 중동 양식이 합쳐진 모스크

않아서, 서로 다른 전통에 기반한 믿음과 관행이 공존할 수 있었다. 이러한 종교혼합적syncretic 상황은 인도네시아만의 특징이 아니었다. 이슬람이 유입된 말레이시아와 태국 남부, 필리핀의 민다나오에서도 유사한 양상이 전개되었다.[4] 불교의 영향을 받은 태국과 미얀마에서도 종교혼합적 상황이 주도적이었다. 이를 통해 이슬람 이전에 유입된 힌두불교 역시 토착 전통에 배타적이지 않았으리라 추정할 수 있다. 수많은 종교적 흐름이 외부에서 동남아로 유입되었다면, 이들은 기존의 종교 전통과 긴장 없이 공존하며 종교적 삶을 구성해왔다.

종교혼합적 상황이 주도적이라고 해서 이슬람을 발전시킨 집단이 형성되지 않았던 것은 아니다. 이슬람을 전문적으로 연구, 교육하는 "빼산뜨렌pesanten"이라는 교육기관이 곳곳에 설립되었다. 설립을 주도한 이슬람학자인 "끼야이kiyai"는 일반인의 존경을 받으며 지역 지도자로서 자리매김했다.[5]

빼산뜨렌에서는 아랍어 교육과 경전 주해 훈련을 행했다. 중동에서 발전한 이슬람법 해석 및 그와 관련된 논쟁 역시 학습했다. 신비주의적 수련도 이루어졌다. 신비적이고 초월적인 힘의 축적이 일반인의 주요 관심사였기에 때로 신비적 수련이 이슬람법 해석보다 중

4 말레이시아의 종교혼합적 경향에 대해서는 홍석준(2011)을 참조할 것.

5 신비적 경향의 이슬람학자가 종교적 의무와 법을 중시하는 이슬람학자와의 대립 과정에서 승리한 내용을 담고 있는 고전적 저술에 대해서는 김형준(2011)을 참조할 것. 신비적 힘을 강조했던 무슬림들조차 종교법에 대해 관심을 기울이고 있었다는 주장에 대해서는 오명석(2013)을 참조할 것.

시되기도 했다. 결과적으로 끼야이는 경전의 내용을 설명하고 해석해줌과 동시에 알라의 사랑과 은총으로 축적된 신비적 힘을 통해 일상의 문제를 해결해주는 역할을 했다.

인도네시아에서 이슬람은 커다란 긴장 없이 수용되었고, 대다수 지역에서 빠르게 퍼졌다. 정치 엘리트, 일반인, 이슬람 지도자에게 있어 이슬람의 의미는 조금씩 차이를 보였지만, 신비적 차원을 강조한 이슬람이 중시되었다는 측면에서 공통점을 찾을 수 있다. 이는 근대사회가 도래하기 전까지 이슬람이 무슬림을 구별 짓는 핵심 요소로 자리 잡지 않았음을 시사한다. 서로 다른 집단에 의해 공유된 신비주의적 경향은 서로 간의 차이를 축소하며 관용적인 태도를 주도적 흐름으로 정착시킬 수 있었다.

4. 네덜란드 식민지배와 이슬람

향료를 찾아 인도네시아 군도로 온 네덜란드 동인도회사는 17~18세기를 거치며 정치군사적 영향력을 확대했다. 때로는 토착 세력과의 협약을 통해, 때로는 토착 세력 간의 대립을 중재하거나 부추기며, 때로는 전쟁을 통해 동인도회사는 해안 지역을 손아귀에 넣었다. 19세기 초 동인도회사가 파산하면서 식민지 운영을 이어받은 네덜란드 정부는 본격적인 식민지 경영을 시작했다. 식민화가 종교에 미칠 심대한 변화는 스페인 통치 아래 필리핀의 가톨릭으로의 개종을 통해 예시될 수 있다. 하지만 네덜란드의 종교 정책은 달랐다. 토착인의 종교에 끼치는 영향을 최소화하려는 정책이 시도되어서, 이슬람의 영향력이 강한 지역에서 기독교 선교가 금지되었다.

불간섭 정책에도 불구하고 롬복섬 동부의 도서 지역, 술라웨시, 깔리만딴, 수마뜨라섬의 일부 지역에는 기독교가 전파되었다. 식민 경영의 핵심인 자바에서는 급격한 종교 변동이 발생하지 않았다. 대신 이슬람을 변화시킬 조건이 식민화의 부산물로 형성되었다. 상대적으로 동질적인 성격을 유지하던 인도네시아 이슬람은 식민시대를 거치며 내적 분화의 소용돌이에 빠지게 되었다.

식민지 시대 교통의 발달은 중동의 영향이 광범위하고 신속하게 확산될 수 있도록 했다. 또한 근대 문물의 유입은 서구식 발전과 진보를 이슬람 담론의 중심부로 이동시켰다. 이러한 변화가 합쳐진 20세기를 전후하여 중동에서 새롭게 유입된 종교 해석을 지지하는 무슬림이 나타났다. 새로운 해석은 개혁주의나 근대주의라 불렸다. 개혁주의라 부른 이유는 비이슬람식 전통을 배제하고 꾸란과 하디쓰hadith(선지자 무함마드의 언행록)에 기반을 둔 이슬람으로 개혁할 것을 주장했기 때문이다. 근대주의라 이름 붙인 이유는 서구의 근대적 과학기술과 제도를 수용해야 한다고 주장했기 때문이다.

근대주의자들은 근대 문물이 서구에서 발달했지만 이슬람 문명에 기틀을 두고 있다고 믿었다. 중세를 거치며 축적된 이슬람 문명을 서구인이 받아들여 근대적 지식과 과학으로 발전시켰다는 것이다. 그렇다면 서구보다 선진적이던 이슬람권 국가가 근대에 접어들어 왜 식민지로 전락했을까?

이 질문에 대한 답은 근대주의를 개혁주의와 융합할 수 있도록 했다. 이슬람의 근본을 잊어버렸기 때문이다. 따라서 서구 문명을 따라가서 추월하기 위해서는 근본으로 돌아가야 하며, 이는 꾸란과 하디쓰의 가르침에 부합하는 종교개혁을 통해 성취할 수 있으리라 믿었다. 이들은 이슬람의 쇠퇴가 이슬람학자의 권위에 맹목적으로 복종하는 것에서 기인했다고 주장하면서 근본으로 돌아갈 방법으로 경전에 대한 합리적 해석을 강조했다. 이들에 따르면 이즈티하드ijtihad, 즉 합리적이고 독립적인 종교 해석이 무슬림에게 요구되었다.

전통적 믿음과 관행을 그대로 받아들였던 무슬림과 달리 개혁-근대주의자들은 그것이 꾸란과 하디쓰에 일치하는지 그리고 무엇이 올바른 종교적 믿음과 실천인지를 고민했다. 이러한 반성적 태도는 전통 이슬람에 대한 비판으로 이어졌고, 개혁주의자와 전통주의자를 첨예한 대립 상태에 빠뜨렸다.

개혁-근대주의 도입 이전에도 인도네시아 무슬림 사이에는 차이가 존재했다. 빼산뜨렌을 중심으로 한 무슬림의 종교적 믿음과 실천은 일반인의 것과 달랐다. 이러한 차이를 기어츠는 산뜨리와 아방안이라는 개념으로 유형화하기도 했다.[6] 하지만 신비적 힘에 대한 믿음을 공유한 두 집단 사이의 관계는 배타적으로까지 나아가

6 산뜨리는 이슬람식 믿음과 관행을 중시하는 집단, 아방안은 혼합주의적 믿음과 관행을 유지하는 집단을 일컫는다. 이에 대해서는 김형준(1998)을 참조할 것.

그림 6 개혁-근대주의 이슬람 단체의 모임

지 않았다. 반면, 근대적이고 개혁적인 무슬림의 등장은 인도네시아 이슬람의 내적 분화를 촉진했다. 이슬람이라는 기준에 준거하여 개혁-근대주의자들이 전통주의자를 비판함으로써, 무엇이 올바른 이슬람인가라는 근본적인 문제를 중심으로 두 집단이 충돌했다. 이후 전통주의자들은 나다뚤 울라마NU: Nahdlatul Ulama를, 개혁-근대주의자들은 무함마디야를 설립했는데, 이 두 단체를 중심으로 이슬람의 내적 분화가 가속화되었다.[7]

네덜란드 식민통치는 1942년 일본의 인도네시아 점령으로 막을 내렸다. 일본의 패망에 따라 1945년 독립이 선언되었지만, 식민지를 되찾으려는 네덜란드와 전쟁이 발발했다. 4년여 동안 이어진 전쟁이 막을 내린 후 인도네시아는 실질적인 독립을 쟁취했다. 독립 인도네시아에서 이슬람 집단 사이의 갈등은 정치적 영역으로 확대되었다.

5. 이슬람화 운동: 1970년대 이후의 변화

독립이 현실화되었을 때 대중적 영향력을 보유한 집단은 민족주의 세력과 이슬람 세력이었다. 전자는 이슬람의 특권적 지위가 인정되지 않는 국가를, 후자는 이슬람에 기반을 둔 국가를 건설하려고 했

7 엔우와 무함마디야 단체의 특성에 대해서는 김형준(2012b)을, 엔우와 무함마디야 지도자의 차이에 대해서는 김형준(2003)을 참조할 것.

다. 민족주의 정서가 강한 호소력을 갖는 독립 전후의 상황에서 이슬람 세력의 요구는 받아들여지지 않았다. 대신 이들은 국가가 "유일신에 대한 믿음"에 기반하고 있다는 내용을 헌법에 포함시킴으로써 일정한 양보를 얻어낼 수 있었다.

이슬람 국가 건설을 위해 잠시 연합했던 전통 무슬림과 개혁 무슬림은 각기 자신들만의 정당을 설립하여 정치 활동에 참여했다. 민족주의 정당, 전통 이슬람 정당, 개혁 이슬람 정당이 벌였던 투쟁에서 가장 먼저 패배를 경험한 집단은 개혁적 무슬림이었다. 수까르노(1945~1967) 대통령은 이슬람 국가 건립을 기도했다는 명분하에 개혁 이슬람 정당을 1950년대 후반 해산시켰다. 다음은 전통 이슬람 정당의 차례였다. 대통령직을 이어받은 수하르또에 의해 이슬람 정당이 해산되고 새로운 정당에 강제 병합되었다.

이슬람 세력에게 있어 정치적 암흑기였던 1970~80년대는 아이러니하게도 새로운 종교적 변화를 잉태했다. "이슬람 부흥", "이슬람화"라 불리는 운동이 시작되었고, 이후 인도네시아 이슬람을 추동하는 원동력으로 작동했다.

새로운 종교운동이 지향한 목표를 단순화하면 "일상생활의 이슬람화"이다. 일상의 삶을 이슬람의 가르침에 따라 살아가자는 주장은 오래전부터 제기된 것이며 다른 종교에서도 이를 어렵지 않게 찾을 수 있다. 진부한 듯 느껴지는 주장이 새로운 변화의 동력이 된 이유는 그것이 단순한 구호에 그치지 않고 실천되었기 때문이다. 하루 다섯 차례의 예배가 의무로서 요구된다면 이를 있는 그대로 실천하려 한 것이 새로운 운동의 핵심이었다.

이슬람화 운동은 20세기 초반에 유입된 개혁-근대주의와 같은 궤에 놓여 있었다. 양자 모두 준거점으로 경전을 중시했기 때문이다. 하지만 새로운 종교운동은 기존의 이슬람 지도자나 단체의 영향을 직접 받지 않는 젊은 세대에 의해 주도되었다는 차이점을 지녔다. 이들은 기존 관행에서 상대적으로 자유로웠고 자신의 이상을 급진적이고 철저하게 실행할 수 있었다.

이슬람의 근본을 중시했다는 이유로 새로운 종교운동은 보통 근본주의(원리주의)라 불렀다. 근본주의적 입장은 근대주의와 관계를 설정하는 방식에서 개혁주의와 차이를 보였다. 개혁주의가 근대주의를 내재한 이념이었다면, 근본주의와 근대주의의 관계는 다면적이었다. 근대주의에 대한 견해 차이는 이후 이 운동이 다양한 방식으로 전개될 수 있도록 했다.[8]

1970~80년대를 거치며 이슬람화 운동이 가속화된 이유를 찾기는 쉽지 않다. 그럼에도 그것을 추동한 외부적 요인과 내부적 요인을 일부 지적할 수 있다. 외적으로 보았을 때 이 운동은 중동의 영향을 받았다.[9] 개혁주의와 근본주의 모두 중동에서 출현한 이념이었지만, 1970년대 중동의 상황은 20세기 초반과 차이를 보였다.

20세기를 전후하여 중동에서는 근대화가 시도되었고 개혁주의

---

8 인도네시아 이슬람화에 대해서는 김형준(2013), 말레이시아의 이슬람화에 대해서는 홍석준(2014)을 참조할 것.

9 인도네시아를 포함한 동남아시아 이슬람에 미친 중동의 영향에 대해서는 오명석(2015)을 참조할 것.

자들은 서구의 진보된 문명을 좇아갈 수 있으리라는 낙관적인 기대를 했다. 20세기 중반을 지나며 낙관론은 비관론으로 바뀌었다. 근대화가 진행되었지만 정치경제적으로 서구를 따라가는 일이 불가능한 것처럼 보였기 때문이다. 이러한 현실 인식하에 근본주의적 움직임이 나타났다. 근본주의자들 역시 이슬람의 근본으로 돌아감으로써 이슬람 사회의 진보가 가능하리라 믿었지만, 이들은 서구적 근대에 대해 회의적이었다. 이들의 지향점은 서구가 아닌 이슬람만의 독자적인 것이었다. 이런 측면에서 중동에서 출현한 근본주의는 서구적 근대성에 대한 배타적 태도를 포함했다.

1970~80년대 인도네시아의 상황은 중동과 차이를 보였다. 수하르또 정권하에서 사회적 안정과 경제성장이 이루어졌다. 특히 경제부문의 성과가 두드러져서, 만성적 기근 상태에 놓인 인구 비중이 급속히 축소했다. 하지만 사회경제적 안정이 정치적 자유를 빼앗긴 대가로 얻어졌기 때문에 중동에서 유입된 근본주의가 호의적으로 받아들여질 토양이 갖추어져 있었다.

정치적 억압은 새로운 종교운동을 야기한 내부적 요인이었다. 수하르또 정권이 대학생의 정치 활동을 강하게 탄압하는 상황에서 이슬람은 이상적 사회를 향한 욕구를 분출할 대상이 될 수 있었다. 정치적 억압과 함께 고려해볼 문제는 종교교육이었다. 1970년대에 접어들어 모든 학교에서 종교교육이 의무화되었다. 일주일에 두세 시간 진행되었을 뿐이지만 그것의 중요성은 간과될 수 없었다. 이슬람으로의 개종 이후 처음으로 인도네시아 무슬림 모두에게 이슬람 교리를 학습할 기회가 주어졌다. 무슬림으로서의 의무가 무엇이고 이를 어떻게 수행해야 하는지 교육받음으로써, 더 많은 학생이 세대 간 전승되던 이슬람과는 차별적인 이슬람에 노출될 수 있었다.

새로운 종교운동의 진원지가 젊은 세대였다는 사실은 이후의 종교 변동에 중요한 의미를 내포했다. 무엇보다, 젊은 층에 의해 주도됨으로써 이슬람화 운동은 훨씬 실천적이고 급진적으로 진행될 수 있었다. 이는 개혁-근대주의의 수용 집단이 기성세대였고, 그 확산 방식 역시 타협적이고 점진적이었던 것과는 차이를 보였다.

대학생이 종교운동의 주축이었다는 사실이 갖는 또 다른 중요성은 이슬람에 대한 인식과 관련되었다. 대학생은 사회적으로 높은 지위를 지녔고, 가장 현대적인 집단으로 비추어졌다. 이들에 의해 이슬람화가 주도되었다는 사실로 인해 이슬람에 긍정적인 이미지가 부여될 수 있었다. 즉, 이슬람이 근대적 발전, 진보와 밀접하게 연관되어 있다고 받아들여졌다. 이로 인해 무슬림으로서의 의무 충족이 전통의 고수가 아닌 근대성의 추구로 이해될 기반이 형성되었다.

이슬람화 운동을 주도한 세대는 1990년대 이후 본격적으로 사회생활을 시작했고, 이들이 사회의 주류가 되어감에 따라 이슬람 역시 그 중심부로 이동하게 되었다. 2000년대 이후 전개된 종교적 변화의 양상을 알아보기 전에 "일상생활의 이슬람화"가 지역 수준에서 어떻게 전개되었는가를 먼저 살펴보기로 한다.

6. 지역 수준에서의 이슬람화

내가 중부 자바의 농촌 지역에서 조사한 시기는 1990년대 초반이었다. 당시는 1970~80년대 대학에서 전개된 종교운동이 주변으로 확산하던 때였다. 조사 마을에서도 이슬람과 관련된 가시적인 변화가 전개되고 있었다. 500여 명의 무슬림이 거주하던 마을에서는 1980년대 후반 모스크가 건립되었다. 1만여 명의 주민이 이용할 모스크가 하나뿐이던 1970년대와 비교하면 놀라운 변화였다.

변화는 한 대학생에 의해 시작되었다. 대학을 다니며 종교적 자각을 경험한 그는 마을에서 이슬람 활동을 시작했고, 초등학생을 대상으로 집중적인 선교 활동을 했다. 이들이 성년의 나이에 이르자 마을에는 이슬람 활동을 추동할 집단적 힘이 형성되었고, 이들에 의해 모스크 건립이 추진되었다.

일상적으로 모스크에 와서 예배하는 주민은 20명 내외로 전체 주민에 비교하면 소수였다. 하지만 라마단이 시작되면 상황이 전환해서 모스크는 수백 명의 주민으로 가득 찼다. 1970년대 금식을 하던 주민이 서너 가구에 불과했다는 기억과 비교해보면, 짧은 기간 동안 이슬람 활동이 질적인 차원의 변화를 겪었다고 평가할 수 있다.

가장 활발하게 이슬람 활동에 참여한 젊은이들에게 있어 삶의 목표는 일상생활의 이슬람화였다. 이들은 무슬림의 의무로 간주되는 행동을 행하고자 최선을 다했다. 하루 다섯 차례의 예배와 금식은 기본이었다. 이들은 경전을 암송하고 이슬람과 관련된 글을 읽었으며, 이슬람 강연회를 조직하고 참여했다. 또한 이들은 이슬람에서 금기시하는 규정을 지키려고 노력했다.

지나가던 개가 모스크 앞 베란다에 잠시 들어온 적이 있었다. 마을의 무슬림 주민에 따르면 개는 오염을 가져올 수 있는 동물로서 그 침이 몸에 묻으면 특별한 정화 절차를 행해야 했다. 베란다에 들어온 후 곧바로 쫓겨났기 때문에 "오염" 구역은 그리 넓어 보이지 않았다. 하지만 이는 내 생각일 뿐이었다. 소식을 듣고 모스크에 온 젊은이들은 모스크 바닥을 청소하기 시작했다. 이들은 정해진 절차에 따라 여섯 번에 걸쳐 바닥 전체를 물청소하는 수고를 아끼지 않았다.

개로 인한 오염에 대처하는 방식은 다양하지만, 마을의 젊은이들에게 있어 중요한 사실은 그들이 아는 범위 내에서 최선을 다해 교리를 실천해야 한다는 점이었다. 이런 이들과 교류하면서 나는 쉽게 알 수 없던 종교적 의무를 인지하게 되었다. 신발을 바꾸어 신는 경험을 통해 신발을 벗을 때는 왼쪽부터, 신을 때는 오른쪽부터 신어야 함을 알게 되었다. 자신의 꿈에 대해 말해주던 젊은이로부터 악몽을 꾼 후 행동해야 하는 이슬람식 방식을, 연애에 관해 이야기하면서 부부관계와 관련된 이슬람식 규칙을, 같이 음식을 먹으면서 금지된 식재료가 무엇인가를 알게 되었다. 이들은 자신이 알고 있는 무슬림의 의무를 가능한 한 철저하게 실천하고자 노력했다.

젊은이들에게서 나타난 일상생활의 이슬람화는 행동뿐만 아니라 인식의 차원, 즉 이슬람식으로 주변을 바라보려는 노력을 포함

그림 7 조사지 마을의 모스크 보수 장면

했다. 해가 뜨고 지는 자연현상을 통해 이들은 신의 존재를 느끼고자 했다. 전통관습 역시 이슬람식 렌즈를 거쳐 재해석되어서, 겸손하고 이웃에게 친절해야 하는 이유로 신의 명령을 거론했다.

현지조사 과정에서 발견한 이들의 모습에서는 일반적으로 이야기되는 급진주의적 경향을 찾을 수 있었다. 이들과 급진주의 집단 모두 이슬람을 개인의 삶에서 가장 중요한 가르침으로 여겼고 이를 실천하려 했다. 반면, 관심 영역에서의 차이는 양자를 구분해주었다. 마을 젊은이에게 있어 주요 관심사는 정치나 국제분쟁 같은 거시적 문제가 아닌 일상의 삶이었다.

이들 사이의 또 다른 차이점은 타인에 대한 시각이었다. 이들은 자신이 올바르다고 여기는 것을 타인에게 강제하려 하지 않았다. 이러한 태도를 설명하면서 한 마을 사람은 자신을 약장수에 비유했다. 자신이 옳다고 생각하는 점을 시장의 약장수처럼 말할 뿐이며, 약 구매 여부는 전적으로 듣는 사람의 몫이라는 것이다.

이들의 종교 생활에서 나타나는 관용적인 성격은 한 젊은이의 이야기를 통해 예시될 수 있다. 어느 날 어머니가 준비한 음식에 나뭇잎이 들어 있는 것이 그의 눈에 띄었다. 주변에서 흔히 볼 수 있는 나뭇잎이었지만 자기 집 뜰에는 없는 것이었다. 나뭇잎을 따면서 어머니가 이를 이웃에게 알렸을 가능성은 없었고 엄격한 의미에서 이는 이슬람의 가르침에 어긋나는 도둑질에 해당했다. 이 사실을 인지한 후 그는 오랫동안 고민했다. 잘못된 행동을 직접 지적하는 방식이 떠올랐지만, 이슬람의 가르침에 따르면 부모님의 마음을 아프게 하는 행동 역시 적절하지 않은 것이었다. 기도하며 이에 대한 해답을 구하던 그에게 좋은 생각이 떠올랐다. 그날부터 그는 이웃집에서 딴 나뭇잎이 든 음식이 나올 때마다 이를 먹지 않았다. 이런 상황이 한동안 지속됐고, 그는 자신의 의도가 어머니에게 전달되기를 신에게 기도했다. 그의 바람이 실현되었는지, 한참이 지난 후 어머니는 이웃집 나뭇잎을 식재료로 사용하지 않게 되었다.

이 이야기를 해준 젊은이는 농촌에서 쉽게 찾을 수 있는 주민이었다. 고등학교를 졸업한 후 이곳 사람이 선호하는 사무실 직장을 찾지 못한 그는 일용직 노동자로 건설 일을 하고 있었다. 이런 그에게서 나타난 사려 깊은 행동은 이슬람화 운동이 가진 또 다른 차원을 보여주었다. 그것은 외적인 행동으로 표현되었지만 내면적 깨달음에 의해 뒷받침되었다. 이는 이슬람 교리를 형식론적으로 추종하는 결과를 낳지 않았고, 주변의 상황을 맥락적으로 고려하는 유연한 성격을 띨 수 있었다.

집중적으로 접촉한 젊은이들에게서는 이슬람화 운동이 가져온 긍정적인 면을 찾을 수 있었다. 이들에게서는 마을에서 흔히 볼 수 있는 위선적이고 일탈적인 모습을 발견하기 힘들었다. 그 대신 뚜렷한 목표를 실현하기 위해 노력하는 사람에게서 나타나는 열정과 건강함을 엿볼 수 있었다. 이들과의 교류는 즐거웠고 이들에게 존경심이 느껴지기도 했다.

물론 이들에게도 부정적인 모습이 존재했다. 또한 이들의 신실하고 꾸밈없는 태도는 이들이 행사할 권한이 없고 부정을 저지를 위

그림 8 젊은 활동가들이 조직한 아이들의 종교 활동

치에 놓여 있지 않기에 유지될 수 있는 것이기도 했다. 그럼에도 이들의 모습은 종교에 의지해서 살아가는 사람이 가져올 부정적 인식을 해소하기에 충분했다. 종교에 의지하고 종교적으로 살아가려고 노력하는 모습이 아름다움, 즐거움, 존경스러움을 가져올 수 있음을 실감할 수 있었다. 그랬기 때문인지, 이슬람을 바라보는 내 시각은 긍정적인 색채를 띠게 되었다.

7. 1990년대 이후의 이슬람: 내적 분화의 심화

인도네시아 무슬림에게 있어 1990년대는 기회의 시기였다. 1990년대 초 후계 문제를 고민하던 수하르또는 이슬람 세력에 대한 전략을 억압에서 회유로 전환했다. 이슬람에 호의적인 정책이 만들어졌고 이슬람 지도자들의 정치 활동 역시 부분적으로 허용되었다. 또 다른 기회가 수하르또의 퇴진과 함께 찾아왔다. 이슬람에 대한 압력이 사라졌고 수면 아래에 있던 무슬림의 목소리가 분출될 수 있었다.

이슬람에 주어진 자유로운 활동 공간은 무슬림의 내적 분화를 가속했다. 이슬람화 운동을 주도한 근본주의적 흐름이 공적 영역으로 확장하면서 분화했고 기존에 존재하던 여러 경향과 함께 새로운 종교적 지형을 구성했다. 앞서 지적한 대로 근본주의는 개혁주의와 동일한 이념적 지향을 가지고 있었다. 따라서 근본주의의 분화는 개혁주의에 내재한 근대주의에 대해 상이한 입장을 가지면서 비롯되었다.

근본주의 중 근대주의에 반대하는 입장을 보통 급진주의라 칭한다. 급진적인 방식으로 종교적 이상을 실현하려는 욕구를 표출하기 때문이다. 물리력 사용 여부에 따라 급진주의는 다시 두 집단으로 나뉠 수 있다.

물리력 사용에 거부감을 가지지 않는 급진주의자들은 수하르또 퇴진 후의 사회적 혼란기에 출현하고 성장했다. 이슬람 전사를 의미하는 "무자히딘mujahidin"은 이들의 경향을 요약적으로 표현한다. 이들은 종교분쟁 상황에 군사적으로 개입하여 이교도를 공격하는 "지하드(성전)"를 수행하기도 했고, 이슬람의 적으로 규정된 집단에 대해 폭탄 테러를 감행하기도 했다. 2000년대 중반 치안이 회복되자 이들의 활동은 불만족스러운 대상을 공격하는 자경주의적 활동으로 전환했다.[10]

술집, 나이트클럽, 영화관과 같이 부도덕한 장소로 규정된 곳은 이들의 빈번한 공격 대상이었다. "아흐마디야Ahmadiyah"나 "시아Shia"와 같이 이단으로 규정된 무슬림, 타종교와의 공존을 강조하는 다원주의적 무슬림, 기독교도 역시 공격 대상이어서 종교시설에 대한 파괴나 방화, 종교도에 대한 폭력이나 추방이 자행되었다. 불만의 대상으로 새롭게 편입된 성소수자에 대해서도 집단적 괴롭힘과 폭력이 발생했다.

---

10 인도네시아의 급진주의에 대해서는 김형준(2009b)을 참조할 것.

이들이 물리적 공세를 지속할 수 있는 이유 중 하나는 경찰이나 군부와의 유착이었다. 이와 함께 고려할 측면은 전위대로서의 이들의 역할이다. 무슬림의 불만을 야기할 문제가 발생할 때 급진주의자들은 이를 공론화하고 그에 대한 시위를 조직하는 선도적 역할을 했다. 폭력시위가 여론의 주목을 받으면서 대중시위의 규모가 확대되면 이슬람 세력의 요구를 보다 용이하게 관철할 환경이 만들어졌다. 급진주의자들에 반대하는 무슬림은 많지만, 이들의 행동이 유발하는 즉각적인 효과로 인해 이들에 대한 불만이 쉽게 제기되지 못했다. 이러한 양면적 태도는 급진주의가 활동할 비옥한 토양을 제공했다.[11]

급진주의적 무슬림 중 다수는 물리력 사용을 지지하지 않았다. 이들은 대중 집회를 통해 자기주장을 표현했고 공식적 정치 활동에 참여하기도 했다. 비폭력적 급진주의자 중 근대주의에 가장 큰 반감을 지닌 무슬림은 이슬람 교리에 맞추어 공동생활을 하는 자신들만의 공동체를 건설하기도 했다.

급진주의적 성향의 무슬림에게서는 중동 지향적 성향이 표출되었다. 이들은 중동의 관습에 집착해서, 남성의 경우 수염, 흰색 옷, 터번과 유사한 머리 장식을, 여성의 경우 신체의 윤곽을 완전히 가리는 의복과 무채색의 커다란 히잡을 선호했다.

근본주의의 영향을 받았지만 근대적 변화에 호의적인 무슬림 역

11 전위대로서의 급진주의 단체의 활동에 대해서는 김형준(2015)을 참조할 것.

그림 9 급진주의 집단의 대중 집회

그림 10 급진주의 집단이 주도한 주류 판매 단속

시 인도네시아 사회의 주요 세력으로 성장했다. 대학을 다니며 이슬람의 중요성을 깨달은 이들은 졸업 후 화이트칼라 직종에서 일하며 중산층의 핵심을 구성했다. 이들은 이슬람식으로 세상을 바라보고 행동해야 한다는 데 동의함과 동시에 그것이 서구식 발전과 공존할 수 있다고 생각했다. 이러한 종교적 지향은 개혁-근대주의와 커다란 차이를 보이지 않았다. 하지만 세계화가 진행되는 상황에서 중산층의 삶을 영위한다는 이유로 인해 이들의 종교성은 과거와는 다른 방식으로 표현되기도 했다.

중산층 무슬림은 하루 다섯 차례 예배와 금식을 준수하려고 노력했다. 이로 인해 예배 시간에 자리를 비우거나 금식을 뒷받침할 노동환경을 갖추는 것은 사무실의 일반적인 모습으로 자리 잡았다. 변화는 이뿐만이 아니었다. 이들의 중산층 라이프 스타일은 종교적 의무 수행 방식에도 흥미로운 영향을 미쳤다. 금식은 이를 예시해준다.

금식이 끝나고 음식물 섭취가 용인되는 순간을 모스크나 가정에서 맞이하는 일은 과거의 일반적인 관행이었다. 최근 들어 이 순간을 가정 외부에서 보내는 방식이 유행했다. 호텔을 포함한 유명 레스토랑이 예약 손님으로 가득 차고, 연예인과 유력인사의 모임이 뉴스를 장식하는 상황이 라마단의 일상으로 자리 잡았다. 이는 일반 대중에게도 영향을 미쳐 평소 알던 사람들과 음식점에 모여 금식 후 시간을 보내는 모습은 새로운 관행으로 정착했다.

중산층의 라이프 스타일이 영향을 미친 또 다른 사례는 종교 강

그림 11 SNS에 소개된 종교 지도자

그림 12 유명 종교 지도자의 강연회

연이다. 종교 지도자를 초대하여 강연회를 여는 일은 과거에도 있었다. 그런데 이슬람의 영향력 증가를 상업적으로 이용하려 한 방송사가 종교 강연을 방송 콘텐츠로 이용하자 변화가 생겼다. 텔레비전 프로그램에 출현한 종교 지도자가 유명 연예인에 버금가는 인기를 누리며 특히 중산층 주부의 심리상담사 역할을 맡게 되었다. SNS가 종교 강연의 경로로 이용되면서 수백만 명의 팔로워를 가진 "셀러브리티" 종교인이 탄생했다. 이들은 음악 콘서트처럼 경기장을 빌려 강연회를 열었고 수만의 젊은이를 끌어모았다.

이슬람 교리에서 강조되는 할랄halal과 히잡에도 중산층의 라이프 스타일이 투영되었다. 종교적으로 허용된다는 의미의 할랄은 음식에 주로 적용되는데, 과거 할랄은 식재료의 허용 여부를 주로 지시했다. 하지만 할랄이 현대적 식음료 산업과 연계되자 재료뿐만 아니라 운반 및 조리 과정을 포함하는 포괄적인 개념으로 전환했다. 또한 종교적 의미에 더해 할랄은 현대 사회의 소비자가 요구하는 먹거리의 안정성을 보장해주는 표식으로 인정받게 되었다.[12] 히잡 역시 유사한 변화의 흐름에 놓였다. 외적 표현이 금기시된 신체 부위를 감춘다는 과거의 의미에 더해 히잡을 패션으로 바라보고 이를 통해 미적 표현을 추구하는 중산층 집단이 출현했다.[13]

1990년대 이후 영향력이 확대된 이슬람화 운동은 인도네시아 무

12 할랄과 근대성이 말레이시아에서 어떻게 연결되어 이해되는지에 대해서는 오명석(2012)을, 할랄과 관련된 인도네시아의 변화 양상에 대해서는 김형준(2018a)을 참조할 것.

13 히잡의 패션화에 대해서는 김형준(2018b)을 참조할 것.

그림 13 피자헛 식당에 놓인 할랄 표시

슬림 사회의 내적 분화를 촉진했다. 종교적 행동과 표현을 폭력적으로 드러내는 급진적 무슬림과 근본주의적 중산층 무슬림은 종교적 다양성을 확대했다. 종교 지도자를 경배하고 신비적 차원의 이슬람을 강조하는 전통주의 경향 역시 강건하게 유지되고 있다. 종교적 전통을 삶의 일부로 받아들이지만 이슬람 의무의 실천에 관심을 가지지 않는 무슬림 역시 다수 존재한다. 이러한 경향을 선택적이고 혼합적으로 수용한 무슬림 역시 쉽게 찾을 수 있다.

최근의 종교적 변화가 가져온 가장 중요한 결과는 인도네시아 무슬림의 다양성을 확대했다는 것이다. 근대적 변화를 거부하고 과거로의 회귀를 주장하는 무슬림이 종교적 의무 수행에 무관심한 무슬림, 현대적 라이프 스타일에 부합하는 종교적 표현을 선호하는 무슬림과 공존하고 있다. 그럼에도 최근의 변화를 요약할 수 있는 공통점 역시 존재한다. 어떤 방식으로든 이슬람이 인도네시아 무슬림의 삶에 일정한 의미를 부여했다는 점이다. 이슬람은 다양한 무슬림의 삶에 개입할 수 있는 여지를 찾아냈다.

8. 이슬람의 사회종교적 영향력

이슬람화 운동의 영향력을 실감하게 한 대상은 첫 조사 때 만나 30여 년 동안 알고 지낸 친구였다. 처음 만났을 때 그는 신실한 무슬림이 아니었을 뿐 아니라 이슬람에 대한 불만과 적대감을 표현하는 데 주저하지 않았다. 그렇다고 무신론자는 아니어서 신비적 힘을 강조하는 자바의 전통 종교에 호의적인 태도를 표출했다. 예배나 금식을 하지 않았으며 모스크에 들어간 적도 손에 꼽을 정도로 많지 않았다.

이슬람과 관련된 첫번째 시험은 결혼이었다. 그가 종교적으로 잘 맞지 않아 보이는 여성과 결혼했기 때문이다. 매일 예배하는 데 익숙했던 부인은 그에게 잔소리를 계속했지만, 그를 변화시키지는 못했다. 라마단에 만난 그는 여전히 금식과는 먼 행동을 하고 있었다.

두번째 시험은 아이가 어린이집에 들어간 후 찾아왔다. 라마단에 만나 점심을 먹게 되었을 때 그는 놀라운 소식을 전해주었다. 집에서 밥을 먹지도 담배를 피우지도 않는다는 것이었다. 이는 아빠의 금식 여부를 계속 묻는 아이 때문이었다. 이렇게 말하면서도 그의 태도는 크게 변한 것 같지 않았다. 라마단 동안 아침 일찍 출근해서 금식 기간이 끝날 때쯤 퇴근한다는 말을 덧붙이는 여유를 보였기 때문이다.

지금으로부터 10여 년 전쯤 아이가 초등학교에 입학하면서 그는 변했다. 이를 모르고 식당에서 약속을 잡은 내게 그는 금식하고 있다고 말했다. 자신도 쑥스러웠는지, 아이가 아빠와 함께 금식하기를 계속 요구해서 그렇게 되었다며 물어보지도 않은 말을 덧붙였다. 이후 지금까지도 그는 금식을 계속하고 있다. 예배의 경우 엄격하게 시간이나 횟수를 지켜서 행하지는 않지만, 아이와 함께 예배할 때의 즐거움을 언급하는 것을 보면 과거와의 차이는 확연했다.

오랫동안 알고 지내던 친구의 변화는 인도네시아에서 이슬람이 차지하는 위상의 변화와 많은 유사점을 지녔다. 전통관습에 따라 이슬람을 접했던 과거의 상황은 더는 주도적인 모습이 아니었다. 종교적 믿음에 대해 고민하고 그 실천을 의식하며 살아가는 무슬림이 많아졌고 이는 사회의 종교적 색채를 강하게 만들었다.

이슬람화 운동이 계속되면서 인도네시아의 거시적 종교 환경은 커다란 변화를 겪었다. 이 중 주요한 몇 가지를 지적하면 아래와 같다.[14]

무엇보다 가시적인 변화는 공적 영역에서 이슬람이 취급되는 방식이 전환된 것이다. 이슬람과 관련된 문제에 대한 부정적 시각의 표출, 이슬람 교리나 해석에 대한 비판이나 비하가 금기시되었다. 이는 이슬람을 대상으로 한 자기 검열적 상황을 창출했다. 여기에는 급진주의자의 역할이 컸다. 전체 무슬림 중 극소수에 불과하지만 거리낌 없는 물리력 사용으로 인해 이슬람에 비판적인 시각을 공적으로 제기하기 어려워졌다.

두번째 변화는 종교적 의무 중 일부가 국가법 체계로 편입되었다는 점이다. 이를 보여줄 좋은 사례가 주류 판매이다. 서로 다른 종교를 가진 사람이 함께하는 국가로서 인도네시아에서는 주류 판매에 대한 거부감이 강하지 않았다. 하지만 2000년대에 접어들어 이에 대한 문제 제기가 이루어졌고 몇몇 지자체에서는 조례를 통해

14 이슬람화에 따른 종교 변화에 대해서는 김형준(2013)을 참조할 것.

주류 판매를 제한하기 시작했다. 이러한 흐름이 결국 국가법에 포함되게 되어 편의점에서의 주류 판매가 2010년대 중반 금지되었다. 식당이나 대형마트에서의 판매는 여전히 허용되지만, 가장 쉽게 주류를 접할 수 있는 곳에서의 판매 금지가 상징하는 바는 적지 않았다. 국가정책에 있어 이슬람을 고려해야 한다는 주장이 수용되었음을 알 수 있었다.[15]

이러한 변화의 흐름은 종교적 관용의 문제로 이어진다. 인도네시아 전통 사회는 종교적으로 매우 관용적인 사회였다. 이슬람 도입 후 유지되었던 혼합주의적 경향은 다양한 믿음에 대한 배타적이지 않은 태도를 유지할 수 있도록 했다. 반면 절대적 기준을 상정하는 근본주의는 배타적 종교관을 내재했고, 종교적 관용의 축소를 가져왔다. 이는 주류와는 다른 해석을 제시하는 이단 집단을 대상으로 한 괴롭힘과 물리적 공세를 통해 확인할 수 있다. 타종교에 대한 관용 역시 축소되어서 이슬람에 대해 공격적이지 않다는 전제하에서만 타종교도의 활동이 받아들여졌다. 이로 인해 일상의 모든 영역은 아닐지라도 종교적 영역에서의 자유가 축소되는 양상이 전개되었다.

이슬람화 운동이 가시화된 이래 대다수 연구자들은 이슬람의 영향력 확대에 대해 동의했다. 하지만 이들이 쉽게 동의할 수 없던 문제는 그 영향력이 얼마나 강해졌느냐이다. 질문을 바꾸어보면 이

---

15 이슬람화가 말레이시아 무슬림의 전통예술에 미친 영향에 대해서는 홍석준(2009)을 참조할 것.

는 급진주의적 혹은 근본주의적 성향의 무슬림이 전체 무슬림 인구에서 어느 정도를 차지하는지에 대한 물음이기도 하다.

2억 이상의 무슬림을 대상으로 그 해답을 찾기는 쉽지 않다. 국가적인 수준에서 그나마 이용할 수 있는 자료는 선거 결과이다. 이슬람 관련 정당에 대한 지지가 유권자의 종교적 성향을 일정 정도 반영한다고 해석할 수 있기 때문이다. 광의의 의미에서 이슬람과 관련된 정당의 득표율은 2000년대 이후 30퍼센트 정도를 유지해왔다. 이 중 급진주의적 성향의 정당 지지율은 10퍼센트 이내가 일반적이었다.

무슬림의 3분의 1 정도가 이슬람 관련 정당에 투표한다는 사실은 다양하게 해석될 수 있다. 이슬람화 운동이 광범위한 무슬림에게 영향을 미쳤다는 설명도 가능하지만, 그와 반대되는 분석 역시 가능하다. 3분의 2 정도의 무슬림이 이슬람과 관련된 정당에 투표하기를 거부했기 때문이다. 이는 공적 담론이 이슬람에 호의적일지라도 말 없는 다수의 입장을 반영하지 못하고 있다는 해석을 가능하게 한다.

이슬람화라는 가시적인 움직임으로 인해 종교 관련 연구는 이 현상을 밝히는 데 집중되어왔다. 다른 식으로 표현하면 이러한 흐름에서 벗어나 있거나 그것의 주변부에 있는 사람에 대한 학문적 검토가 적절하게 이루어지지 못했다. 이로 인해 목소리 큰 무슬림이 종교적 변동을 대표하고 있다는 듯한 착시현상을 가져왔다는 분석 역시 가능하다.

현재까지 인도네시아를 연구하면서 얻은 결론은 이슬람과 관련된 인도네시아의 모습이 지극히 야누스적이라는 점이다. 이슬람의 영향력을 찾고자 한다면 어디에서건 쉽게 찾을 수 있다. 하루 다섯 차례 모스크에서 울려 퍼지는 예배를 알리는 소리로 이를 가장 쉽게 실감할 수 있다. 농촌과 같은 공동체적 성격을 띤 지역에서는 많은 사람의 저녁 시간이 종교 관련 활동으로 채워져 있음을 알 수 있다. 뉴스에서, 정치인 사이에서, 학문적 공간에서 이슬람의 존재는 쉽게 발견된다.

하지만 이슬람의 영향력을 의문시하도록 만드는 모습 역시 어렵지 않게 찾아볼 수 있다. 남성 무슬림의 의무인 금요일 정오 예배 시간에도 많은 남성 운전자들이 거리를 채운다. 이슬람 교리에서 용납하지 않는 부정부패는 줄어들 기미를 보이지 않으며, 이슬람에서 금지하는 마약과 범죄 역시 꾸준히 증가하고 있다.

이처럼 인도네시아 이슬람을 몇몇 소수의 특징만으로 규정하기는 불가능하다. 그것은 다양함으로 가득 차 있고, 이슬람화 운동은 이러한 다양성의 정도를 배가했다. 그럼에도 이슬람화 운동이 끼친 영향을 언급하는 것이 가능하다. 이슬람화 흐름으로 인해 거의 모든 무슬림이 일상을 살아가면서 자신의 종교에 대해 의식적으로 고민해야 할 상황에 놓이게 되었다. 이 고민의 결과가 무엇이든지 간에 이러한 기회가 광범위하고 지속적으로 제공되고 있다는 사실은 지난 50여 년 동안의 변화가 가져온 중요한 결과물이라 할 수 있다.

그림 14 이슬람 세력이 조직한 자까르따 최대의 대중 집회

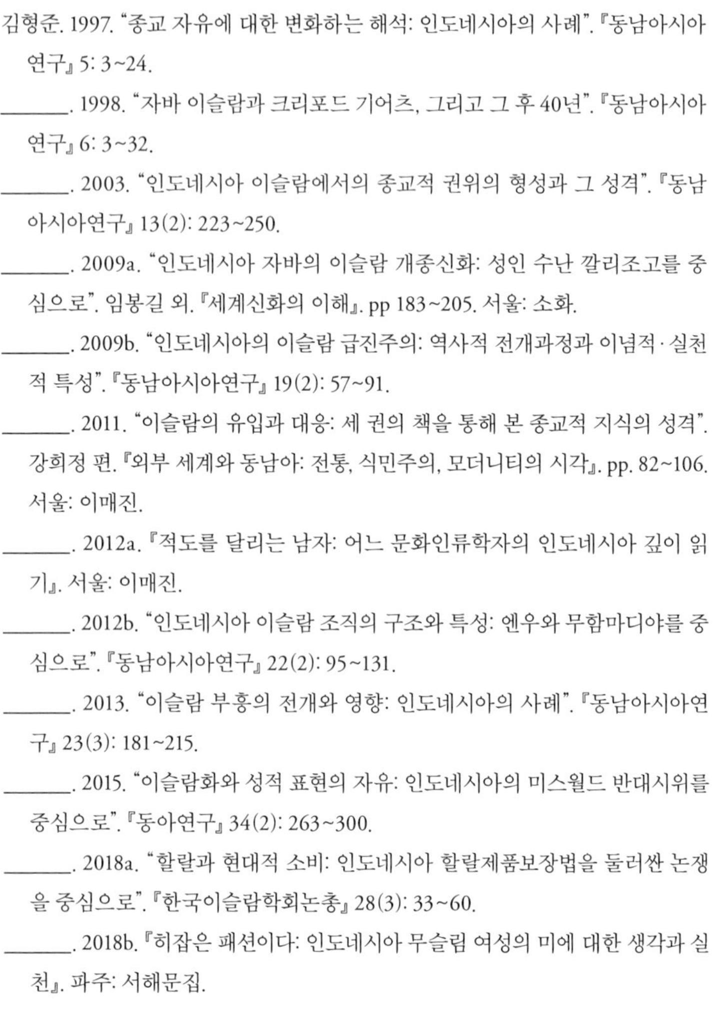
김형준. 1997. "종교 자유에 대한 변화하는 해석: 인도네시아의 사례". 『동남아시아연구』 5: 3~24.

______. 1998. "자바 이슬람과 크리포드 기어츠, 그리고 그 후 40년". 『동남아시아연구』 6: 3~32.

______. 2003. "인도네시아 이슬람에서의 종교적 권위의 형성과 그 성격". 『동남아시아연구』 13(2): 223~250.

______. 2009a. "인도네시아 자바의 이슬람 개종신화: 성인 수난 깔리조고를 중심으로". 임봉길 외. 『세계신화의 이해』. pp 183~205. 서울: 소화.

______. 2009b. "인도네시아의 이슬람 급진주의: 역사적 전개과정과 이념적·실천적 특성". 『동남아시아연구』 19(2): 57~91.

______. 2011. "이슬람의 유입과 대응: 세 권의 책을 통해 본 종교적 지식의 성격". 강희정 편. 『외부 세계와 동남아: 전통, 식민주의, 모더니티의 시각』. pp. 82~106. 서울: 이매진.

______. 2012a. 『적도를 달리는 남자: 어느 문화인류학자의 인도네시아 깊이 읽기』. 서울: 이매진.

______. 2012b. "인도네시아 이슬람 조직의 구조와 특성: 엔우와 무함마디야를 중심으로". 『동남아시아연구』 22(2): 95~131.

______. 2013. "이슬람 부흥의 전개와 영향: 인도네시아의 사례". 『동남아시아연구』 23(3): 181~215.

______. 2015. "이슬람화와 성적 표현의 자유: 인도네시아의 미스월드 반대시위를 중심으로". 『동아연구』 34(2): 263~300.

______. 2018a. "할랄과 현대적 소비: 인도네시아 할랄제품보장법을 둘러싼 논쟁을 중심으로". 『한국이슬람학회논총』 28(3): 33~60.

______. 2018b. 『히잡은 패션이다: 인도네시아 무슬림 여성의 미에 대한 생각과 실천』. 파주: 서해문집.

오명석. 2012. "이슬람적 소비의 현대적 변용과 말레이시아의 할랄 인증제: 음식, 이슬람법, 과학, 시장의 관계". 『한국문화인류학』 45(3): 3~62.
______. 2013. "동남아의 수피즘". 『한국이슬람학회논총』 23(2): 19~56.
______. 2015. "동남아 이슬람과 글로벌 이슬람 네트워크". 『한국이슬람학회논총』 25(2): 63~125.
홍석준. 2009. "말레이시아의 전통예술과 이슬람 부흥의 문화적 의미: 디끼르바랏, 방사완, 와양꿀릿의 말레이 노래를 중심으로". 『한국민요학회』 27: 333~372.
______. 2011. "말레이시아 샤머니즘 연구의 동향". 『한국무속학』 22: 65~87.
______. 2014. "이슬람 부흥의 문화적 특징과 의미: 말레이시아의 사례". 김형준·홍석준 편. 『동남아의 이슬람화 1: 1970년대 이후 종교와 경제의 변화』, pp. 55~100. 서울: 눌민.
Jay, Robert. 1969. *Javanese Villagers: Social Relations in Rural Modjokuto*. Cambridge, Massachusetts: The MIT Press.
Miksic, John. 2012. *Borobudur: Golden Tales of the Buddhas*. Tuttle Publishing.
Pew Research Center. 2014. "Global Religious Diversity: Half of the Most Religiously Diverse Countries Are in Asia-Pacific Region".
Supatmo. 1943. *Animistic Belief & Religious Practices of the Javanese*. New York: East Indies Institute of America, mimeo.

사진 출처

1장

그림 1 저자 촬영

그림 2 저자 촬영

그림 3 https://commons.wikimedia.org/wiki/File:Malaysia_-_Malaka_-_20_-_central_square_(6320838938).jpg

그림 4 저자 촬영

그림 5 저자 촬영

그림 6 저자 촬영

그림 7 저자 촬영

그림 8 https://livingasean.com/explore/extraordinary-stilt-house-asean-inle-lake-living-with-water/

그림 9 저자 촬영

그림 10 저자 촬영

그림 11 저자 촬영

그림 12 저자 촬영

그림 13 저자 촬영

그림 14 저자 촬영

그림 15 저자 촬영

그림 16 저자 촬영

2장

그림 1 저자 촬영

그림 2 저자 촬영

그림 3 김형준 촬영

그림 4 저자 촬영

그림 5 저자 촬영

그림 6 https://pppa.id/kabar/read/pppa-daarul-quran-ajak-masyarakat-terlibat-gerakan-sedekah-nasional-untuk-melawan-covid-19

3장

그림 1 저자 촬영

그림 2 저자 촬영

그림 3 저자 촬영

그림 4 저자 촬영

그림 5 저자 촬영

그림 6 저자 촬영

그림 7 저자 촬영

4장

그림 1 저자 작성

그림 2 https://commons.wikimedia.org/wiki/ File:JantungPisang.jpg, https://www.flickr.com/photos/zoyachubby/509204153

그림 3 저자 촬영

그림 4 저자 촬영

그림 5 저자 촬영

그림 6 https://en.wikipedia.org/wiki/Riau

그림 7 저자 촬영

그림 8 저자 촬영

그림 9 김형준 촬영

5장

그림 1 저자 작성

그림 2 저자 촬영

그림 3 메콩연구소 Mekong Institute

6장

그림 1 저자 촬영

그림 2 저자 촬영

7장

그림 1 저자 촬영

그림 2 저자 촬영

그림 3 저자 촬영

그림 4 저자 촬영

그림 5 저자 촬영

그림 6 저자 촬영

그림 7 저자 촬영

8장

그림 1 https://blogs.itb.ac.id/el52162s1t2013d201423213094muktiwinanda/2014/02/10/el-5216-risiko-pengumpulan-fotokopi-ktp/

그림 2 https://gambaridco.blogspot.com/2007/01/8000-gambar-candi-borobudur-dari-atas.html http://denisawuy.blogspot.com/2012/05/candi-borobudur.html

그림 3 눌민

그림 4 http://xips4selamatan.blogspot.com/2018/05/selamatan-atau-bancaan-selametan-adalah_11.html

그림 5 https://id.wikipedia.org/wiki/Masjid_Agung_Jawa_Tengah

그림 6 Muhammadiyah 소장 자료

그림 7 저자 촬영

그림 8 저자 촬영

그림 9 https://www.kompasiana.com/masindra/5cd56e5b6db84335c07249bb/gp-ansor-fpi-harus-bubar-jika?page=all

그림 10 https://www.tribunnews.com/regional/2016/06/11/fpi-sweeping-miras-di-cafe-wilayah-kota-jambi

그림 11 https://tirto.id/mengapa-para-dai-bisa-amat-populer-di-media-sosial-cCox

그림 12 https://pekanbaru.tribunnews.com/2019/01/27/ustadz-abdul-somad-kalau-hati-lebih-dahulu-bergerak-maka-jasad-akan-terasa-ringan?page=2

그림 13 저자 촬영

그림 14 https://www.dw.com/en/indonesian-islamists-rally-in-jakarta-in-a-show-of-force/a-46541641

찾아보기

이 책을 쓴 사람들

오명석

호주 모나쉬대학교에서 인류학 박사학위를 받았으며, 현재 서울대학교 명예교수이다. 한국동남아학회 회장과 서울대학교 아시아연구소 동남아센터장을 역임하였다. 경제인류학과 동남아 이슬람이 주된 연구 분야이며, 특히 말레이시아 연구에 주력해왔다. 최근 논문으로는 "선물의 혼과 신화적 상상력: 모스 증여론의 재해석", "동남아 이슬람의 쟁점: 이슬람과 현대성", "지식의 통섭과 인류학", "이슬람적 소비의 현대적 변용과 말레이시아의 할랄인증제", "동남아 이슬람과 글로벌 이슬람 네트워크" 등이 있으며, 주요 저서로는 『인도네시아와 말레이시아의 소비문화』(공저), 『현대문화인류학』(공저) 등이 있다.

홍석준

서울대학교 사회과학대학 인류학과를 졸업하고 같은 대학 대학원에서 문학 석사학위와 인류학 박사학위를 받았다. 현재 목포대학교 고고문화인류학과 교수로 재직 중이며, 도서문화연구원 원장직을 맡고 있다. 한국동남아학회 회장, (사)한국동남아연구소 소장, (사)한국문화인류학회 이사, 역사문화학회 회장, 목포대학교 도서문화연구원의 『도서문화』 편집위원장을 역임하였다. 지은 책으로, 『위대한 지도자를 통한 아세안의 이해』(공저), 『동남아의 이슬람화 1』(공편저), 『동남아의 이슬람화 2』(공편저), 『맨발의 학자들』(공저), 『ASEAN-Korea Relations: 25 Years of Partnership and Friendship』(공저), 『동아시아의 문화와 문화적 정체성』(공저), 『Southeast Asian Perceptions of Korea』(공저), 『동남아의 한국에 대한 인식』(공저), 『낯선 곳에서 나를 만나다: 문화인류학 맛보기』(공편저), 『처음 만나는 문화인류학』(공저), 『동남아의 사회와 문화』(공저), 『동남아의 종교와 사회』(공저) 등이 있고, 옮긴 책으로 『글로벌시대의 문화인류학』(공역), 『베트남 전쟁의 유령들』(공역), 『베풂의 즐거움』(공역), 『동남아의 정부와 정치』(공역), 『샤먼』(공역) 등이 있으며, 말레이시아의 이슬람과 이슬람화를 포함한 동남아시아의 사회와 문화 및 동아시아의 문화와 문화적 정체성 관련 다수의 논문이 있다.

채수홍

미국 뉴욕시립대학교에서 박사학위를 받고 서울대학교 인류학과 교수로 재직 중이다. 1994년부터 베트남의 도시, 산업, 노동의 문화를 연구하고 있다. 『Wounded Cities, Labor in Vietnam』, 『맨발의 학자들』 등의 공저를 출간하였고, "The Political Processes of the Distinctive Multinational Factory Regime and Recent Strikes in Vietnam", "호치민 시 개혁과정에 대한 정치경제학적 연구", "한인 공장매니저의 초국적인 삶" 등의 논문을 집필했다.

강윤희

서울대학교 인류학과 교수로 재직 중이다. 서울대학교 인류학과에서 학사와 석사를, 미국 예일대학교에서 박사학위를 취득했다. 주요 연구 분야는 언어인류학이며, 인도네시아, 싱가포르 등 동남아시아와 한국에 대한 연구를 진행해왔다. 주요 논문으로는 "A Pathway to 'Constant Becoming': Time, Temporalities and the Construction of Self among South Korean Educational Migrants in Singapore", "'공장말': 인도네시아 내 한국기업의 언어사용과 권력" 등이 있다.

이상국

연세대학교 문화인류학과 교수이다. 서울대학교 인류학과를 졸업하고 같은 학교 국제지역원(현 국제대학원)에서 동남아지역연구로 석사학위를 받았으며 싱가포르국립대학교에서 박사학위를 받았다. 연구 분야는 난민, 이주, 국경 등이다. 저서로 『현대문화인류학개론』(공저), 『맨발의 학자들』(공저), 『Managing Transnational Flows』(공저) 등이 있고, 번역서로 『지도에서 태어난 태국: 국가의 지리체 역사』, 『조미아, 지배받지 않는 사람들: 동남아 산악지대 아나키즘의 역사』가 있다. 주요 논문으로는 "또 다른 경로의 통합: 호주의 재정착난민제도와 카렌족 난민들의 통합에 대한 연구", "The State, Ethnic Community, and Refugee Resettlement in Japan", "From Political Activists to Social Entrepreneurs: Burmese Refugees in South Korea", "상상의 공동체에서 네트워크 공동체로: 카렌족 사례를 통한 베네딕트 앤더슨의 민족주의론 비판적 검토", "비슷하되 같지 않은 길: 재한 미얀마 카렌족 공동체의 형성과 발전", "대메콩지역 연계성의 이상과 현실: 도로 교통을 중심으로" 등이 있다.

서보경

몸의 경험을 중심으로 삶과 정치 사이의 관계를 탐구하고자 하는 인류학자이다. 보건의료, 빈곤, 이주노동, 젠더와 섹슈얼리티에 관심을 두고, 태국과 한국에서 현장 연구를 해왔다. 주요 논문으로는 “Patient Waiting: Care as a Gift and Debt in the Thai Healthcare System”, “Populist Becoming: The Red Shirt Movement and Political Affliction in Thailand”가 있으며, 돌봄의 윤리와 정치적 함의를 분배 정치의 맥락에서 다룬 『Eliciting Care: Health and Power in Northern Thailand』를 쓴 바 있다. 2020년 현재 연세대학교 문화인류학과에서 조교수로 재직 중이다.

정법모

필리핀국립대학교에서 인류학 박사학위를 받았고 현재 부경대학교 국제지역학부 조교수로 재직 중이다. 필리핀의 도시 빈곤과 국제개발협력이 주요 연구 분야이며, 최근에는 개발 사업이 소외 계층에 미치는 부정적 영향을 최소화하는 방안에 대해 연구하고 있다. 주요 연구 논문으로는 “개발에 대한 저항과 투만독Tumandok 토착민 공동체 형성”, “Development-induced Dislocation and the Social Capital of the Poor”, “초법적 살해extrajudicial killing, 위험관리의 아웃소싱?” 등이 있다.

김형준

오스트레일리아국립대학교에서 인류학 박사학위를 받았으며, 강원대학교 문화인류학과 교수로 재직 중이다. 인도네시아의 이슬람, 사회문화 변동이 주요 연구 분야이며, 최근 인도네시아 이슬람 조직의 민주적 전통에 대해 연구하고 있다. 주요 논문으로는 “할랄과 현대적 소비: 인도네시아 할랄제품보장법을 둘러싼 논쟁을 중심으로”, “까움안 공동체에서 느슨하게 연결된 개인으로: 인도네시아 이슬람단체 무함마디야의 리더십 변화와 그 영향” 등이 있으며, 주요 저서로는 『적도를 달리는 남자: 어느 문화인류학자의 인도네시아 깊이 읽기』, 『히잡은 패션이다: 인도네시아 무슬림 여성의 미에 대한 생각과 실천』 등이 있다.

인류학자들, 동남아를 말하다

1판 1쇄 찍음 2020년 12월 24일
1판 1쇄 펴냄 2020년 12월 31일

지은이 오명석·홍석준·채수홍·강윤희·이상국·서보경·정법모·김형준
펴낸이 정성원·심민규
펴낸곳 도서출판 눌민

출판등록 2013. 2. 28 제25100-2017-000028호
주소 서울시 마포구 월드컵로10길 37, 서진빌딩 401호 (04003)
전화 (02) 332-2486 팩스 (02) 332-2487
이메일 nulminbooks@gmail.com

ISBN 979-11-87750-40-6 93380